化学领域文献实用检索策略

国家知识产权局专利局专利审查协作北京中心　组织编写

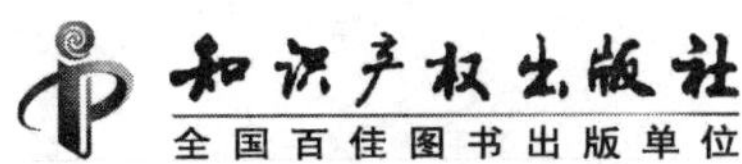

图书在版编目（CIP）数据

化学领域文献实用检索策略/国家知识产权局专利局专利审查协作北京中心组织编写．—北京：知识产权出版社，2012.1（2017.3 重印）

ISBN 978－7－5130－0851－8

Ⅰ.①化…　Ⅱ.①国…　Ⅲ.①化学—专利—情报检索　Ⅳ.①G252.7－62

中国版本图书馆 CIP 数据核字（2011）第 198614 号

内容提要

本书对化学领域常用检索资源的适用性进行分析；介绍了有机化学、药物、高分子、化工和无机化学 5 个分支领域的专利检索策略，其中选择了有代表性的 15 个技术主题，对不同技术主题专利申请的特点进行分析，以每个技术主题选择出的 2～4 个实际案例为基础，对其检索策略和检索技巧进行分析、归纳，全面总结了各技术主题的实用检索策略和检索技巧。

责任编辑：王　欣　黄清明　　**责任校对**：韩秀天

装帧设计：海马书装　　**责任出版**：卢运霞

化学领域文献实用检索策略

Huaxue Lingyu Wenxian Shiyong Jiansuo Celue

国家知识产权局专利局专利审查协作北京中心　组织编写

出版发行：知识产权出版社有限责任公司　　**网　址**：http：//www.ipph.cn

社　址：北京市海淀区西外太平庄 55 号　　**邮　编**：100081

责编电话：010－82000860 转 8031　　**责编邮箱**：huwenbin@cnipr.com

发行电话：010－82000860 转 8101/8102　　**发行传真**：010－82000893/82005070/82000270

印　刷：北京嘉恒彩色印刷有限责任公司　　**经　销**：各大网上书店、新华书店及相关专业书店

开　本：787mm×1092mm　1/16　　**印　张**：11.75

版　次：2011 年 10 月第 1 版　　**印　次**：2017 年 3 月第 2 次印刷

字　数：290 千字　　**定　价**：40.00 元

ISBN 978－7－5130－0851－8/G·438（3739）

本书编写组

顾问： 魏保志　诸敏刚　曲淑君　夏国红

组长： 朱　宁

成员：（按姓名拼音排序）

曹赞华　董凤强　高志纯　何朝辉

贾钧琳　蒋世超　李广科　刘文霞

施　捷　孙海燕　唐志勇　王　宏

王　静　王明哲　王智勇　魏　静

姚　云　叶　楠　易　方　尹　玮

张　辉

审定： 曲淑君

前　言

检索是专利审查中的重要环节，检索质量的稳步提高对于持续改善实体审查质量起着不可忽视的作用。同时，化学是一门综合性较强的学科，涉及多个领域且交叉现象普遍，在检索模式和方法上有其独特性。本书根据化学领域专利申请的特点，从检索资源和检索策略出发，旨在提升化学领域审查员的检索质量和检索效率。

本书分为六章。第一章是化学领域常用检索资源的适用性分析，通过对化学领域常用的8个专利数据库、5种分类体系、4类期刊资源、3种图书资源、4类互联网免费资源以及CA、STN、e药全库等检索资源进行研究，并结合47个实际案例加以分析，归纳总结了这些检索资源与化学领域专利申请之间在检索方面的适用关系。第二章至第六章分别是化学领域中的有机化学、药物、高分子、化工和无机化学5个分支领域的专利检索策略，其中选择了有代表性的15个技术主题（马库什化合物、马库什化合物制备方法、具体有机化合物、具体有机化合物制备方法、药物组合物、药物制剂、制药用途、高分子组合物、聚合方法、聚合物、催化剂组合物、化工装置和设备、废水处理工艺、无机化合物、无机组合物），对不同技术主题专利申请的特点进行分析，以每个技术主题选择出的2~4个实际案例为基础，对其检索策略和检索技巧进行分析、归纳，全面总结了各技术主题的实用检索策略和检索技巧。

本书由国家知识产权局专利局专利审查协作北京中心组织撰写，各章节的主要撰写人员如下：

第一章　孙海燕、贾钧琳、王智勇、尹玮、唐志勇、施捷、王明哲、董凤强

第二章　王明哲、蒋世超、姚云、施捷

第三章　王宏、张辉、李广科、何朝辉

第四章　朱宁、刘文霞、高志纯、叶楠、曹赞华

第五章　孙海燕、贾钧琳、王智勇、尹玮

第六章　王静、魏静、易方

全书由朱宁统稿，曲淑君审定。

在本书的编写过程中，以下人员参与了部分工作：何小平、张金毅、冯刚、沙柯、樊耀峰、安娜、扈娟、李征、张伟、杜骁勇、时彦卫、张雨、王义刚、王云涛、王岩、刘鹏、刘静、陈宁、金英、孙文倩、刘广宇、邹智弘、朱洁、张瑶、孙丽丽、李强、尹瑶菲、吴斌、赵菁、陈欢、洪丽娟、严华、王菲、付佳、宋欢。周胜生对本书的撰写给予了指导。中心各级领导给予了大力支持和指导。在此对他们表示衷心的感谢！

由于编者水平有限，本书难免有疏漏或错误之处，恳请读者批评指正。

本书编写组

2011年9月

目　　录

第一章　化学领域常用检索资源的适用性分析

发明专利申请在获得授权之前都要判断其是否具备新颖性和创造性，判断是否具备新颖性和创造性需要了解相关现有技术，检索是了解相关现有技术的主要手段。检索资源是检索的工具，只有在对检索工具的特点进行充分了解的基础上才能更有效地使用此工具。同时，化学领域的专利申请有其独特的特点，与众多的不同检索资源之间的适用关系不同。本章以常用检索资源介绍及其在化学领域的适用性分析为基础，并结合实际案例，归纳总结了这些常见检索资源的特点以及检索资源与检索化学领域不同技术主题之间的适用关系。

第一节　专利文献资源在化学领域检索中的适用性分析

化学领域专利申请的检索中，最常用的检索资源是专利文献资源，例如S系统下的多个专利数据库，同时，在专利文献的检索中，比较常用的检索入口是分类号。下面结合各个专利数据库的特点和各分类体系的特点，对专利文献资源在化学领域检索中的适用性进行分析。

一、各专利数据库简介及其在化学领域检索中的适用性分析

（一）CNABS数据库

1. CNABS数据库简介

CNABS是S系统提供的摘要数据库，收录了自1985年以来在中国申请的全部专利文献。该数据库数据内容丰富，整合了收集到的中国专利数据信息、中国专利英文文摘数据和外文数据库中收录的中国文献的一些信息。

CNABS数据库的优势主要包括：根据发明点重新编写了摘要和关键词；其标引涉及全部权利要求；可采用英文检索词进行中文文献的检索；包含了其他数据库中的相关分类信息，如EC、UC、FI/FT等。

2. CNABS在化学领域检索中的适用性分析

（1）化学物质名称通常不限于一种，英文名称也并非中文的直接翻译。CNABS标引的数据全面，以TI而言，不仅包括了公开、审定、授权三个文本中的标题，甚至还包括了在外文库如SIPOABS和DWPI中的英文标题，方便检索人员对于关键词的选取和扩展。

（2）化学领域专利申请经常存在引文情况。CNABS数据全面，在引文信息中提供了深加工数据库、DWPI、SIPOABS等数据库中的引文信息。

（3）CNABS 重新编写了关键词和摘要，对于说明书实施例中的重要分子式也进行了标引，并且当化学领域专利申请的权利要求中出现对组分含量的限定时，CNABS 可以通过在检索式中输入组分含量的方式进行检索，例如，检索 5% 的氢氧化物，输入/AB + OH 2d（5%）。

（4）化学领域专利申请中经常出现需要对化学物质作大量上下位扩展的情况。CNABS 在重新编写关键词时充分考虑到了这一点，对很多化学物质进行了扩展。例如，其在数据加工时将“TiO_2”扩展上位至“钛的氧化物”，将“无机锂盐”下位扩展至“碳酸锂”等常见锂盐，有效地避免了漏检的发生。

（5）CNABS 可准确检索元素、片段或英文名称（缩写）。对于化合物是整体标引，并非按照每一个元素符号分别标引，可以有效缩小检索范围。例如，对“TiO_2”进行标引，而不像 CNPAT 数据库是对 Ti、O 和 2 分别标引。

（二）CNTXT 数据库

1. CNTXT 数据库简介

CNTXT 是 S 系统提供的全文数据库，收录了自 1985 年以来向中国申请的发明、实用新型的专利信息，信息中包括：（a）著录项目（申请号、IPC 分类号、范畴分类等）的普通数据；（b）说明书、摘要、权利要求书的全文代码化数据；（c）说明书附图的图形数据。这种与 CNABS 不同的信息格式，使得可对说明书、摘要、权利要求书的全文代码化数据进行复制编辑和检索。

在 S 系统中使用 CNTXT 数据库时，要注意以下几点：

（1）CNTXT 数据库没有摘要和标题字段。

（2）CNTXT 数据库不能检索和浏览外观设计图形。

（3）CNTXT 数据库检索后，建议在界面检索中采用 . . fo 显示检索结果，或者进行详览。

2. CNTXT 数据库在化学领域检索中的适用性分析

相比于专利文摘检索，全文检索能够获得更好的查全率。就化学领域而言，对于中国专利申请的检索，注重使用 CNTXT 数据库，其与化学领域专利申请检索的适用性关系分析如下。

（1）化学领域中一些化合物、药物名称等检索要素有时仅出现在说明书中，在 CNABS 中未被标引；或者对比文件和本案发明的侧重点不同，标引时选择关键词的角度也就不同，因而有些 X 类、Y 类对比文件就会由于标引方向和本案不同而不能被检出。例如权利要求和摘要中可能只出现“锆的氧化物”，在实施例中才会出现具体的“氧化锆”的名称和分子式。这种情况下，利用 CNTXT 检索可有效地避免漏检。

【案例 1－1－1】

待检索技术方案：一种催化剂载体的制备方法，包括：将氧化铝干胶粉成型、干燥得到氧化铝载体，将含氧化钛或/和氧化锆前驱体的溶液、溶胶或悬浮液采用浸涂的方法担载在氧化铝载体上，经干燥和焙烧后得催化剂载体。

检索过程：在 CNTXT 中检索，输入“复合氧化物”，然后输入“催化剂 and 载体”

进行二次检索，最后输入“（‘氧化铝’or‘Al_2O_3’or‘AlO’）and（‘氧化锆’or‘ZrO_2’or‘ZrO’or‘氧化钛’or‘TiO_2’or‘TiO’）”。得到223个检索结果，逐一浏览，发现CN1246518A即为有效X类对比文件。

【案例1-1-2】

待检索技术方案：一种畜禽养殖废水的处理方法，其特征在于：依次包括下列步骤：a. 将畜禽废水注入调节池，进行曝气搅拌；b. 将步骤a所得上清液注入反应初沉池，并添加PAC-PAM絮凝剂进行絮凝沉淀；c. 将步骤b所得上清液注入填放有活性污泥的膜生物反应器；所述膜生物反应器为前后两段式的膜生物反应器，在所述膜生物反应器的后段安装有超滤膜；注入膜生物反应器的上清液经膜生物反应器进行生物降解后，通过所述超滤膜进行过滤；d. 将步骤c中经超滤膜过滤后所得净水排放，并定期抽取所述膜生物反应器中的污泥。

检索思路：其主要发明点在于步骤c中的活性污泥膜生物反应器，为两段式的反应器，前段采用微孔曝气，后段采用穿孔曝气，后段安装有超滤膜。

检索过程：考虑到在摘要或者权利要求中可能不会包含上述详细的信息，选择在CNTXT数据库用关键词递进检索。输入“膜生物反应器 and 微孔 and 穿孔 and 超滤”。得到17个检索结果，通过浏览附图，发现第4篇CN1648071A即为公开其发明点“活性污泥膜生物反应器”的对比文件。

上面案例中，多个重要关键词，如“微孔”、“穿孔”并未出现在发明名称、摘要以及权利要求中，因此如果用CNABS检索，很可能遗漏对比文件。

（2）化学领域的全文数据库信息量巨大，如果只用简单的逻辑与AND运算，检索结果通常包含大量不相关内容。如果在构建检索式时通过将关键词配合同在算符、频率算符一起使用，构造关键词词组，能很大程度上提高检索结果的准确度。CNTXT数据库中还可以与IPC分类号联用，对于化学领域的装置、方法或产品的检索也非常有效。

【案例1-1-3】

待检索技术方案：一种三元乙丙橡胶（EPDM）模压闭孔海绵胶的工业生产方法，包括生胶的塑炼、混炼、精炼、发泡硫化成型，其特征在于：混炼时加入炭黑、环烷油、发泡助剂、硫化促进剂和防老剂进行混炼；……上述加入的材料以重量份数计算，分别为：生胶：EPDM 100；发泡剂：Ac 0.1～0.16；……

检索思路：分析本技术方案可知，其主要的技术特征在于三元乙丙橡胶和发泡剂。采用频率算符对主要特征进行限定，考虑到对比文件中权利要求和说明书以及说明书实施例中可能都存在列举出三元乙丙橡胶，将频率设定为大于3。

检索过程：

CNTXT?（乙丙橡胶/frec >3 or EPDM/frec >3）and 发泡剂/frec >3

** SS 20：Results 195

与分类号联合使用：

CNTXT?　20 and C08J/ic

** SS 24: Results 82

与同在算符联合使用:

CNTXT? (乙丙橡胶/frec >2 or EPDM/frec >2) p 发泡剂/frec >2

** SS 22: Results 95

CNTXT? 22 and C08J/ic

** SS 23: Results 42

均能找到有效 X 类对比文件 CN101220185A 和 CN101560315A。

(三) DWPI 数据库

1. DWPI 数据库简介

DWPI 是 S 系统提供的摘要数据库，收集了最早为 1960 年的约 45 个国家和国际组织的专利文献，其优点是：第一，专利文献的标题和文摘都由 Derwent 文献工作人员重新改写过，所以用词比较规范，文摘中的技术内容信息丰富，适合于用关键词进行检索；第二，用手工代码进行检索比较准确；第三，具有公司代码字段 CPY，对于大型的标准公司，可以采用统一的公司代码检索出该申请人（公司名称可能并不相同）的所有专利申请；第四，对于化学领域的专利申请，使用塑料代码和化学片段码等进行检索也比较方便准确。其缺点是：未对 IPC 分类号重新进行分类，而是使用各国专利局给出的 IPC 分类号，因此，使用 IPC 分类号进行检索时，会受到不同国家专利局分类人员分类习惯的影响，造成检索结果不佳，尤其是检索美国文献时更为明显。

2. DWPI 数据库在化学领域检索中的适用性分析

（1）化学领域专利申请多涉及特殊字符和分子式，例如 Ar – X – CH2 – CO。DWPI 数据库对这些特殊字符进行了标引，这些特殊字符包括“数字”、“%”、“、”、“/”、“<”、“>”等，这些字符作为独立的单词。在 S 系统的界面检索或核心检索中直接检索特殊关键词，示例如下：

输入“/BI Ar – X – CH2 – CO”，可检索到 BI 索引中具有上述化合物的专利文献。

如检索 8% ~9% 的氢氧化物，则使用如下检索式：

输入“/AB + OH 2d (8. +% or 8% or 8.0% or 9% or 9.0%)”。

如检索 X 射线，可以直接输入“/BI X – ray”。

（2）在化学领域中，关键词表达有其特殊性，例如在中文数据库中，对无机物的命名标引方式与国外数据库有所不同，如氧化铁可以标引为三氧化二铁，有时也标引为四氧化三铁。对于化合物，表达方式还有其通用名、俗名、学术用语、简称、全称、外来词、商品名等。DWPI 数据库的最大优势在于其对所收录专利文献的摘要进行改写，经过改写的文摘用词均为规范化的主题词，适合于用关键词进行检索；而且 DWPI 数据库是运行于 S 系统的检索平台，特别是在命令行检索中，可以灵活使用各种截词符、算符对关键词进行组合和运算，形成精确的检索式，有效缩小需要浏览的文献数量，提高检索效率。因此，对于化学领域中技术主题难以用分类号准确表达，但同时关键词相对比较容易提取的申请，例如涉及洗涤剂组合物、催化剂等申请，以 DWPI 作为首选数据库是合适的，通过对提取出的关键词进行适当扩展，配合 S 系统界面检索中的各种截词符、算符，构造出检索式，一般就可以得到合理范围的检索结果。

（3）公司代码 CPY 是 DWPI 数据库中的一个特色字段，对于化学领域一些大型的标准公司或研究机构申请的发明专利，例如中国石化（公司代码 SNPC）、中国石油（公司代码 PETR）、壳牌石油（公司代码 SHEL）、巴斯夫公司（公司代码 BADI）等公司的申请，以公司代码字段为入口检索本公司在先的申请以及与之存在竞争关系的相关公司的申请，经常可以得到所需要的对比文件。这是对于此类大型公司的申请行之有效的检索途径之一。

【案例 1－1－4】

待检索技术方案：一种油包水型乳液，其特征在于，是将水溶性单体水溶液和与水不相溶的有机液体，用高 HLB 表面活性剂进行乳化，使有机液体成为连续相、水溶性单体水溶液成为分散相，并进行聚合，然后适当追加高 HLB 表面活性剂来制造的水溶性高分子的油包水型乳液。

本申请是一个来自日本的申请，没有优先权，也没有同族。首先在 CNABS 中以申请人为入口进行检索，发现该公司申请了很多关于乳液的专利，但没有与本申请十分相关的文献，考虑到本申请没有优先权，判断申请人可能已经在日本进行了相关的专利申请并公开，于是在 DWPI 中输入本案的公开号 CN1709501A，找到申请人的公司代码“HYMO－N”，用公司代码（CPY）作为入口检索，检索到很多文献，然后用关键词 emulsion 进行检索，将以上两个检索式相与，检索到 X 类有效对比文件 JP2002－114809A。

（4）DC/MC 也是 DWPI 数据库中的一个特色字段，DC/MC 是独立于 IPC 分类表之外的一个分类体系，它的分类角度与 IPC 分类有所不同。

（四）SIPOABS 数据库

1. SIPOABS 数据库简介

SIPOABS 是 S 系统提供的摘要数据库，它收录包括 97 个国家或组织自 1827 年至今的数据，SIPOABS 数据库具有以下特点：

首先，SIPOABS 数据库主要是以 EPODOC 数据为基础，因此其继承了 EPODOC 数据库的特点，SIPOABS 中连字符“－”的标引与 EPODOC 中不同，在 SIPOABS 中不能用 W 算符来表示“－”，而是直接用“－”来表示。

其次，SIPOABS 的文献量大于 EPODOC，增加了如下字段：数据库记录信息：APSN、CTT、PNSO、UID、UT；涉及分类的字段：ICC、ICST、IPC8；涉及原始申请内容：ABO、APCC、APSE、APSO、APTY、PNO、PNSE、PNT、PRO、TIO；涉及向某组织的申请：UACC、UAKI、UASE、UCC、UPKI、UPSE；其他：CC、FN、NAT、OPD、OPR。

2. SIPOABS 数据库在化学领域检索中的适用性分析

（1）SIPOABS 数据库继承了 EPODOC 数据库的特点，尤其是分类信息丰富，包括 EC、UC、FI/FT 等，可以根据各种分类体系及相关分类特点进行有针对性的检索，而且随着分类表的更新对这些专利文献的分类也进行了更新，所以其分类比较准确。

【案例 1－1－5】

待检索技术方案：用于大型水泥窑的同步分段喷吹袋式除尘器，包括上箱体、中箱体、灰斗、滤袋和喷吹装置，上箱体通过花板与中箱体相通连，若干个滤袋悬挂于中箱体内，灰斗置于中箱体的下方；由脉冲阀、气包和喷吹管构成的喷吹装置设置于上箱体内，喷吹管经气包与脉冲阀相连，在喷吹管上开设有若干个与滤袋相对应的喷吹口；其特征在于：在每个滤袋内设有分段喷吹管，分段喷吹管的上端与喷吹管相通连，其下段延伸至滤袋的中部。

检索思路及过程：本申请的发明点在于分段喷吹管沿滤袋的内侧设置，且与滤袋的笼架相固定，分段喷吹管的下端弯折到滤袋的中心。通过简单检索可得到对比文件1 CN2865827Y，公开了一种具有引流型喷嘴装置的脉冲喷吹袋式除尘器，没有公开发明点“分段喷吹管沿滤袋的内侧设置，且与滤袋的笼架相固定，分段喷吹管的下端弯折到滤袋的中心”。对于过滤除尘设备而言，尽管IPC分类号B01D46/00中分类比较细，但是对于袋式除尘器中一些更细微的分类可能需要借助EC分类号，因此到欧洲专利局网站（http：//worldwide. espacenet. com/eclasrch？&locale = en_ep&classification = ecla）查询是否存在准确的EC分类号。

经过查询分析，B01D46/00B和B01D46/00R40A EC分类号是比较合适的，因此在SIPOABS中检索。

通过浏览附图即可得到对比文件2（EP0027038A1），对比文件2公开了一种袋式除尘器，其空气配分管23上端与脉冲阀22连接，下部沿滤袋的轴向从滤袋内部延伸，该空气配分管23延伸到滤袋的一半稍长位置。对比文件2进一步指出空气配分管23也可以有分支管延伸至每个滤袋中，并且空气配分管23下端部有出孔24，可以实现为下部滤袋的清灰提供更为充足的气流，使滤袋下部的清灰更彻底。

从该案例可以看出，选取合适的EC分类号，在SIPOABS数据库中检索EC分类号可以起到事半功倍的效果。

【案例1－1－6】

待检索技术方案：一种可萃取植物体中化学成分的提取分离纯化器，其特征是提取分离纯化器为方形塔状，由自下而上设置的溶剂供给系统、溶剂回收室、分离纯化室、成分提取室和用于溶剂冷凝的冷凝管组成，溶剂供给系统、溶剂回收室、分离纯化室之间分别设有控制阀。

检索思路及过程：对于本技术方案中装置的部件不容易提取有效的关键词，因为都是常规的部件，例如萃取、提取、提纯、分离、回收、供给、冷凝等，使用关键词检索不是最好的选择。基于对背景技术的了解，知晓本申请是植物根、茎、叶、果和核中的有机化学成分分别进行提取、分离和纯化，那么植物的根、茎、叶、果和核中除了有机成分必然还有无机成分等，为什么强调有机成分？是否有专门提取某种成分的技术主题？怎么能找到按萃取成分分类的方法？至此想到了分类较细的日本FT分类号，通过查询得到4D056/AB17、4D056/AB18。在SIPOABS中使用FT分类号，得到X类对比文件JP特开2003－251304A。

（2）SIPOABS大部分字段收录格式和使用方法与DWPI相同，对“％”、“/”、“（”、“－”等字符统一进行标引，因此对于化学领域经常出现的字符串，直接输入字符串进行检索。

(3) 由于高等院校、科研院所在化学领域的研究成果多通过文章（非期刊）的形式发表，因此充分利用字段 CT、CTNP、EX、EXNP、OC、OCNP、OP、OPNP、RF、RFNP 不但可以显示专利文献的相关引文信息，还可以根据这些信息进行引证文献和被引证文献的追踪。

（五）ALLOYS 数据库

1. ALLOYS 数据库简介

ALLOYS 数据库即铁合金和非铁合金成分数据库（Ferrous and non-ferrous alloys compositions），为 EPOQUE 系统中新增数据库，目前收录超过 10 万篇文献。在数据源分布上，主要涉及各种合金的专利文献，尤其是采用组分含量撰写的合金领域的专利文献。在领域分布上，对应 IPC 分类体系的 C22C（合金）小类下共 6 万余篇。

从数据库命名可以看出，其主要是针对合金领域检索特设的，而合金通常是采用组分含量或加工方法来限定，这一特点同样体现在各检索字段上。其中特色字段为 BASE/COMP/OPT/PRES/SPEC/NVAL/HEAT，检索时主要采用的字段是 BASE/COMP/OPT/PRES/NVAL，分别对应合金的基体元素/合金的组分含量/优选元素/现有技术中含有的元素/合金组分范围的下限和上限。

对于 BASE/COMP/OPT/PRES/SPEC 字段，在检索只需输入元素符号，例如：包含 Cr 元素的铁基合金，输入“Fe/BASE and Cr/COMP”。COMP 字符型字段里还收录了其含量的上下限，可以直接使用 COMP 字段进行类似“S”、“W”等文本运算检索，但输入比较烦琐。

NVAL 字段为数值类型的字段，其是按照上限和下限分别标引的，在检索需输入元素符号后紧跟“L”或“H”，如 C 元素的含量的标引形式可以为：CL = 0.0001，CH = 0.01，在检索的时候可以使用数学运算符“< =”、“> =”、“<”、“>”、“=”进行限定，将合金中元素的组成和其对应的数值范围对应起来一起进行检索，为 ALLOYS 数据库中最具特色的字段。NVAL 字段为 ALLOYS 数据库中最具特色的字段，下面讨论如何检索元素 X 数值范围 $a \leqslant X \leqslant b$。一般惯性思维容易想到采用 XL > = a and XH < = b，从数学意义上讲，检索式 XL > = a and XH < = b 完全表达了 $a \leqslant X \leqslant b$ 这一范围，但从《专利审查指南》第二部分第三章有关数值和数值范围限定的技术特征公开的有关规定，上述范围显然不能够囊括数值范围公开的所有情形，比如对比文件中 X 的数值范围与 $a \leqslant X \leqslant b$ 有重叠的情形。而检索式 XL < = b and XH > = a 则可以表达《专利审查指南》规定的数值范围公开的所有情形和能够囊括 $a \leqslant X \leqslant b$（即大范围覆盖小范围）的情形，如果检索结果的噪声太大，则可以利用检索式 XL < a and XH > b 消除囊括 $a \leqslant X \leqslant b$ 的情形。

此外，ALLOYS 数据库中还包括特色字段 HEAT，其对合金的热处理工艺进行标引，目前仅极少量的文献对该字段进行了标引，因此检索时不建议采用该字段检索。同时，ALLOYS 数据库还包括字段 BI/AN/EC/IC/IDT/KW/PD/PN/PR/RM7/TI/TIA/TXT/XEC，其用法与 DWPI、SIPOABS 中类似字段的检索使用方式相同。

2. ALLOYS 数据库在化学领域检索中的适用性分析

对合金组合物检索时优先采用 ALLOYS 数据库检索，尤其是充分利用其中的 NVAL 字段检索。

（1）开放式组合物技术方案的检索

【案例 1-1-7】

待检索的技术方案：一种高强度高延伸率 Cr17 型冷轧带钢，其特征在于，所述冷轧带钢的化学成分包含：C≤0.015wt%、Si：0.2～0.8wt%、Mn：0.1～0.8wt%、P≤0.04wt%、S≤0.015wt%、Cr：16.5～19.5wt%、N≤0.015wt%、Ti：0.1～0.6wt%、Nb：0.2～0.6wt%，且满足 C+N≤0.03wt%。

检索思路：对于采用开放式撰写的组合物技术方案，一般只需对比文件公开其限定的组分和含量即可，因此仅需采用 NVAL 字段将其限定的各个组分含量特征表达出来，然后进行和运算检索。

检索过程：

1 19531 CL < =0.015

2 39037 SIL < =0.8 AND SIH > =0.2

3 40761 MNL < =0.8 AND MNH > =0.1

4 12651 CRL < =19.5 AND CRH > =16.5

5 18915 TIL < =0.6 AND TIH > =0.1

6 10221 NBL < =0.6 AND NBH > =0.2

7 33966 C22C38/IC/EC

8 873 1 AND 2 AND 3 AND 4 AND 5 AND 6 AND 7

由于检索结果较多，利用检索式 XL < a and XH > b 消除选择发明中数值大范围覆盖小范围的情况。

9 8384 CRL < 16.5 AND CRH > 19.5（考虑到本技术方案中 Cr 元素含量尤为重要，进而利用其降噪）

10 207 8 NOT 9

11 14526 NL < =0.015

12 11705 PL < =0.04

13 11346 SL < =0.015

14 64 10 AND 11 AND 12 AND 13

检索结果中的前 3 篇 WO2010050519A1、EP2210965A1、EP1662015A1 文献均为本案例的 X 类对比文件，可见对于开放式的技术方案，其检索结果准确高效。

（2）封闭式组合物技术方案的检索

【案例 1-1-8】

待检索的技术方案：一种高强度高延伸率 Cr17 型冷轧带钢，其特征在于，所述冷轧带钢的化学成分包含：C≤0.015wt%、Si：0.2～0.8wt%、Mn：0.1～0.8wt%、P≤0.04wt%、S≤0.015wt%、Cr：16.5～19.5wt%、N≤0.015wt%、Ti：0.1～0.6wt%、Nb：0.2～0.6wt%，余量为 Fe 和不可避免的杂质，且满足 C+N≤0.03wt%。

检索思路：对于采用封闭式撰写的组合物技术方案，其X/Y类对比文件的组分特点往往与该技术方案的组分特点一致，尤其对于能够评述封闭式技术方案新颖性的对比文件更是如此，即能够作为上述采用开放式撰写的案例1-1-7的X类对比文件很可能不能作为案例1-1-8的X类对比文件，考虑到能够作为封闭组合物技术方案的X/Y类对比文件的准确IPC或EC分类号往往也与本案例的分类号相同，使用本案例准确的分类号C22C38/28/IC对案例1-1-7的检索结果14进行与运算降噪。

检索过程：

15　　873　C22C38/28/IC

16　　10　14 AND 15

检索结果的第2篇EP1310575 A1即为本案例的X类对比文件。

可见，对于采用封闭式撰写的技术方案，采用与类似开放式撰写的技术方案检索后，使用准确的IPC分类号进行降噪，效果良好。

小结：

由以上案例分析可以得出：ALLOYS合金数据库是专门针对合金领域的数据库，该库可以将合金成分和其对应的含量范围对应起来一起表达进行检索，ALLOYS库里NVAL数值型字段一般以专利文献中出现的合金组分含量进行整理收录，合理利用可以使检索效率大大提高。尤其对合金领域中采用组分含量撰写的开放式技术方案具有检索效率上的优势，准确高效；对封闭式技术方案，在采用与开放式技术方案类似的检索后，进一步采用准确的IPC/EC分类号进行和运算进行降噪，效果良好。不足之处在于该库一般只收录欧美国家或组织的专利文献和日本专利文献，即ALLOYS数据库里收录的文献不如DWPI和SIPOABS数据库中的文献全面，只能作为为提高检索效率而优先采用的检索数据库，在ALLOYS库里检索不到合适的X/Y类对比文件时还应当转入其他必检的数据库中进行全面检索。

（六）SADIQ数据库

1. SADIQ数据库简介

SADIQ数据库即玻璃组合物数据库（Glass compositions），为EPOQUE系统中新增数据库，目前收录2万1千余篇文献。在数据源分布上，主要涉及各种玻璃组合物的专利文献。在领域分布上，对应EC分类体系的C03（玻璃、矿棉或渣棉）大类下共2万余篇。

从数据库命名可以看出，其主要是针对玻璃组合物领域检索特设的，而玻璃组合物通常是采用组分含量限定，这一特点同样体现在各检索字段上。其中特色字段为COM/NVAL/APP/PRO/GT，分别对应的是玻璃组合物的组分含量/组分范围的下限和上限/玻璃的应用领域/玻璃的性能。其中除NVAL字段为数值型字段外，其他均属于文本型字段。COM字段与ALLOYS数据库中COMP的用法类似。NVAL字段也是按照上限和下限分别标引的，在检索需输入玻璃组合物中元素后紧跟“O”代表其氧化物，然后紧跟“L”或“H”分别代表其上下限，如SiO_2的含量的标引形式可以为：SIOL = 0.0001，SIOH = 0.01，其使用方法与ALLOYS数据库中NVAL字段类似，不再赘述。在该数据库中，APP字段里标引了玻璃纤维、光学玻璃、陶瓷玻璃、平板玻璃等应用。PRO字段标引了玻璃的如X射线透过、紫外线透过等常见性能，在检索带有特定应用领域或性能的申请时可以适当加以应用，但经简单统计发现，目前大部分EP专利文献对APP字段和PRO字段进行了标引，而其他国别的专利文献只有少量对该字段进行标引，检索时应当注意。此外，该数据库还采用特定的符号对玻璃类型 GT（Glass Type）进行了标引，例如：O 表示氧化物玻璃（Oxide），X 表示卤化物玻璃（Halide），F 表示氟化物玻璃（Fluoride）等，可以采用诸如 F/GT、O/GT、E/GT 等进行玻璃类型检索。

2. SADIQ 数据库在化学领域检索中的适用性分析

该数据库尤其适用于采用玻璃组合物的组成及其成分进行限定的技术方案检索。采用其中具体的成分、含量标引进行具有针对性的检索。

【案例 1-1-9】

待检索的技术方案：无机纤维，具有以下组成：Al_2O_3 5-90mol%，K_2O 12-40mol%，SiO_2 5-80mol%，其中 $SiO_2+Al_2O_3+K_2O>=80mol\%$。

检索思路：该技术方案采用组成及其含量进行了限定，其中组分均为玻璃组成中较为常用的成分，因此如采用关键词、IPC 分类等进行检索，容易造成溢出，工作量大，容易造成漏检。因此采用 SADIQ 数据库对其组成进行检索，大大提高了检索效率。

检索过程：采用 SADIQ 数据库进行了检索，由于技术方案限定的是摩尔百分比，SiO_2的分子量比较大，换算成重量百分比时会比摩尔百分比高，所以通过对成分含量进行优化，适当调整了检索式，检索如下：

```
?    fi sadiq
Selected file: SADIQ
?    /nval siol > =60
 ** SS 1: Results 3. 546
?    /nval kol >5
 ** SS 2: Results 1. 113
?    /nval alol >5
 ** SS 3: Results 4. 926
?    1 and 2 and 3
 ** SS 4: Results 26
```

得到 X 类对比文献 EP0155564A2。

【案例 1-1-10】

待检索的技术方案：一种具有良好紫外线吸收性能的平板玻璃，包括如下组分：SiO_2 50-70wt%，Na_2O 5-30wt% $Al_2O_3$0-5wt%，K_2O 0-5wt%。

采用 NVAL 字段进行检索，过程如下：

```
1    10220   SIOL < =70 AND SIOH > =50
2     8241   NAOL < =30 AND NAOH > =5
3     9485   ALOL < =5
4     7806   KOL < =5
5     2760   1 AND 2 AND 3 AND 4
```

结果太多，进一步采用“平板（FLAT）”应用领域和“紫外线（UV）”性能限定

6 170 FLAT/APP
7 71 5 AND 6
8 622 UV/PRO
10 9 5 AND 6 AND 8

得到的9篇文献，其全部能够作为上述技术方案的X类对比文件。

小结：

由上述案例不难看出，SADIQ在检索玻璃组合物技术方案时的优越性，由于其能够将玻璃的组分和含量对应一起表达，其检索结果准确高效，对于检索结果过多时，除采用EC分类号进一步限定外，必要时还可以结合该数据库中其他特殊字段进行降噪。当然，与ALLOYS数据库类似，该数据库收录的文献不如DWPI和SIPOABS数据库中的文献全面，必要时应当转入其他必检的数据库中进行全面检索。

（七）中国药物专利全文检索系统数据库

1. 中国药物专利全文检索系统数据库简介

中国药物专利全文检索系统数据库是由知识产权出版社专利数据研发中心和专利局化学审查部合作完成的，是国家知识产权局建局以来第一个具有自主知识产权和具有世界先进水平的深度加工标引的数据库，收录了自1985年至今公开的全部中国药物专利。

中国药物专利数据检索系统的主要特点可概括为以下几个方面：

（1）世界上唯一进行深度加工标引的中国药物专利数据库；

（2）具有强大的辅助文档——中药材数据库，可进行中药材名称的多语言检索、同义词检索、模糊检索和高级精确检索；

（3）支持包含多种中药材的方剂相似性检索；

（4）友好的检索界面和便捷的操作方法及傻瓜式简单检索和专业化高级检索并行；

（5）中国药物专利数据检索系统具有中英文两个版本，中文库与英文库记录格式完全一致，著录项目一一对应，检索功能完全相同。

2. 中国药物专利全文检索系统数据库在化学领域检索中的适用性分析

（1）对于化学领域专利申请的补充检索

例如某案申请日为2005年10月10日，拟授权的权利要求1为一种复合头孢抗菌组合物。首次检索距离申请日不满18个月，未检索到破坏新颖性和创造性的文献。授权前在中国药物专利数据库中进行补充检索，发现了一篇X类中国专利申请公开文献（公开日为2005年5月18日），构成了影响该申请所有权利要求新颖性的现有技术。特别是对于国内西药领域，由于较多涉及化合物的缘故，往往会比较重视在STN、CA等结构式检索，而忽略了中国药物专利数据库的检索。正确的做法是，在授权前和修改后的权利要求范围不能被前次检索覆盖时，除应当在CNABS中进行补充检索外，还应在中国药物专利数据库进行补充检索。

（2）中药复方产品的快速检索

由于中药材名称非常复杂，存在同名异物或同物异名，需要对中药药名进行相应扩展。但是将所有异名通过OR逻辑运算在CNABS中进行检索不是一件容易的事。因此，对于中药复方产品的检索，优先通过中国药物专利数据库检索系统的“中药辞典”找到药材对应的正名，然后在“方剂检索”的“相似检索”中输入所有组分的正名对中药专利数据库进行检索。这种检索策略无需对药材名称进行扩展，并且能够做到对中文专利文献相对全面的检索。由于检索结果是以相同组分的数量进行排序，因此一般不需要限定中药组分的味数。此外，为了减少噪声，还可以在检索时进一步限定药物的治疗用途、IPC分类等。

（3）西药改剂型的快速检索

例如某申请涉及一种利莫拉班的有机酸盐为有效成分的口腔速崩片。首先进入中国药物专利数据检索系统的“西药辞典”输入利莫拉班，仅找到利莫拉班的乳酸盐和柠檬酸盐，但通过输入其英文名称 rimonabant，在结果中勾选利莫拉班，然后点击“转库查询”，通过点击相应申请号浏览检索结果就可以得到有效对比文件。因此，对于药物改剂型的专利申请，通过在中国药物专利数据检索系统中通过转库查询的方式就可以对中文专利文献进行较为全面的检索。经过粗略的统计，通过上述方法，大部分改剂型的专利申请都找到了活性成分和剂型相同的对比文件。

另外，对于药物新制药用途、联合给药等专利申请，首先都应该采用相同方法进行初步检索，为了减少检索结果中的噪声，可在转库之前在界面中通过选择“药物职能”下拉列表作进一步限定。此外，由于西药辞典是根据专利数据进行更新的，并非所有药物活性成分在西药辞典中都有中文名称，此时应尝试使用英文名称、代号、CAS 登记号进行扩展，检索到合适的结果之后再进行转库查询。

此外，对于外文文献，则可以通过药物专利数据库的“西药辞典”获得药物的 CAS 登记号、通用名等，然后在 CA 以及其他全文数据库中进行进一步检索。

（八）世界传统药物专利数据库

1. 世界传统药物专利数据库简介

世界传统药物专利数据库（WTM）收集了自 1985 年以来世界上以中药为核心的天然药物及其提取物的专利信息，收录了来自中国、美国、日本、韩国、印度、俄罗斯、欧洲专利局、世界知识产权组织等超过 20 个国家、组织和地区的包括中药（日本汉方）、藏药、印度药和西方国家的天然药物在内的天然药物专利，其中标引专利信息 11 万余条，共含同族专利 20 万余条，是世界上收录天然药物专利最全的数据库之一。

世界传统药物专利数据库是一个深度加工标引的中英文双语种专利数据库，包括题录信息、按严格规则改写的题目和文摘、专利主题、主题代码、治疗作用、同族专利、专利附图、专利原文等。世界传统药物专利数据库的检索平台是一个基于 Web 的数字平台，包括简单检索、表格检索、高级检索等不同检索界面。数据库在一次检索完成的基础上支持二次检索、扩展检索。常用检索关系式都可通过点击输入，省去了手工输入的麻烦。不同检索界面的切换不会影响检索结果的显示，通过切换可以进行更进一步的检索，提高检索精准度。世界传统药物专利数据库特有的相关度计算可以让用户看出哪些专利与关心的专利是相似的，提高用户的检索效率。

世界传统药物专利数据库详尽收录专利中出现的各种天然药物，药物信息字段包括英文名称、英文别名、中文名称、中文别名、拉丁药名、拉丁植物/动物/矿物名、汉语拼音名、科名、属名、药性归经等字段；制定了特有的天然药物的唯一登记代码，使得药物查询更加准确快捷，降低了传统中药中一药多名、多药一名带来的检索错误，提高了药物的查全和查准率。

2. 世界传统药物专利数据库在化学领域检索中的适用性分析

（1）查找与中药相关专利

中药名称很不规范。WTM 数据库中采用药物自然属性和亲缘关系分类的方法，根据《中华人民共和国药典》中名称或专利文献中的通用名，对每一种传统药物进行分类编码，使药物正名与编码二者一一对应，实现一物一名，一名一码，物、名、码统一，提高专利检索的效率和准确性。以中药人参为例，在“天然药物检索”界面，检索人参的常用名称或天然药物唯一代码，常用别名有圆参、移山参、别直参、四叶参、掐皮参、绿参、原参、园参等，药物唯一代码为 A040 - 04 - 00。利用人参的天然药物唯一代码的前两级分类查找相关的药材信息，如根据炮制方法不同得到药性不同的药材如红参（A040 - 04 - 28）、生晒参（A040 - 04 - 14）、大力参（A040 - 04 - 29）、糖参（A040 - 04 - 15）等，然后根据需要使用天然药物唯一代码进行检索查询。

（2）查找制药用途类型的技术方案

以查找与葛根用于解酒及治疗宿醉、乙醇中毒、酒精中毒相关的专利为例。在“天然药物检索”界面，检索葛根的常用名称或天然药物唯一代码。在同义词界面进行查询，检索解救、乙醇中毒、酒精中毒的正式词为酒精中毒。然后在登记号输入框中输入天然药物唯一代码，在治疗作用输入框中输入“宿醉 or 酒精中毒”进行检索即可，很快就能找到有效的对比文件。

（3）查找传统药方剂型改进的专利

化学领域有较多申请属于对传统药方剂型的改进。WTM 根据专利特点，把有关专利分为 8 种发明主题，用主题代码进行标识。例如药方剂型改进属于制剂方法，其主题代码为 FOR。针对需要检索的药方，输入传统药方的名称和主题代码，即可找到有效对比文件。

（4）查找具体结构的化合物及制备方法

WTM 不仅通过化合物名称、编号和分类进行检索，还可以利用化学结构检索某类化合物及其制备方法。例如在“化学物质信息检索”界面，点击“化学结构图型检索”，在绘图框中画出黄酮类化合物的母体结构，点击检索得到具有被检索结构的黄酮类化合物。然后在结果列表中的一个或多个化合物信息，点击“职能符”按钮，在下拉框中选中“已知化合物的制备 - P”点击检索即可。

二、各分类体系在化学领域检索中的适用性分析

（一）IPC 分类体系

1. IPC 分类体系简介

IPC 是目前唯一国际通用的专利文献分类，世界上约有 100 多个工业产权局使用。IPC 是标准的国际专利检索和查询工具，其首要目的是为各知识产权局和其他使用者建立一套用于专利文献的高效检索工具，用以确定新颖性，评价专利申请中技术公开的发明高

度或非显而易见性。

2. IPC 分类号在化学领域检索中的适用性分析

化学领域 IPC 分类号分类较细，能反映出化学领域中各主题的专利分布特点。在 DWPI 库中使用 IPC 分类号结合关键词是比较有效的检索方式，例如：

【案例 1-1-11】

待检索技术方案：一种含有稀土金属的乙炔法制备醋酸乙烯的催化剂，其特征是：所述的催化剂的载体为活性炭，在活性炭上负载的活性组分为醋酸锌和醋酸镧。

检索思路：本申请的发明点在于催化剂包括活性组分醋酸镧，醋酸镧可以降低反应发生的起始温度，使反应在较低温度下进行。根据该“发明信息”确定本申请的主分类号应该分在“活性组分醋酸镧”。分析方法是首先归类到大组 B01J23/00，然后找到一点组 B01J23/38，顺次阅读其包含的两点组，通过分析发现，两点组 B01J23/54 中包含的金属种类较多，比较模糊，通过进一步分析可知 B01J23/02 至 B01J23/36 各组中的金属包括 B01J23/10（稀土族的），按照《国际专利分类表》中附注的解释稀土金属包括 Sc、Y、镧系元素，故此时可以定位到两点组 B01J23/54，通过阅读三点组和四点组，结合本申请催化剂的另一活性组分是锌，因此定位到四点组 B01J23/60。

B01J23/00 不包含在 B01J21/00 组中的，包含金属或金属氧化物或氢氧化物的催化剂

- B01J23/38 贵金属的
- B01J23/54 与包含在 B01J23/02 至 B01J23/36 各组中的金属、氧化物或氢氧化物结合
- B01J23/56 铂系金属
- B01J23/60 与锌、镉或汞结合

而分类员根据本申请的技术领域和主题中涉及乙炔法制备醋酸乙烯，故分类员给出的分类号是 B01J31/04。

B01J31/00 包含氢化物，配位配合物或有机化合物的催化剂

- B01J31/02 含有有机化合物或金属氢化物
- B01J31/04 含有羧酸或其盐

检索过程：首先利用分类员给出的分类号 B01J31/04 进行检索，没有找到有效对比文件。通过申请人、发明人预检索，以及其他简单检索之后，重新确定分类号，然后在 DWPI 数据库中检索：

```
?   B01J23/60/ic
** SS 1: Results 536
    Vinyl acetate
** SS 2: Results 60338
    1 and 2
** SS 3: Results 25
```

得到有效对比文件 WO99/29419A1，该对比文件公开了一种醋酸乙烯的制备方法，说明书第 3 页第 2 段至第 12 页第 2 段具体披露了如下技术特征：制备醋酸乙烯的催化剂是用钯、镉、碱金属和特定的镧系金属盐的复合体，合适镧系金属化合物是其盐酸盐、硝酸

盐、醋酸盐和乙酰丙酮化物。使用该催化剂具有更好的选择性，在同样的反应条件下，在同样的时间里在每一个反应柱中可以得到更多的醋酸乙烯，使时空速率保持恒定，该催化剂可以降低反应的温度。可以和另外一篇有效对比文件 CN1903435A 结合评价该技术方案的创造性。

【案例 1-1-12】

待检索技术方案：一种纸板吸塑油，其特征在于：按重量组分比的配方如下，SBS 100；石油树脂 50~170；溶剂 200~550。

检索过程：..fi dwpi

1 PETROLEUM W RESIN

2 (C08L25/10 OR C08L9/00 OR C08L53/02 OR C09J125/10 OR C09J109/06 OR C09J153/02) /IC

3 C09J7/IC

1 AND 2 AND 3

查找到两篇有效 Y 类对比文件 JP5179218、JP9286965，可结合评价该技术方案的创造性。

小结：

一般而言，IPC 分类号在各个数据库中的倾向性检索规律如下：(1) IPC 分类号主要在 CNABS、DWPI 数据库中使用；(2) 通常将多个 IPC 分类号和关键词/申请人结合进行检索。

(二) EC/ICO 分类体系

1. EC/ICO 分类体系简介

相对于 IPC 分类号而言，EC 分类号的一致性更强。由于 IPC 分类号是由各国分类员给出，而各国分类员对专利文献内容的理解可能存在差异，对分类原则的掌握也不尽相同，因此导致了一些专利文献的分类号不一致。而 EC 分类号均由欧专局的审查员直接给出，对分类原则的掌握相对统一，因此保证了它的一致性。

EC 分类号反映的内容更加准确、全面。由于 EC 分类号是根据说明书的全文确定其技术主题，从而确定其分类号，而不是仅仅根据独立权利要求确定分类号，这样确定的分类号不仅包含独立权利要求的技术内容，也包含了从属权利要求和说明书的技术内容，技术主题更准确，分类号所反映的技术内容更加全面。

每篇专利文献的 EC 分类号会随 EC 的修订而修改。如果分类号有变化，比如新增加了分类号，EPO 会将在此之前的所有专利文献进行重新分类，使新增分类号下有很多旧时的文献，也就是说，与 IPC 不同，EC 只有当前一个版本。

ICO 的一个重要作用是用于指定文献中的附加信息。在 IPC8 分类规则中，附加信息表示为“非微不足道的技术信息，它本身不代表对现有技术的贡献，但对检索者而言却有可能构成有用的信息”。但是根据 EPO 的实践来看，附加信息被广泛地定义为不落入发明信息种类内的任何对于检索有用的次要信息。ICO 码特别关注技术特征或技术细节。与 EC 侧重于技术主题不同，ICO 侧重于技术特征或技术细节，对于那些技术特征本身并不重要、无需给出 EC 分类号的特征，EPO 会给出 ICO 码，以便于检索具体的技术特征，补充指示 EC 没有指示出来的信息。

2. EC/ICO 分类体系在化学领域检索中的适用性分析

EC/ICO 分类体系是对熟悉的 IPC 分类表的进一步细分，以下通过 3 个具体案例进一步对 EC/ICO 分类体系在化学领域中的适用性进行分析。

【案例 1 -1 -13】

待检索技术方案：一种振磁耦合流化床烟气脱硫反应器，所述烟气脱硫反应器包括流化床、雾化喷头（1）、制磁螺旋线圈（4）、风箱（8）；所述流化床由筒体（3）、环形上盖（2）、布风板（6）、上固定框板（11）、下固定框板（7）、磁性床料（5）组成；所述环形上盖（2）与筒体（3）的上端面固接，环形上盖（2）的中心孔为烟气出口（12），所述上固定框板（11）和下固定框板（7）叠放在一起并固装在筒体（3）的下端面与风箱（8）的上端面之间，筒体（3）内装有磁性床料（5），所述布风板（6）固装在上固定框板（11）和下固定框板（7）之间，风箱（8）的下方设有烟气进口（13），雾化喷头（1）穿过环形上盖（2）的中心孔吊装在筒体（3）内的磁性床料（5）的上方，筒体（3）的外壁上套装有制磁螺旋线圈（4）；其特征在于所述烟气脱硫反应器还包括激振器；所述激振器由 3 ~4 个激振弹簧（9）、3 ~4 个底座（15）、激振电机（14）组成，所述3 ~4 个底座（15）对称于筒体（3）的中心轴线分别固定在下固定框板（7）的下端面上，所述每个激振弹簧（9）的上端与底座（15）的下端面固接，每个激振弹簧（9）的下端与地面固接，所述激振电机（14）分别与 3 ~4 个底座（15）连接。

检索思路：首先，采用常规的检索方法在 CNTXT 数据库中检索到对比文件 1（CN1526473A），经分析本技术方案于对比文件 1 的区别特征中最主要的是增设了激震器，针对该主要的区别特征确定合适的 EC 分类号，由于本申请激震器是通过振动增强颗粒之间的接触面积，从而提高颗粒与烟气的传质效果，因此目标是检索公开了用固体颗粒去除气体杂质的同时使用激震器的现有技术。首先在 B01D53/00 烟气脱硫分类号下没有检索到使用振动装置的下级分类，IPC 检索界面中输入（震 + 振），找到的都是研磨或干燥时使用振动装置的文献，与对比文件 1 烟气脱硫的领域较远，因此尝试仍然在烟气脱硫装置的领域检索。通过阅读 B01D53/00 的 EC 发现，比较接近的是使用固体颗粒除杂这一分类号，由于烟气中的杂质除了含 S 还可能含 N 或卤素，因此最终将分类号扩展为 3 个，分别是 B01D53/50D（脱硫使用固体颗粒）、B01D 53/56D（脱硝使用固体颗粒）和 B01D 53/68D（脱卤素使用固体颗粒）。转入 SIPOABS 数据库中检索。

检索过程：. . fi sipoabs

SS1 3035 /EC（B01D53/50D OR B01D 53/56D OR B01D 53/68D）（考虑到 EC 中这 3 个分类号的文献量较大，而振动达到的效果比较特殊，在摘要中出现的可能性比较大，而且关键词比较容易确定，因此采用关键词降噪）

SS2 1348678 OSCILLA + OR FLUCTUAT + OR VIBRAT + OR SWING + OR SWAY + OR VACILLAT + OR WOBBL + OR SHAK + OR ROCK + OR DITHER OR NOD + OR SHIVE + OR TH ROB + OR QUIVER + OR JOGGL +（关于振动的关键词）

SS3　13　1 and 2

结果中有另一篇 Y 类有效对比文件：DE330892A1。

【案例 1-1-14】

待检索技术方案：一种食用菌料、畜禽饲料拌料机，包括机架（1）、电机（2）、料斗（3、4、5）和搅拌推进器（6），电机（2）、料斗（3、4、5）和搅拌推进器（6）都安装在机架（1）上，其特征是：它具有多个料斗，料斗（3、4、5）中有分料器（7-1、7-2、7-3），料斗（3、4、5）的底部连通搅拌推进器（6），搅拌推进器（6）外端为出料口（14）；电机（2）带动皮带轮，经过多级传动使料斗（3、4、5）中的分料器（7-1、7-2、7-3）和料斗下面的搅拌推进器（6）转动。

检索思路：发明人声称相对于现有技术的改进在于：通过不同的料斗加入多种物料，并由机械本身的控制机构确定料比和流量，能够实现精确料比和快速拌料，不受定量限制连续拌料，非常适用于食用菌料的搅拌，也完全适合各种畜禽饲料的搅拌。本发明主要涉及的是一种搅拌机，其用于食用菌料、畜禽饲料搅拌机的用途对该搅拌机没有限定作用。EC 分类表中与此密切相关的是 B01F15/04J（使被混合物质形成预定比率，用于固体物料的混合，利用例如带、震动、料斗和可变数目的出口或利用料斗和具有旋转元件的出口，例如螺旋桨）。

检索过程：在 SIPOABS 中以 EC 号 B01F15/04J 检索，得到 214 个结果。直接转到 Viewer 中浏览就可以得到 X 类对比文件 GB1272571A。当然，通过对该技术方案分析可以看出，料斗应当是一个必要的检索要素，因此再限定关键词“hopper?”，得到 21 个结果，也能得到 X 类对比文件 GB1272571A。

【案例 1-1-15】

待检索技术方案：一种定径口模生产多规格塑料管材的方法，该方法包括原料投放、加热熔化、挤出、定径冷却、牵引、定尺切割步骤，其特征是热熔原料从口模挤出后经牵引进入定径模内，口模的内径大于定径模内径，热熔料挤出线速度与定径冷却产品的牵引线速度的比 U≤1。

检索思路及过程：待检索技术方案请求保护一种定径口模生产多规格塑料管材的方法。通过浏览现有技术相关主题申请的分类号，通过 S 系统界面检索中 preparation 进行分类号的统计，准确选取与技术主题密切相关的 EC 分类号，在 SIPOABS 中以 EC 号 B29C47/90B3、B29C47/92D 检索，很快获得有效 X 类对比文件：EP1627724A2。

小结：

（1）EC/ICO 分类体系是对 IPC 分类表的进一步细分，通过 +Cla 数据库或欧洲同族专利申请，能容易获得技术主题对应的准确 EC 分类号。在化学领域中，特别是 IPC 分类表中小类 B01D 下的过滤，B01F 小类下的搅拌等技术主题涉及设备、装置时，EC/ICO 分类体系都给出了详细的进一步细分；通常来说，对于这类化工装置的申请，通过查找涉及发明点的 EC 细分，可以达到将待浏览的文献量限定到合适的范围之内，转到详览中快速浏览附图，就可以较快地获得有效对比文件。

（2）对于化学领域中的改进发明，首先，这类发明相对于现有技术的改进在于结构上的细节，相对而言关键词难以进行全面准确的表达，而 IPC 分类又往往对这些细节上的改进没有给出进一步的细分，此时使用比较确定的 EC 分类号进行检索往往事半功倍。另外，对于这类技术主题，国内的相关专利对比文件较少，通常在 SIPOABS 中使用 EC 分类号可以快速找到合适的对比文件。

（3）由于 S 系统界面检索中可以使用 preparation 进行分类号的统计，先用关键词进行初步检索，使用 preparation 可以迅速统计出合适的 EC 分类号，免去了查找合适 EC 分类号的过程，对于化学领域许多技术主题是非常有效的检索策略。

（三）FI/FT 分类体系

1. FI/FT 分类体系简介

日本在各个领域技术上比较成熟，专利文献量较大，尤其注重于技术细节的改进，在检索相关申请时可以优先考虑。FI 分类是日本特许厅内部对 IPC 的细分和扩展，用于扩展 IPC 在某些技术领域的功能，比 IPC 的分类更加详细，FT 分类是日本特许厅为计算机检索而设立，具有多角度分类的特点。具体 FI/FT 分类号以及 FI/FT - IPC 对应关系可以到日本数字图书馆网站（http：//www5. ipdl. inpit. go. jp/pmgs1/pmgs1/pmgs_E）查询。

FI 分类体系也采用 IPC 分类表的等级结构原理，按部、大类、小类、大组、小组，按层次递降顺序分割技术知识的整体，只是比 IPC 更加详细，其将大组和小组进行了 IPC 细分和/或文档细分，使某一组下的几十万篇文献经细分后，降低到几千篇之内。在化学领域，合理利用 FI 分类号进行检索经常可以事半功倍。FI 分类可以在 DWPI 和 SIPOABS 库中进行检索。使用 FI 分类进行检索时，由于其主要对日本文献以及具有日本同族的文献进行了分类，因此如果只用 FI 分类进行检索并不全面。

FT 是“File Forming Terms”的简写形式。FT 借助特殊的技术术语，根据不同的技术主题，例如目的、用途、结构、材料、制造方法、使用或运行方法、控制装置等，与常规的 IPC 树状结构分类体系不同，FT 分类采用网状分类，属于一种全新的分类体系。一个 FT 一般由 5 位的主题代码 +2 位观点号 +2 位数字构成。主题代码表征技术领域，2 位观点号表征发明的材料、方法、结构等，最后的两位数字是对观点号表征的技术特征的进一步细分。例如：5G006/AA02，5G006/AB25。对于一篇专利文献来讲，FT 分类主要基于其权利要求，在权利要求中出现的任何技术内容都有可能成为技术条目，并且这些 FT 分类号没有主副之分，每个分类号都是从与本发明相关的不同的技术角度来给出的。

FI 及 FT 结合应该是一种很好的机检手段，但它与 IPC 差别较大，掌握起来不那么容易。它的另一个缺点是，FT 由日本的单独审查员设置，存在个体差异。

2. FI/FT 分类号在化学领域检索中的适用性分析

在化学领域，日本文献量较大，在很多特定领域，FI/FT 分类号也比较细致，如 IPC 分类号 C10B 的焦炭领域对应的 FT 主题码 4H012，含义是焦炭工业，其按燃烧形式、炉外冷却形式、废弃物处理等多个角度进行细分。在检索相关案例时，首先可以根据准确的 IPC 分类号查询对应的 FI/FT 分类号，也可以根据 FT 多角度分类的特点查找多个对应的 FT 分类号，然后进行检索。

【案例 1 -1 -16】

待检索的技术方案：一种钴钼系一氧化碳耐硫变换催化剂，由活性组分和催化剂载体构成，所述的催化剂活性组分含有钴和钼元素的化合物，催化剂载体的主要组分以氧化物计，主要是氧化铝、氧化镁、氧化钛和氧化锆其中的一种或多种组合，其特征在于，所述的催化剂为多棱柱形或多棱球形。

检索思路：待检索的技术方案相对于现有技术的改进是选择催化剂的形状，FT 善于从目的、应用、结构、材料、制作过程、加工和操作方法等多角度进行细分。首先从应用领域出发，对于一氧化碳的耐硫变换反应，IPC 分类号为 C01B3/16 或 C01B3/40，其对应的 FT 主题码为 4G140：Hydrogen，water and hydrids，进一步在 FT 分类表中查找，得到的观点符和位符为 CA01，所表述的含义为：catalytic reaction of carbon monoxide and water vapor，characterized by catalysts，e. g. shapes and structures（涉及催化剂的外形和结构）。

检索过程：. . fi SIPOABS

1　60　4G140/CA01/FT

得到一篇 X 类对比文件：JP58 - 214342A。

【案例 1 - 1 - 17】

待检索的技术方案：利用尾气中 SO_2、CO_2 软化硬水的工艺，其特征在于，将含 SO_2、CO_2 尾气与硬水在吸收塔中反应，检测反应混合液的 pH 值为 2. 5 - 5. 5 时，停止反应，将反应后的混合液过滤，得到软化水及滤渣；所述的硬水为含 Ca^{2+} 溶液浓度 0. 6 ~ 0. 7g/L，pH 值为 9 ~ 11，尾气中二氧化硫和二氧化碳体积浓度分别为 1% ~ 10%、5% ~ 30%。

检索思路：待检索的技术方案要求保护一种利用尾气中 SO_2、CO_2 软化硬水的新工艺，发明点为利用废气中的 SO_2、CO_2 处理硬水，达到"以废治废"的目的。FI 对 IPC 中的 C02F1/52 进行了细分，其中 C02F5/02&B：利用无机物软化硬水。SO_2、CO_2 为无机物，先利用 FI 进行检索。

检索过程：. . fi SIPOABS

1　　67　/FI C02F5/02&B

2　　168973　EXHAUST + 4D GAS +

3　　2　1 AND 2

得到 X 类对比文件 JP2005161224A。

小结：

（1）FI/FT 对 IPC 进行了细分，对于化学领域经常出现的装置的检索往往只需找到准确的分类号，再通过看图就可以进行高效且全面的检索。FI 由于其分类的详细程度以及准确程度，在这方面的检索非常有优势。

（2）FI/FT 尤其是 FT 善于从目的、应用、结构、材料、制作过程、加工和操作方法等多角度进行细分，从这些方面分别选择相应分类号相与往往可以检索到有效的对比文件。

（3）FI/FT 对于在化学领域常出现的组合工艺的检索也具有优势。FI/FT 往往对一个组合工艺中的各个工艺分别进行标引，因此只需找到各个工艺的分类号，再进行相与运算，经常能够很快地锁定对比文件。

（4）FI/FT 分类非常详细，很多分类号可以直接代替关键词对检索要素进行表达。对某些技术特征难以用关键词准确表达时，使用准确的 FI/FT 分类号可以事半功倍。

（四）UC 分类体系

1. UC 分类体系简介

美国在各个技术领域处于世界领先状态，其专利文献量也较大，因此在检索开创性发明或者比较有高度的专利申请时应当考虑对美国专利文献进行充分检索。但其 IPC 分类号由机器给出。UC（美国专利商标局分类号）是美国专利商标局对美国专利文献给出的分类号，一般只适用于美国专利文献。美国专利商标局首先对其专利文献进行 UC 分类，然后使用 UC－IPC 对照关系由机器自动生成 IPC，而 UC 和 IPC 完全属于两个不同的分类体系，导致美国的 IPC 分类号一般都不太准确。UC 所遵循的分类原则有：产业或应用（Industry or Use）、最接近功能（Proximate Function）、效果或产品（Effect or Product）、结构（Structure）。与 IPC、EC 相比，UC 的构成比较简单，其采用二级结构，即“大类号/小类号”的形式，小类是对大类的继续细分。例如“349/58”，第一个数字 349 表示发明的大类号，斜线后面的数字 58 表示该大类中的小类号。每个美国专利文献都具有至少一个强制分类，并可以选择地包括一个或多个可自由决定的分类，在 UC 分类表中，大类号和小类号后面分别具有对大类或小类做简短说明的标题，其相当于 IPC 中分类号后面的技术主题。例如“502/6”，大类“502”的标题是“催化剂，固体吸附剂及其载体的产品或工艺（catalysy，solid sorbent，or support therefore：product or process of making）”，小类“6”的标题是“控制反应到预定状态（control responsive to sensed condition）”。502/6 对应的 IPC 分类号有 B01J20/00、B01J21/00、B01J23/00、B01J25/00、B01J27/00、B01J29/00、B01J31/00。

在美国专利商标局官方网站（http：//www. uspto. gov/web/patents/classification）中可以以具体的 UC 分类号查找具体含义或以关键词为入口查找相关的 UC 分类号。

2. UC 分类体系在化学领域检索中的适用性分析

UC 分类是美国专利商标局特有的一种分类体系，其只用于美国专利文献。如在 B01J21 至 B01J38 范围内进行检索，与用 UC 分类下的文献量作对比，结果见表 1－1－1。

表 1－1－1　B01J21 至 B01J38 下的文献量与用 UC 分类对应表

分类号	文献量	US 文献量	分类号	文献量	US 文献量
B01J21	18. 013	7. 071	B01J32	3. 327	1. 036
B01J23	51. 503	19. 003	B01J33	960	388
B01J25	1. 582	603	B01J35	22. 152	7. 414
B01J27	22. 589	9. 056	B01J37	20. 113	8. 623
B01J29	15. 273	7. 060	B01J38	3. 816	1. 732
B01J31	29. 105	12. 765	总计	188. 433	74. 751

通过表 1－1－1 分析可知，在催化剂领域，美国专利占总专利申请量的 39. 7%。在 IPC 分类号 B01J23 下面的专利文献中，文献数量为 51503（2010－04－12 在 WPI 数据库中统计），美国文献大约占 36. 9%。可见在该领域中美国专利文献占据着重要比重，因此通过对美国专利的专门检索是十分必要的。UC 使用方法与 IPC 和 EC 相似，为“/UC”，

例如“349/58/UC”。

【案例1－1－18】

待检索的技术方案：一种多层竖流式甲烷生物氧化装置，其特征在于：装置由反应器、甲烷供应系统和空气供应系统组成，甲烷供应系统通过甲烷进气口（I－1）与反应器相连，空气供应系统通过空气进气口（I－3）与反应器相连，所述反应器由甲烷进气口（I－1）、布气层（I－2）、空气进气口（I－3）、填充介质（I－4）、布气层（I－5）、填充介质（I－6）、布气层（I－7）、填充介质（I－8）和排气口（I－9）构成，布气层由多孔轻质材料构成，并沿反应器内自下而上设置为多层。

检索思路：首先利用准确的 EC 分类号 B01D53/85 进行检索获得对比文件 1（GB2417697A），但该对比文件尚未公开甲烷生物氧化装置为多层竖流式，且采用其他常规方法也没有获得合适的对比文件，意识到该技术方案比较有新意，考虑到美国技术的世界领先地位，查找是否存在合适的 UC 分类号进而利用 UC 检索。

检索过程：首先利用“Microbiology”关键词为入口获得该技术方案的大类号，获知“LIFE AND AGRICULTURAL SCIENCES AND TESTING METHODS”是最相关技术主题，该主题下的 435. Chemistry：Molecular Biology and Microbiology 大类是最相关的大类，然后查询该大类表并结合定义表确定合适的分类号为 435/294. 1.. Vessels or trays in series。采用该分类号进行检索。

过程如下：

```
..fi sipoabs
10         256   435/294.1/UC
12     1511395   GAS
13          40   10 AND 12
```

得到另一篇 Y 类对比文件 2（US5656494A），对比文件 1、2 结合可以评述该技术方案的创造性。

小结：

面对开创性发明，采用常规方法检索效果不好时，可以考虑查找该领域是否存在准确的 UC 分类号，如果存在，采用 UC 分类号检索可以作为常规方法检索的必要补充。

（五）DC/MC 分类体系

1. DC/MC 分类体系简介

德温特世界专利索引（DWPI，Derwent World Patent Index）是一个综合性的专利数据库，DWPI 为用户提供了多个检索入口，其中包括德温特分类号（DC）、德温特手工代码（MC）。德温特分类（DC）是从应用性角度编制的，它将全部技术领域分为 3 个大类：化学（Chemical）、工程（Engineering）和电子电气（Electronic and Electrical），其中化学大类下设有 A～M 部。德温特手工代码（MC）又分为化学专利索引手工代码（CPI）和电气专利索引手工代码（EPI），其中化学专利索引手工代码（CPI）由字母和数字组成，是在上述化学大类下设有的 A～M 部的进一步细分，CPI 代码等级排列，标识符号越多，代表该分类号越精确，例如 M21－A01A，其中 M 部代表冶金领域，M2 代表金属，M21 代表金属轧制或成形，M21 - A01A 代表金属的热轧成形。手工代码 MC 是德温特公司将专利内容进行收集整理后，由经过特殊培训的具备分类领域专业知识的分类人员统一确定，因此其分类标准比较统一，给出的分类号也比较准确。与 EC、FI 是对 IPC 分类表的细分不同，DC/MC 是独立于 IPC 分类表之外的另一种分类体系，因此它的分类角度与 IPC 分类表有所不同。DC/MC 分类手册或具体的 DC/MC 分类号含义可以到 Thomson 官方网站查询（http：//thomsonreters. com）。

2. DC/MC 分类体系在化学领域检索中的适用性分析

DC/MC 在化学领域的分类有其自身的特点，在特定领域可以优先采用。以化学领域的催化剂类发明为例，IPC 分类表主要是从催化剂的化学组成来进行分类，但是由于催化剂的组分比较复杂，一个催化剂，如果从化学组成来看，可能涉及超过 5 个分类号，再加上 IPC 分类表中的最先位置规则、最后位置规则，导致在检索催化剂类申请时，利用 IPC 分类号很难全面且准确表达其特定的应用，但是 MC 分类表中关于催化剂却不是从化学组成进行分类，而是从催化剂用途等角度进行分类，可优先采用。

且对于化学领域来说，很大一部分申请，例如催化剂、分离方法等都来自高校或研究机构，用于评述这些申请文件新颖性、创造性时引用的文献有很大一部分是来自非专利文献，DC/MC 分类体系在化学领域应用时一个重要优势就在于手工代码 MC 可以在 STN、ISI Web of Knowledge 这两个平台上进行检索，STN 是当发明点涉及新化合物、高分子聚合物，马库什结构式时最为快捷、有效的检索方式。ISI Web of Knowledge 整合了各大外文数据库，并且检索功能强大，是检索外文非专利文献最重要的平台。因此，如果对该领域的 MC 分类表比较熟悉，在 STN、ISI Web of Knowledge 这两个平台上进行检索时，用 MC 与关键词结合，不仅可以有效缩小需要浏览的文献量，而且可以降低选择关键词的难度，提高检索的效率。

【案例 1 - 1 - 19】

待检索的技术方案：一种药物组合物，其包含药物活性剂、芯与包含内膜与外膜的衣层，内膜包含醋酸纤维素和羟丙基甲基纤维素，醋酸纤维素：羟丙基甲基纤维素的比例为 80% ~99. 5%：0. 5% ~20%，且外膜包含乙基纤维素和羟丙基纤维素，乙基纤维素：羟丙基纤维素比例为 50% ~80%：20% ~50%。

检索思路：本申请涉及多层包衣的剂型，由于 IPC 分类号并没有针对剂型内部空间结构的进一步细分，因此通常考虑使用关键词进行检索。然而不同专利文献对同一技术特征的表达不尽相同，如果关键词扩展不充分则非常容易造成漏检；此外，仅使用关键词往往难以清楚地体现各技术特征之间的空间关系，容易引入过多的噪声。在 MC 中，B12 - M11K 代表具有两层或多层包衣的片剂，充分体现了本申请的剂型结构特征，因此尝试使用该分类号结合涉及具体包衣材料的关键词进行检索。

检索过程如下：

1	DWPI	1305	B12 - M11K/MC
2	DWPI	119031	(acetyl w cellulose) or (cellulose w acetate) or CA
3	DWPI	224	1 and 2
4	DWPI	5333	(hydroxypropyl w methylcellulose) or HPMC

5	DWPI	111	3 and 4
6	DWPI	13080	(ethyl w cellulose) or EC
7	DWPI	56	5 and 6

通过浏览56篇文献找到一篇对比文件：WO01/22944A，该文献公开了具有双层包衣的药物组合物，芯料中含有药物活性成分，第一包衣为醋酸纤维素和HPMC，第二包衣为乙基纤维素和HPMC，可以评价本申请的创造性。且其他文献也大部分与该技术方案十分相关。

小结：

由上述案例不难发现DC/MC分类体系的特点，尤其是化学的药物领域、光催化剂领域检索时可以优先采用。

三、专利文献资源在化学领域检索中的适用性分析总结

专利数据库，特别是运行于S系统界面检索的专利数据库，对于化学领域检索而言，主要有以下四方面的优势。

（1）专利数据库中可以利用多种分类号进行检索，许多分类体系对于特定化学领域的检索非常有效，化学领域经常遇到关键词不易确定的情形，善于利用各种合适的分类号检索可以事半功倍。例如在DWPI中用MC来检索催化剂、药物制剂；在DWPI、SIPOABS中用FI、FT检索水处理装置与工艺等；用EC检索材料加工装置等；在ALLOYS和SADIQ数据库中检索合金和玻璃组合物。专利数据库中还可以使用对于特定化学领域的检索非常有效的索引字段，例如用CPY来检索化学领域一些大型的标准公司或研究机构的申请。

（2）化学领域中普遍存在对一种组分有通用名、俗名、商品名等不同表达，在S系统界面检索平台下可以利用各种算符和截词符编辑精确的检索式，使得构造出的检索式能够最大限度地避免漏检，并且对检索结果可以进行转库、追踪、Preparation编程等运算，提高检索效率。

（3）专利数据库中具有便于筛选检索结果的相应功能模块。例如利用快速详览模块浏览大量附图，可以极大提高涉及化工装置以及有机化合物结构的对比文件筛选的效率。

（4）专利数据库中包括多个全文数据库。化学领域中有相当一部分申请是在反应机理上作出改进而申请的关于产品或方法的发明专利，由于专利文献撰写的特点，体现核心发明点的机理不出现在摘要中，此时利用表达机理的关键词在专利全文库中进行检索往往能取得事半功倍的效果。

第二节　期刊和图书资源在化学领域检索中的适用性分析

专利文献资源之外，期刊和图书资源也是十分重要的文献资源，其数量和涵盖的信息量也十分庞大，世界范围内有很多满足不同需求的期刊数据库和图书资源数据库供科研工作者和相关人员使用。由于化学领域有很多基础性和应用性都较强的学科，因此，在化学

领域的检索中，期刊和图书的检索占到越来越重要的位置。下面将对常用的期刊和图书数据库资源做简单介绍，同时分析其在化学领域检索中的适用性。

一、期刊资源在化学领域检索中的适用性分析

（一）CJFD 和 CNKI 数据库

1. CJFD 和 CNKI 数据库简介

CJFD 数据库收集了自 1979 年至今的期刊文献，但不包括硕、博士论文。其数据范围包括理工、农业、医药卫生、电子技术等几类。CJFD 数据库支持界面检索和核心检索两种方式，并且支持全文检索，能够灵活运用丰富的邻近算符来构建各种关键词词组，大大提高查全率和检索效率。

中国知识资源总库 CNKI 数据库主要包括 4 个子库：中国期刊全文数据库、中国优秀博硕士学位论文全文数据库、中国重要会议论文集全文数据库、中国重要报纸全文数据库。这些数据库分别收集了自 1979 年至今（部分期刊由创刊至今）的期刊文摘及自 1994 年至今的期刊全文、自 1999 年至今的优秀博硕士学位论文、1999 年以来我国国家二级以上学会、协会、高等院校、科研院所、学术机构等单位的论文集、2000 年 6 月以来我国国内重要报纸刊载的学术性资料性文献。

2. CNKI 和 CJFD 数据库在化学领域检索中的适用性分析

申请人入口检索

CJFD 和 CNKI 都可以进行以申请人为入口的检索，对于高校和研究所的申请，该检索入口十分重要。

关键词入口检索

【案例 1－2－1】

待检索技术方案：一种保护含腈化合物的检测显色剂，其化学式为：［外消旋－（5，7，7，12，14，14－六甲基－1，4，8，11－四氮杂环十四－4，11－二烯）］合镍（II）高氯酸盐固体［Ni（α－rac－L）］$(ClO_4)_2$。

检索思路：使用 CJFD 的界面检索，很容易就构建了如下检索式：

编号	所属数据库	命中记录数	检索式
11	CJFD	13	四氮杂十四环
12	CJFD	13207	二烯
13	CJFD	636	六甲基
14	CJFD	1	11 P 镍

通过浏览编号 14 的结果，找到期刊文献（“四氮杂大环镍（Ⅱ）配合物催化的化学振荡反应”，李村等，安徽大学学报（自然科学版），第 24 卷第 1 期，2000 年 3 月），其公开了化合物“反式 Curtis 环的镍（Ⅱ）的配合物 NiL $(ClO_4)_2$（L 为 5，5，7，12，12，14－六甲基－1，4，8，11－四氮杂十四环－7，14－二烯）”，该化合物的结构与本技术方案的化合物非常接近，并且通过追踪其参考文献［4］，即“Bodie E. Dauglas，郑飞勇译．无机合成［M］．北京：科学出版社，1983”，最终找到了破坏本技术方案新颖性的

化合物。

上述案例表明，CJFD 全文检索对于具有较复杂配体的配合物具有很好的效果。进一步来说，凡是具有确定化学名称的复杂组合物或者配合物，都可以使用 CJFD 在非专利文献中进行检索，而且可以通过邻近算符与其他关键词联合检索，从而减少检索噪声。

追踪检索

【案例 1 -2 -2】

待检索技术方案：一种用于合成香茅醛的铂碳纳米管催化剂，其特征是一种负载型催化剂，其载体为接枝有聚丙烯酸链的碳纳米管，活性成分为铂纳米颗粒，铂纳米颗粒的负载量为碳纳米管质量的 1% ~10% 。

检索思路：在 CNKI 数据库的中国优秀博硕士学位论文全文数据库中以发明人为入口检索到博士论文“铂基催化剂的制备及其在柠檬醛液相加氢反应中的应用”，追踪检索到：“Fishing” Polymer Brushes on Single-Walled Carbon Nanotubes by in-Situ Free Radical Polymerization in a Poor Solvent；然后在 ISI Web of Knowledge 中找到与发明点较为相关的：Modification of the stereoselectivity in the citral hydrogenation by application of carbon nanotubes as support of the Pt particles；结合以上两篇对比文件可以评述该技术方案的创造性。

小结：

（1）在 CJFD 数据库中，BI 索引和 TXT 字段中的内容进行了全代码化处理，包括实词和虚词以及一些特殊符号如“ - ”、“/” 等。因此，可直接进行化合物名称的检索。例如，输入 3 - 氯 - 2 - 甲基苯胺，可直接在 BI 索引中进行上述化合物的检索。输入/TXT 3 - 氯 - 2 - 甲基苯胺可在全文字段中进行上述化合物的检索。

（2）CNKI 和 CJFD 数据库是化学领域检索中常用的数据库。对于高校和研究所的申请，可以优先考虑用 CNKI 和 CJFD 数据库进行检索。首先，在 CNKI 和 CJFD 中以发明人为入口检索是否存在以发明人为作者的非专利文献时，要留意其中文或英文的参考文献，可能会追踪找到 X/Y 类对比文件。

（3）化学领域专利申请的权利要求中涉及的参数和组分较多，可充分利用 CNKI 和 CJFD 的全文检索功能进行检索。

（二）万方数据库

1. 万方数据库简介

万方数据资源系统主要包括以下几个部分的资源：

a. 期刊论文资源；b. 学位论文资源；c. 会议论文资源；d. 其他资源，包括专利资源、成果资源、法规资源、标准资源、企业信息、西文期刊论文、西文会议论文科技动态。

2. 万方数据库在化学领域检索中的适用性分析

【案例 1 -2 -3】

待检索技术方案：一种减少土壤重金属镉污染蕹菜的方法，其特征是先筛选镉低量积累的蕹菜品种，再在土壤中种植镉低量积累的蕹菜品种。

检索思路：在 CNKI 数据库中用申请人和发明人进行检索，未检索到相关的非专利文献。但在万方数据库中用同样的申请人和发明人进行检索，则检索到发明人的博士学位论文，可作为 X 类对比文献。这是因为 CNKI 和万方的收录范围存在一定的差异。

标准数据库检索

【案例 1－2－4】

待检索技术方案：内聚光真空太阳能集热管，包括采用透光材料制成的外真空管（1）……，所述外真空管（1）采用硅硼玻璃制成。

检索思路：本案发明点在于是“外真空管（1）采用硅硼玻璃制成”。真空太阳能集热管已经产业化，初步推断其具有相应的制造标准。在内网万方数据库“中国标准全文数据库”，以“真空”、“集热管”作为关键词，检索到 5 条记录，其中《全玻璃真空太阳集热管》（GB/T 17049－1997）为 X 文献。

小结：

在化学领域检索过程中，所涉及的内容如果属行业“公知”规范，可能不会出现在专利文献中，此时可以考虑使用万方的标准全文数据库。这类技术特征通常涉及某些组成部分材料、形状的选取、工艺参数、加工工艺等，而一般不涉及特定技术方案的具体结构。

（三）ISI Web of Knowledge 数据库

1. ISI Web of Knowledge 数据库简介

ISI Web of Knowledge 是为支持科学与学术研究活动而构建的学术信息整合平台。其内容以 SCI（科学引文索引）为核心，有效整合了学术期刊、专利、会议录、化学反应、学术专著、Internet 学术资源、学术分析与评价工具，以及其他多个重要学术信息资源，主要包括：生物医学文摘 BIOSIS、科学文摘 INSPEC、食品科技文摘 FSTA、英国农业文摘 CAB，提供自然科学、工程技术、生物医学等领域的权威学术信息。

ISI Web of Knowledge 提供多种检索途径，包括跨库检索（通过一个检索入口同时检索基于 ISI Web of Knowledge 平台的所有数据库，还提供互联网上免费高质量学术资源的同时检索）、独特的引文检索、主题检索、化学结构检索、基于内容与引文的跨库交叉浏览、检索结果的信息分析、定期跟踪服务等。对于化学领域来说，其运用非常广泛。

2. ISI Web of Knowledge 数据库在化学领域检索中的适用性分析

跨库申请人和发明人检索

关于作者姓名的输入方式，SCI 的规范著录方式为“姓氏全拼［空格］名首字母”（例如：Li M.）。但是同时也存在许多不同的拼写（例如李明：Li Ming，Ming L.）。3 个字的名字的拼写也存在多种不同方式（例如冯亚泉：Feng YQ，Feng Y，Feng Yaquan，Yaquan F.）。此外还可能存在名字的拼写错误（例如李明：Li Min），此时可以使用截词符进行检索（例如 Li M＊），也可以从 ISI web of Knowledge 提供的字典中查找正确的人名，用以上两种方式来保证查全。

关键词检索

【案例 1-2-5】

待检索技术方案：一种籽粒苋在修复镉污染土壤中的应用。

检索思路：由于关键词非常准确就是籽粒苋，因此在 ISI 中用 "Amaranthus" 进行检索，在检索结果中继续输入 "Cd（镉）" 进行二次检索，得到 X 类文献 "Estimation of usefulness of different plant species for phytoremediation of soils contaminated with heavy metals", Antonkiewicz, J et al, Acta Scientiarum Polonorum - Formatio Circumiectus, 第 1 卷第 1/2 期，第 119-130 页，2002 年 12 月 31 日。

【案例 1-2-6】

待检索技术方案：用于气相巴豆醛选择性加氢生成巴豆醇的催化剂，由载体和活性组分组成，其特征在于：所述载体为 Ce-M-O 复合氧化物，M 为 Sm 或 Y 或 La，Ce 与 M 的物质的量比为（9～1）：1；所述活性组分为金属单质 Pt，其质量百分含量为 0.5%～5%，Pt 负载在载体上。

检索思路：用英文关键词：crotonaldehyde, catalyst, Pt, Ce, Y, La, Sm, 在 ISI 中检索到相关技术，进行阅读后发现了 "Ce1-xMxO_2" 的表达式，因此在 Google 中输入 "Ce1-xMxO_2 crotonaldehyde"，检索到 Y 类对比文献："CeO_2-doped nanostructured materials as a support of Pt catalysts: chemoselective hydrogenation of crotonaldehyde", P. Concepción, et al. Topics in Catalysis, Vol. 46, No. 1-2, Pages 31-38，可与文献 "Ce-Y-O 固溶体及其 PdO/Ce-Y-O 催化剂的制备，表征和 CH_4 氧化性能"，罗孟飞等，北京大学学报（自然科学版），第 27 卷第 2 期，第 221-225 页，第 2001 年 3 月，结合评述该技术方案的创造性。

结构式检索

【案例 1-2-7】

待检索技术方案：具有通式结构的化合物（I），其中 R 是亚烷基、亚苯基、亚联苯基。其具有免疫调节的生物活性。

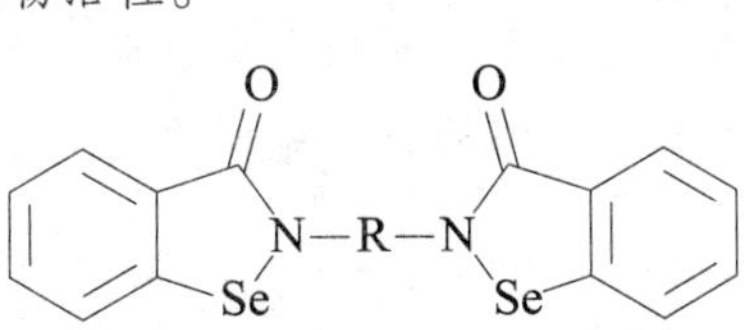

(I)

检索思路：由于上述化合物具有特定的化学名称：benzisoselenazol-3（2H）-one，因此在 ISI web of knowledge 中用主题词：benz? soselenazol-3（2H）-one * immuno *。然后再用结构式检索，选择数据库和检索时间范围，点击 Draw Query 进入画结构式软件的界面，画出结构式，点击 Back 图标将画好的结构式传到检索页面，点击 Search 进行检索。得到 92 个相关化合物，其中 6 个具体化合物能影响式 I 化合物的新颖性。

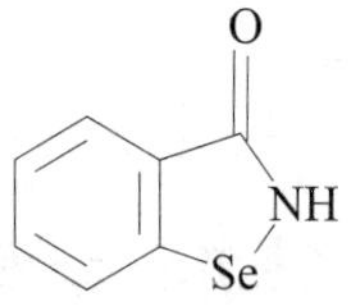

O
NH
Se
Any Role

【案例1-2-8】

待检索技术方案：以1，2，4-丁三醇为原料合成N-取代-3-氨基吡咯烷的方法，涉及的技术方案的化学反应式为：

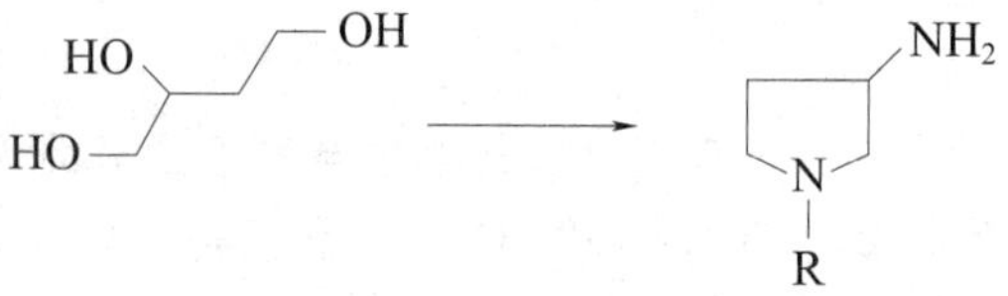

HO OH HO → NH_2 N R

检索思路：点击Draw Query进入画结构式软件的界面，画出结构式，点击Back图标将画好的结构式传到检索页面，点击Search进行检索，即得到对比文件US4785119A。

小结：

（1）化学领域常见的复合氧化物的案例适合用ISI web of Knowledge检索，但在ISI web of Knowledge中，如果在Abstract、Keyword中限定，则可降低漏检的可能性，但可能出现较大的噪声，此时推荐在Title中限定复合氧化物的分子式进行检索。

（2）ISI web of Knowledge支持对化合物进行结构式检索。此时需安装化学插件：Wos_ChemistryPlugin. exe，下载地址在ISI web of Knowledge的页面下方有链接。化学结构检索可通过数据库Current Chemical Reactions（CCR）（包括1985年至现在，以及一些回溯到1840年的结构数据）和Index Chemicus（IC）（包括1993年至现在的化学数据）进行。

（3）ISI web of Knowledge系统中结构式检索结果匹配度较高。除用化学片段检索相关结构的化合物外，还可利用原料和产物进行化学反应的检索。此外还可以结合化合物信息组合线索以缩小检索范围，例如：利用化学名称、生物活性、分子量大小以及化合物在反应中的角色；利用反应条件进行检索。结构式检索结果比较直观，可实现只利用化学结构式就能快速、准确的匹配检索，该数据库中的结构式检索可作为化学领域检索的一种重要补充检索手段。但其也存在一定的缺点，即没有关键词的检索范围广泛。

（四）Elsevier Science Direct

1. 数据库简介

Elsevier Science Direct是世界上最大的科技、医学文献全文数据库，收录了Elsevier出版集团的期刊、图书、参考工具书等，内容涉及生命科学、物理、医学、工程技术等领域。我局使用的SD包括Elsevier公司出版的共约1800种期刊的全文，包括约半数的回溯期刊（创刊年-1995年）和1995年之后的全部期刊。涉及24个领域，例如：农业和生物学、生物化学、遗传学、分子生物学、化学工程、计算机、能源和动力、免疫学和微生物学、材料科学、医学和牙科、神经系统科学、药理学、毒理学等。有检索历史功能，全文可用 HTML 或 PDF 格式显示。尤其适于生物、医药领域的检索使用。

2. Elsevier Science Direct 在化学领域检索中的适用性分析

【案例 1-2-9】

待检索技术方案：一种 TiO_2/SiO_2 气凝胶小球，其特征在于：所述 TiO_2/SiO_2 气凝胶小球由重量百分比为 5% ~90% 的 SiO_2 和重量百分比为 10% ~95% TiO_2 组成，TiO_2/SiO_2 气凝胶小球直径为 1 ~5 毫米。

检索思路：在 Elsevier Science Direct 数据库中，考虑到如果以 TiO_2、SiO_2 在 Abstract 进行检索，则可能所得结果加多，噪声较大，所以选择在 Title 中检索，另外考虑到该技术方案的发明点在于小球的直径，而数值范围不太好表达且不会出现在摘要中，所以可以进一步选取单位“mm”在全文中进行二次检索，可以得到影响技术方案新颖性的 X 类对比文件“Preparation and Photocatalytic Activity of TiO_2-SiO_2 Binary Aerogels, Zhong sheng Deng et al., Nanostructured Materials, Vol. 11, No. 8, 1313 -1318, 1999”。

小结：

化学领域专利申请多涉及一些参数例如比表面积、密度以及数值范围等，由于这些参数在 Title、Keyword 中出现的概率较小，因此适合用 Elsevier Science Direct 进行全文检索，首先在 Title 或 Abstract 中进行初步检索，然后在全文中进行二次检索，可以输入参数的单位或参数值，从而检索到对比文件中公开的参数值的范围。

二、图书资源在化学领域检索中的适用性分析

（一）超星数字图书馆

1. 超星数字图书馆简介

超星数字图书馆是由北京超星公司建成的中文数字图书馆，收藏海量电子图书资源，其中包括文学、经济、计算机等 50 余大类，数十万册电子图书，300 万篇论文，并且每天仍在不断增加与更新。

2. 超星数字图书馆在化学领域检索中的适用性分析

【案例 1-2-10】

待检索技术方案：一种利用钽铌矿冶炼萃取残液制取氟铝酸钠的工艺，其特征是氨中和萃取残液至 pH =7 ~8，沉淀分离仲钨酸铵和杂质，在母液中加硫酸调 pH 值至 5 ~6，并按化学反应计量比加入硫酸铝、硫酸钠，过滤、洗涤和烘干得氟铝酸钠。

检索思路：该技术方案并不复杂，但是在专利文献和非专利期刊或学位论文中均没有相关的对比文件。考虑到该技术方案较简单，可能存在于教科书和专业书籍等介绍成熟技术的文献中，于是在超星中进行检索，输入关键字“钽”发现文献量较小，浏览目录后找到“钽铌冶金”可作为 X 类对比文献。

小结：

对于化学领域，技术方案中涉及的工艺方法的步骤较多，而其中较多步骤为本领域的公

知常识。因此在检索时，常需要检索本领域的公知常识进行核实和确认，此时推荐使用超星数据库检索。另外，对于一些传统的化学工艺，也可以考虑使用超星数据库进行检索。

（二）读秀学术搜索

1. 读秀学术搜索简介

读秀学术搜索是由海量全文数据组成的超大型数据库。其以 170 万种图书原文、6 亿页全文资料为基础，为用户提供深入内容的章节和全文检索，部分文献的原文试读，以及参考咨询服务。读秀学术搜索具有两大特色，一是提供深入内容的章节和全文检索，二是便捷关联的多面检索，读秀学术搜索目前提供全文检索、图书、期刊、报纸、会议论文、学位论文等多个搜索频道，选择任意频道检索，读秀学术搜索将显示与之相关的词条、人物、期刊、报纸、论文、专利、标准、视频、网页等多维信息。

2. 读秀学术搜索在化学领域检索中的适用性分析

【案例 1 -2 -11】

待检索技术方案：一种水处理设备，该水处理设备具有扫频电磁场发生器和自动换极电路，所述扫频电磁场发生器能够同时产生脉冲电磁场和直流电场，利用这些脉冲电磁场和直流电场进行水处理，而所述自动换极电路能够改变水处理设备的正、负电极。

检索思路：在读秀学术搜索中使用检索词：电场 and 电磁场 and 扫频，即得到 X 类对比文献《水处理电化学原理与技术》。点击标题，进入目录拥有关键词的全文，点击“本页阅读”，进入文章内拥有关键词的全文，可实现摘录文字功能，查询本页来源功能，点击书名便进入本书信息页面。

【案例 1 -2 -12】

待检索技术方案：一种热法海水淡化的预处理方法，包括进料海水粗筛、在蒸馏装置的排热段冷却水蒸汽后，加酸、脱碳、脱氧，之后进入 4A 分子筛过滤器过滤，经过充分接触，脱除 Ca^{2+} 的过程。

检索思路：该技术方案请求保护一种热法海水淡化的预处理方法，特征较多，均属于海水淡化预处理常见工艺，在 CNKI 中检索到的很多期刊文献中没有细致的描述。在读秀学术搜索中输入关键词“海水淡化 + 预处理”，得到《海水淡化工程》（王世昌主编），可以作为 X 类对比文献。

小结：

读秀学术搜索是把所有图书内容打碎，以章节为基础重新整合在一起的海量数据库，优点是可以进行全文搜索，对检索结果可以进行原文试读，并对检索关键词进行高亮显示，可以节省下载和阅读文献的时间。化学领域常使用读秀学术搜索来检索常规化学工艺，或者通过预检索来了解本领域现有技术的状况。

（三）方正 Apabi 电子资源数据库

1. 方正 Apabi 电子资源数据库数据库简介

方正 Apabi 电子数据库包括电子图书资源库、工具书资源全文数据库、年鉴资源全文数据库、报纸资源全文数据库、艺术博物馆图片数据库。

(1) 电子图书全文数据库。电子书阅读页面，支持标注功能，在线阅读原版原式图书。

(2) 中国报纸资源全文数据库。与全国31家报业集团深度合作，国内唯一整报收录数字报纸，目前拥有报纸资源600种，每月更新25～30种，提供原版原式阅读和全文检索功能。

(3) 中国年鉴资源全文数据库。与中国出版工作者协会年鉴工作委员会共同发起，该库目前收录年鉴1500多种，10 000余卷。年鉴资源覆盖了我国国民经济及社会发展的各个领域和地区。

(4) 中国工具书资源全文数据库。由“五馆”发起，业内专家精心挑选，目前精选收录国内各大出版社的精品工具书资源1400余种，1900册。全文检索，知识关联，原书翻阅。

2. 方正Apabi电子资源数据库在化学领域检索中的适用性分析

方正Apabi电子资源数据库的优点是包括数据库资源丰富，可以进行全文浏览和下载各种图书、工具书、年鉴等。缺点是只能进行简单检索，如使用书名、作者等入口。对于化学领域而言，可以使用方正Apabi数据库的工具书资源全文数据库，来了解技术术语的确切含义。

三、期刊和图书资源在化学领域检索中的适用性分析总结

期刊图书资源在化学领域检索的使用频率较高，各数据库的特点以及使用优势都已在上文中已经有所介绍，现就其共同特点做适用性总结分析。

期刊图书资源比较适合进行以下3类检索。

(1) 发明人/申请人检索。对化学领域，高校和研究所的申请较多，因此优先考虑申请人或发明人为入口。推荐从CNKI外网数据库进行检索，既不易漏检，又可得到文献的确切发表时间。对于申请人是国外大学的申请或机构，则推荐使用ISI web of Knowledge的发明人/申请人入口检索。

(2) 关键词检索。对于化学领域来说，经常需要结合具体情况使用标题入口检索来缩小检索范围，或者使用全文检索入口来防止漏检，这些入口对于检索复合氧化物、参数等技术特征具有很好的效果。

(3) 公知常识检索。对于化学领域来说，技术方案中涉及的工艺方法的步骤较多，而其中大多步骤均为本领域的公知常识，只有较少部分为发明点。因此在检索时，常需要检索本领域的公知常识，此时推荐使用CNKI知识元、超星或读秀、万方标准全文数据库来进行检索，或者通过检索来了解本领域现有技术的状况，进行预检索。

第三节　互联网免费资源在化学领域检索中的适用性分析

随着互联网的发展，一些互联网免费检索资源不断出现，充分研究并利用这些检索资

源，可以在检索中起到事半功倍的效果，下面将对常用的互联网免费资源进行介绍，同时分析其在化学领域检索中的适用性。

一、Google Scholar、Google Patents、Google Books 在化学领域检索中的适用性分析

Google 是当今互联网巨头之一，除提供最基本、最简单的检索功能外，还具有对于检索有帮助的特色功能，包括学术搜索、专利检索和图书检索。

（一）Google Scholar、Google Patents、Google Books 简介

Google Scholar（http：//scholar. google. com）：Google Scholar 的文献来源包括免费的学术资源、免费获取的期刊网站、付费电子资源提供商以及美国的专利文献等。

1. Google Scholar 的特色功能和检索技巧

（1）构建本领域的族数据库

例如输入如下检索式进行检索：Author：li and author：wang and “flue gas” and “elsevier” OR “ACS”。由于在 Google Scholar 中优先运行“OR”，在上述检索式中优先运行“elsevier” OR “ACS”，这是限定是在 Elsevier 数据库和 ACS 数据库中进行检索，将输入上述检索式的检索界面保存下来，下次检索时将这个界面调出，可以只修改前面的检索词而不修改后面的数据库的输入，即限定在 Elsevier 数据库和 ACS 数据库中进行检索，这就将本领域常用的数据库构建成本领域的族数据库。目前我局购买的关于化学领域的数据库有：Elsevier、Nature、Science、ACS、RSC、Embase 等，可以使用算符“OR”将这些数据库放在一起建立一个族数据库来方便检索，在 Google Scholar 中只用输入一个检索式就能同时在这些数据库中检索相应的学术资料。

（2）数值范围检索

将输入的两个数字用两个英文句号分开（无空格），即可检索这两个数字之间的数值。例如：温度 70. . 90，检索时出现 70 ~ 90 之间的中间值 80、75 和 85。

使用数值范围检索需要注意的是，某些数值区间可能会存在较大的噪声，如 1 – 10（文章中的标题序号）、1900 – 2010（年份）等，必要时可以在检索中跳过这些区间，例如需要检索的数值为 0 – 100，则可以输入：0. . 1 and 10. . 100，但最好不要采用：0. . 100 and “1. . 10”，以防过滤掉太多文献。

（3）英文近义词检索

在英文检索词之前加上“ ~ ”符号，Google Scholar 就会搜索所有包括这个词以及合适的近义词的页面。例如，要搜索类似“silica”的词，输入“ ~ silica”。如果只是列出近义词的页面，而不需要给出许多原先输入的那个词的页面，可以用“ – ”符号来连接“ ~ ”操作，这样就能在近义词所得的结果中排除原先输入的词。

2. Google Patents（www. google. com/patents）

Google Patents 作为 Google 系列产品之一，当前文献收录范围仅限于美国专利文献，其数据来源于美国专利商标局（USPTO），但同时 Google 利用自有资源对数据进行保存和再加工，从而使搜索更方便和快捷。

下面着重介绍 Google Patents 的特色部分。

检索结果可以按照文本列表方式或者缩略图列表方式进行显示，缩略图列表可显示流程图。

由于化学领域中也经常涉及化工装置、流程等以图来表示的申请，该类申请的特点是文字表达往往无法准确地表达出要求保护的范围，给检索带来很大的困难，而 Google Patents 缩略图列表方式则很好地解决了这一问题，使检索变得更加直观、高效。这两种显示方式均支持高亮显示和文字查找的功能。还具有对检索结果进行简单的再调整功能，在检索结果的左侧设置了 3 个可选的调节项：浏览方式（表单浏览与封面浏览）、排列方式（相关度排列、顺时排列与逆时排列）、状态方式（任何状态、授权专利、专利申请公开），其中，排列方式为最近新增的功能。

3. Google Books（http：//books. google. com；http：//books. google. cn）

Google 在 2004 年 7 月推出了 Google Print 服务，2005 年正式更名为 Google Book Search。Google Book Search 包含两个子项目：Publisher Program（出版商计划）和 Library Project（图书馆计划）。

（二）Google 在化学领域检索中的适用性分析

【案例 1-3-1】

待检索技术方案：一种用于废水脱酚的渗透汽化共混复合膜，该技术方案与最接近的现有技术的其中一个区别为：该技术方案限定了复合膜分离层的厚度为 0.1 ~8 微米，为了了解现有技术，验证该区别是否为公知常识，通过 Google Scholar 检索，输入“非对称膜 分离层 厚度 0.1..8”很快得到了多篇相关文献，所公开的渗透汽化膜的厚度在 0.1 ~8 微米之间，例如：“渗透汽化膜分离技术及其研究应用进展，陈翠仙等，科技导报，2000”。

【案例 1-3-2】

待检索技术方案：利用凤眼莲根须氧化并吸附水体中 As（III）的方法，其特征在于采用如下步骤：a. 采集凤眼莲洗净并晾干，截取其根须，经过破碎处理成粉末；b. 将凤眼莲根须粉末与受 As（III）污染的水加入容器，并采用间歇搅拌的方法处理适当时间；c. 分离处理后的水与凤眼莲根须粉末即可。

检索思路：通过浏览专利文献发现，现有技术中大多是利用活体的凤眼莲而不是其根须处理水中的砷。初步判断其在技术上比较新颖，采用 Google Scholar 选择“water hyacinth、root、As”进行检索，发现 X 类对比文献，“A biomaterial based approach for arsenic removal from water，Shaban W. Al Rmalli et al.，Journal of Environmental Monitoring，7，279-282，2005. 3. 7”。

小结：

（1）利用 Google scholar 可以对数值范围的中间值进行检索。化学领域申请的权利要求中经常用数值进行限定，而数值的检索尤其是数值范围中间值的检索是经常遇到的问题，并且一般的数据库只能检索端点数值。Google scholar 的特色之一就在于能够对数值范围尤其是中间值进行检索，而不必给出具体的中间数值。

（2）Google scholar 构建本领域的族数据库。在化学领域中，针对某方面的申请经常涉及有限的几个数据库，如果此时仍进行全面检索，就削弱了检索的针对性导致检索效率降低，而 Google scholar 提供的构建族数据库的功能则可以大大提高检索的效率。

（3）利用 Google scholar 可以进行模糊检索。在输入的检索关键词不是很准确的情况下也可以检索，这是比较有利的。因为在化学领域有很多申请的发明人是研究和生产第一线的工作人员，申请文件中可能包含一些常用的口头用语，并且与书面用语相差很大，如果直接用申请文件中的表达用语在一些专业数据库进行检索往往会漏检。而由于 Google scholar 对输入的检索关键词要求不高，可以输入关键词、词组甚至一段话，利用 Google scholar 则可以避免这种问题。除中文外，还可以利用 Google scholar 进行英文的近义词检索。

（4）Google Patents 提供缩略图结果显示方式，即以缩略图的方式显示说明书附图首页，这有利于快速浏览。化学领域中经常涉及包含装置、设备、形状（如蜂窝催化剂）以及操作流程示意图等以图为载体的申请，该类申请的特点是文字表达往往无法准确地表达出要求保护的范围，给检索带来很大的困难。在外网资源中对此类申请的检索往往需要逐篇下载全文进行浏览，而 Google Patents 提供缩略图结果显示方式则可以直接浏览附图首页，使检索变得更加直观、高效，大大提高了检索效率。

（5）Google Books 主要收集了外文图书，中文图书较少。Google Books 主要用于化学领域中物质物理化学参数的查询，还可以用来搜索背景技术帮助理解发明。

二、Scirus 在化学领域检索中的适用性分析

（一）Scirus 简介

Scirus 是由享誉世界的荷兰 Elsevier Science 经多年研究于 2001 年 5 月推出的专为搜索科学信息的搜索引擎。Scirus 覆盖学科广泛，包括化学与化工、工程、能源与技术、环境科学、材料科学、语言学、法学、生命科学、数学等学科。可搜索与科学有关的网页，这包括详细的科学、学术、技术与医学数据，其中有 ScienceDirect、Beilstein 等数据库的文摘或者全文，还可找到其他搜索引擎遗漏的最新报告，同行评审文章、专利、杂志等。Scirus 只有英文的界面语言。

（二）Scirus 的特色功能和检索技巧

（1）叙词表

Scirus 除了其高级搜索的用户选项较多以外，还使用了一个特殊的叙词表来收录相关的科学词汇。在与慕尼黑大学的计算语言学系的合作基础上，Scirus 确定了超过 50 000 个叙词，涵盖所有专业科学领域的科学叙词表以保证检索效率。系统对每次检索到的信息内容会自动抽取反映主题内容的关键词，以列表的形式显示在搜索结果的右侧，点击列表中的某一个词，系统会自动添加到检索式中，对上一次的搜索结果再实施一次限定检索，这对于缩小检索是非常有效的。

（2）检索字段的合理利用

在 Scirus 检索中，如果不输入检索字段，默认在全文中进行检索，这样会导致检索结果的数量特别大，但是如果用如下检索式：ke：检索词或 ti：检索词，即限定在关键词或

标题中进行检索，能有效缩小检索范围。

（三）Scirus 在化学领域检索中的适用性分析

【案例 1-3-3】

待检索技术方案：一种合成丙二醇醚有机固体碱催化剂，其特征在于催化剂组成是以季铵碱为活性组分，以 MCM-41 为载体，季铵碱嫁接量为 0.5～1.5mmol/g。

检索思路：通过阅读上述技术方案，容易确定检索的关键词为 MCM-41 和铵（ammonium），如果限定在全文中进行检索，输入如下检索式：MCM and 41and ammonium，得到的信息量比较大，有 9967 条信息。由于关键词比较准确，所以限定在关键词中进行检索，输入的检索式为：ke：ammonium AND ke：MCM AND ke：41，得到 20 篇相关文献，浏览后得到 1 篇 X 类对比文件"Heterogeneized Bronsted base catalysts for fine chemicals production：grafted quaternary organic ammonium hydroxides as catalyst for the production of chromenes and coumarins"，I. Rodriguez et al.，Applied Catalysis A：General，Vol. 194-195，Pages 241-252。

小结：

（1）化学领域申请中涉及的物质种类繁多，且常常出现一种物质有多个名称的情况，采用一般的搜索引擎检索时，为避免漏检需要对输入的关键词进行手动扩展，而手动扩展时容易遗漏关键词，而采用 Scirus 提供的在线词表则可以很准确、很全面地完成对关键词的扩展，提高检索的精确度，降低漏检的可能性。

（2）Scirus 具有拼写错误提示功能。化学领域中有许多化学物质的命名较为复杂，Scirus 在拼写错误时予以及时纠正，避免了在检索结果出来后才发现是关键词拼写错误，提高检索效率，尤其对于非英语母语的人更有帮助。

（3）Scirus 选择信息来源并进行过滤，使用书目识别器、个性化设置等一系列措施提高检索结果的准确性，提供针对性较强的信息。化学领域中由于不同国家或地区的发展水平和优势领域有所不同，针对不同国家或地区的申请可以利用 Scirus 在一定的范围内检索，提高检索的目的性和针对性。如针对光催化领域的申请，由于日本人对光催化做了全面深入的研究，可尝试将检索范围限制在该国家。

（4）Scirus 虽然也可以用中文检索，但其覆盖的中文数据库较少，只有少数的国内高校网站和中文专利数据库等，故用 Scirus 检索中文意义不大。

三、Patentics 在化学领域检索中的适用性分析

（一）Patentics 简介

Patentics 实现了智能语义搜索。智能语义搜索的关键是使词条不再孤立，而是相互之间具有词义上的关系，而且这样的关系还是可以严格量化的。Patentics 提供了智能专利审查系统功能，对专利文档做自动理解与分析，并对专利文档的主题进行自动分析、自动抽取与自动标引。此外，Patentics 可以对中、英文专利库中的关键词进行联想，对句子和语义的理解分析后进行概念搜索；将检索结果根据语义来排序，可以在检索结果非常多的情

况下将最相关的文献呈现到最前面。由于可以根据相关度排序，不需要将检索结果限定到合理的范围，不需要浏览很多篇文献，不用或用很少的检索要素。

（二）Patentics 在化学领域检索中的适用性分析

【案例 1-3-4】

待检索技术方案：一种完全配制的润滑油组合物，其包括至少一种丁二酰亚胺分散剂，含金属的除垢剂，至少一种抗氧化剂，和烃可溶性钛化合物，其中该润滑油组合物与不含钛化合物的相同润滑油组合物相比具有改进的油泥降低性能。

检索过程：选择 Patentics 中文库，输入 r/CN101270314，按照与本申请的相关度大小进行排序，第 3 篇 CN1724622A 是 X 类对比文件。

【案例 1-3-5】

待检索技术方案：一种增能的环己醇酮装置氧化反应器，由原料环己烷原料入口管线（1）通过泵（10）连结的一号反应器（3）、二号反应器（4）、三号反应器（5）、四号反应器（6）组成；其特征在于：所述的四号反应器（6）通过管丝串联一反应器（7），在反应器（7）上端有一产品醇酮出口（8）。

由于在 Patentics 检索系统中直接输入授权和/或公开号时，默认为概念检索，即通过对输入文献的全文（权利要求书、说明书和说明书摘要）进行自动索引。所以在 Patentics 检索系统直接输入本申请授权号，其检索结果中第 1 篇 CN1357526 即可评述该技术方案的创造性。

小结：

（1）Patentics 适用于检索化合物，由于 Patentics 可以对中、英文专利库中的关键词进行联想，并且可以对输入的关键词进行翻译后联想，对句子和语义的理解分析后进行概念搜索，将检索结果根据语义来排序，可以在检索结果非常多的情况下按相关度排序，既可以避免漏检，也省去了扩展关键词的工作。化学领域中很多物质有多种用途，如氧化铝既可以作为吸附剂又可以作为催化剂载体，还能够用做成型黏结剂，如果检索时对一种物质输入所有的用途比较麻烦，而仅输入一部分用途则可能导致漏检，由于 Patentics 可以自动对检索词进行扩展联想，应用 Patentics 则可以解决以上问题。基于这一点，Patentics 适用于化合物的检索。

（2）适合对化学领域的组合物进行检索，由于 Patentics 对组合物的每一种组分均进行了索引，并自动对每一种组分进行同位词以及下位词的扩展，而化学领域中一种组分可能存在多种表达方式，采用具有自动扩展功能的 Patentics 进行检索，避免了由于关键词扩展不全面而导致的漏检。如输入“氧化铝”进行语义检索，在下位词中出现了酸性氧化铝、α 氧化铝、β 氧化铝、γ 氧化铝以及微粒 α 氧化铝等。

（3）适合检索化工设备和装置类申请，因为 Patentics 对化工设备和装置中的各组成部件进行索引，同时还对各组成部件进行了扩展，另外对各部件之间的连接关系也进行了索引，填补了连接关系不好用关键词表达的空白。如输入“旋风分离器”进行语义检索，在得到的同位词中可以得到旋风筒预热器、双旋结构、返料管、颗粒回料装置、气固分离器等词。

四、维基百科、百度百科、互动百科在化学领域检索中的适用性分析

（一）维基百科、百度百科、互动百科简介

（1）维基百科（http：//zh. wikipedia. org/）

维基百科（Wikipedia）创建于2001年1月15日，是一个免费的、多语言、内容开放的网络百科全书计划，由来自全世界的志愿者协同写作。

（2）百度百科

百度百科是个开放的系统，只要免费注册成为百度用户，任何人都可以免费创建、修改页面、发表评论，所有的百度用户都是平等的，每一个成员都有相同的责任和权利。

（3）互动百科

互动百科是全球最大的中文百科网站，2005年由潘海东博士创建。互动百科发布了全球第一款免费开放源代码的中文维基建站系统HDWiki，充分满足中国数百万家中小网站的建站需求，并在此基础上建立起一个活跃的维基社群，大力推动维基在中国的发展。

（二）维基百科、百度百科、互动百科在化学领域检索中的适用性分析

对于化学领域检索，维基百科能够对各种化学物质、化学反应、化学名词、反应工艺等等进行检索，是一个查询未知内容、扩展知识面很方便和快捷的一个途径。常用的维基百科检索方式为关键词检索和索引检索。

下面分别以中文维基百科和英文维基百科进行检索并总结二者之间的区别和各自优势。

【案例1-3-6】

待检索技术方案：一种使用胶体纳米粒子制备胶体光子晶体的方法，所述方法包括向包括该胶体纳米粒子的溶液中加入黏弹性材料的步骤。

检索思路：技术方案涉及一个名词“光子晶体（Photonic Crystals）”，需要了解其相关概念性知识，维基百科就是一个了解基础知识很有效的途径。在中文维基百科中对“光子晶体”进行检索。

中文维基百科对光子晶体的定义、原理、历史、应用以及参考文献进行了详细的介绍，这对于在进一步检索中如何确定检索策略、如何确定检索关键词等方面有着很重要的作用。

同样，在英文维基百科中输入“Photonic Crystals”，从显示结果可以看出，英文维基百科同样对原理、历史、应用和参考文献进行了介绍，与中文维基百科相比，英文维基百科还对制作条件和计算光子能带结构进行了介绍。

下面以“碳酸钙”和“分子筛”这两种化学领域常见的物质为例，对中文维基百科和英文维基百科进行比较。

对于中文维基百科，以关键词为入口检索碳酸钙，可以输入汉字“碳酸钙”，也可以输入分子式“$CaCO_3$”或英文“Calcium carbonate”进行检索，检索结果显示了碳酸钙有关的物理化学性质、分类以及生产方法等相关的信息；对分子筛的检索结果显示，其对分

子筛进行了定义，并且列举了几种不同类型的分子筛。

在英文维基百科中和中文维基百科中以碳酸钙进行检索的结果相比，英文维基百科给出的关于碳酸钙的信息更多，更完整，比如，化学性质，英文维基百科给出了更多的化学反应式；存在的状态，则给出了更多的图示，另外还给出了中文没有的关于地质学、用途以及更多的参考资料。同样，对于分子筛的检索也显示出英文维基百科给出的信息更加丰富。

对于中、英文系统均有的词汇，英文系统内容更加丰富一些，这是由于英文系统和中文系统是分别独立运行的，它们之间没有相互的翻译造成的。但是并不是中文系统就一定不如英文系统，中文系统也有其相应的优势，比如关键词的确定和扩展更加方便、阅读更加快捷和方便，并且由于英文系统和中文系统是分别独立运行的，中文系统很可能会有英文系统中没有收录的条目，所以在实际的使用中对于两个系统均使用，能够获得更为丰富的信息。

【案例 1-3-7】

待检索技术方案：低硅超高碱度烧结矿制备方法，包括 a. 原料准备；b. 布料；c. 烧结步骤；其特征在于：步骤 b 中布料时的料层厚度为 700~750mm。

检索思路：为了明确“超高碱度”的定义，分别在维基百科和百度百科直接键入该关键词进行检索，均没有得到合适的结果。在互动百科输入“超高碱度”，可以发现该词在词条“高碱度烧结矿”中有所涉及，点击“知识云”按钮，得到“高碱度烧结矿”的具体解释，其中对“超高碱度”进行了详细的定义。可见，互动百科通过知识云对键入的词条进行了扩展，对“高碱度烧结矿”词条相关的词条也进行了检索，这也许是互动百科能够得到词条结果的原因。

小结：

（1）百科全书的优势之一在于更新快，这对于检索、跟踪化学领域中的研究热点提供了便利。

（2）百科全书的检索对象覆盖范围较大，这对于检索化学领域中生僻的词语较为理想。

（3）百科全书适用于检索背景技术，帮助理解发明。

五、互联网免费资源在化学领域检索中的适用性分析总结

互联网免费资源目前已经成为化学领域检索非常重要的一个手段，与其他检索资源相比具有以下特点。

（1）互联网检索资源是专利检索资源的有力补充。互联网资源在化学领域的检索应用中体现出了各自的特色，拓宽了化学领域检索的范围，提高了更准确、更快捷地获得合适的对比文件的可能性。如化学领域中经常涉及的物质含量范围的检索，在免费的 Google 网页上通过简单的检索式就可以实现对数值范围的检索，尤其是落入该区间的数值点的检索，大大提高了检索的效率，降低了漏检的可能性。

（2）互联网资源更新速度快。互联网最大特点就是更新速度快，一些最前沿的研究和成果均会及时地出现在互联网中，如化学领域中各种新物质、新材料不断涌现，这就为

及时了解、掌握化学领域的最新发展动态提供了技术保障。化学领域的专利申请中，往往涉及很多物质，各种有效的免费互联网资源可以对物质的物理、化学性质进行有效的检索。

（3）Google 实现了全文检索，对于发明点为化学参数的发明，可以输入参数单位进行检索。

第四节　其他检索资源在化学领域检索中的适用性分析

在化学领域专利申请的检索中，除了第一节至第三节介绍的常用检索资源外，还有一些化学领域检索时独有的特色资源，下面分别进行介绍并总结其与化学领域检索的适用关系。

一、e 药全库在化学领域检索中的适用性分析

（一）e 药全库简介

e 药全库是以“商品两代编码法”技术为核心的药物数据库，包含药品名称库、用药指南库、药品标准库、中药方剂库、制药厂商库五大系列。各子库可自成体系、独立运行，同时，各子库之间也可相互交叉检索，例如：当查询药品名称时，可同时查阅用药指南、药品标准、药物的相互作用、复方制剂的组成及生产该药的全部厂商等信息。

e 药全库的 5 个子库功能模块分别为：（1）用药指南库；（2）制药厂商库；（3）药品名称库；（4）中药方剂库；（5）药品标准库。上述 5 个功能模块中，通常选择药品标准库。药品标准库是与国家药典委员会共同开发的集《中国药典》标准、卫生部颁标准、新药转正标准等为一体的国家药品标准全文数据库检索系统，提供了标题顺序、标准分类、剂型分类、药理分类和多库全文检索的功能。在实际检索中，最常用到的就是多库全文检索功能。

（二）e 药全库在化学领域检索中的适用性分析

化学领域有较多的中药复方产品的专利申请。e 药全库为涉及中药复方制剂申请的检索提供了简单可行的检索手段——药品标准库中的多库全文检索功能。多库全文检索是指对多个药品标准数据库中任意一个药品标准中的任意一个字、词、短语、符号等进行查找的过程。检索方法如下：

首先点击进入药品标准库，选择多库全文检索，在多库全文检索界面下选择检索范围。当检索部分内容时，可在检索范围项下对各需要检索的内容打“√”，如果检索全部内容时，只需在“全选”前打“√”即可。然后在“检索关键词”中输入需要查找的相关内容，内容可以是一个字、词、短语、符号等。如果“检索关键词”输入多个时，可用“/”分隔开，以实现多条件组合检索，组合的逻辑关系为“同时满足”。点击确定或回车后，会查找到满足条件的相关内容，并以药品名称和药品标准名称条目显示出来，点击药品名称，在“信息内容显示窗口”中会显示该药品标准的详细信息，查找到的关键

词会用红色标识出来，以便确认。

【案例 1-4-1】

待检索技术方案：一种小儿生血颗粒剂，其特征在于，该颗粒是由熟地黄 300～533g，山药 300～533g，大枣 750～1333g，硫酸亚铁 18～32g 制成的。

检索思路：本技术方案请求保护的技术方案是一种药物制剂，由 4 种原料药物组成，是一种颗粒剂。首先将 4 种原料药物作为检索基本要素，然后进入药品标准库，选择多库全文检索，在多库全文检索界面中进行检索，具体步骤为：先确定检索范围，由于不确定这种组合物的标准收录情况，所以先在“全选”项下打“√”。然后在“检索关键词”部分输入熟地黄、山药、大枣、硫酸亚铁，并以“/”分开。点击“确定”进行检索。左下方的检索结果中显示检索结果的数目以及药物名称目录，点击左侧药品名称，会在右栏显示该药品的具体信息，如药品标准的收录情况处方、功能主治等。

通过多库全文检索功能检索到卫生部颁药品标准（中药成方制剂第十四册）的小儿生血糖浆，该处方组成和本技术方案的处方组成完全相同，区别仅在于用量和剂型，可以作为 X 类有效对比文件。

【案例 1-4-2】

待检索技术方案：一种肤疾中药制剂，其特征在于，由下述重量配比的原料制成：

苦参 10.00%～30.00% 百部 10.00%～30.00% 花椒 10.00%～30.00%

白鲜皮 10.00%～30.00% 硼砂 6.68%～20.04% 雄黄 3.32%～9.96%

检索思路：本技术方案请求保护的技术方案是一种中药制剂，由 6 种原料药物组成。首先将 6 种原料药物作为检索基本要素，在多库全文检索中输入检索关键词，并用“/”隔开进行检索，点击“确定”后显示检索结果；点击药品名称后显示药品具体信息。通过多库全文检索模块检索到肤疾洗剂，该处方组成和本技术方案的处方组成和剂型完全相同，可以作为 X 类有效对比文件。

使用 e 药全库中的多库全文检索功能进行检索，可节省大量的时间和精力。更为重要的是，检到的对比文件属于国家药品标准，可作为评述新颖性和创造性的证据。另一方面，即使没有检索到有效 X 或 Y 类对比文件，也可以通过该数据库大致了解相似复方的标准收录情况，对于后续的检索思路和检索词汇的扩展都起到了积极的作用。多库全文检索的检索方式非常便捷，只需要在检索关键词部分输入检索要素，并用“/”分开即可，其逻辑关系只有“和”，对于检索工作十分便利。

此外，多库全文检索还提供模糊查询，在中药名称不是很准确的情况下也可以进行检索，为检索工作提供了便利。需要注意，e 药全库数据库的收载范围不是很全面，例如其并未收载 2005 年版药典的内容，以至于某些信息没有及时更新，还需要利用其他方式进行全面的检索。

二、CA 数据库在化学领域检索中的适用性分析

（一）CA 数据库简介

CA 于 1907 年创刊，是 CAS、英国化学学会和德国化学情报文献社合作出版的大型文献

检索系统，覆盖了化学、化工、生物化学、生物工程、生物遗传、农业和食品化工、医用化学、地球化学和材料科学等领域。收录了160个国家、56种语言、14 000多种科技期刊、学位论文、技术报告、会议、新书、27个国家和两个国际专利组织（EPO、WIPO）的专利。

目前，CA的版本有：

CA印刷版：1967年（Vol. 66/67）至1997年（Vol. 126/127）和部分累积索引目录。

CA光盘数据库（CA on CD）：1977年第10次累积索引起至今（2010年）。

CA网络版数据库（CA on the web）：CA印刷版+1600多种核心期刊，每天更新（2002年至今）。

（二）CA数据库在化学领域检索中的适用性分析

【案例1-4-3】

待检索技术方案：超结构可见光响应的Bi_2WO_6光催化剂的水热制备方法，其特征在于制备的步骤包括：

（A）具有纳米尺寸的Bi_2WO_6超结构的前驱物制备：①以含Bi的硝酸盐、氯化物或草酸盐和W的钠盐或铵盐为原料，按Bi∶W=2∶1的化学计量比混合；②或加入质量百分数为2%~10%的表面活性剂，使其和步骤①的原料混合均匀；③控制体系的pH值为0.5~7，形成白色悬浮的前驱液；（B）水热反应：①步骤A制备的前驱物充填在水热釜中的填充容量为50%~80%，水热反应的温度为120~240℃；②水热反应后的产物处理，条件是离心分离沉淀、洗净，在30~150℃在空气中干燥，制成Bi_2WO_6催化剂；③或将步骤②中粉体在300~750℃温度下烧结1~10h，制得具有二次结构的超结构Bi_2WO_6催化剂。

检索思路：在CA on web中检索本申请得到Bi_2WO_6物质的CA登记号为：13595-86-3，在高级检索界面中，以“13595-86-3”（CA登记号字段）and“hydrothermal”（Word字段）检索得到40篇文献，阅读摘要，获得文献CN1709567A，该专利文献可作为X类文献评价该技术方案的创造性。

【案例1-4-4】

待检索技术方案：一种高比表面积Cu-Cr金属氧化物的制备方法，其特征在于：将单一金属盐或双金属盐加入到单一溶剂或混合溶剂中；待金属盐完全溶解后，再浸渍模板，搅拌蒸发除去溶剂，干燥得到所述的金属氧化物前驱体；前驱体在含氧气氛下，以0.5~10℃/min的升温速率，氧化处理温度为300~750℃，煅烧0~10小时；然后降至室温，得到相应的高比表面积Cu-Cr金属氧化物；其中含氧气氛为空气或Ar与O_2体积比为1∶1~5∶1的混合气氛；其中所述的金属离子为铜、铬或铜-铬混合离子，以其可溶性硝酸盐、乙酸盐或草酸盐来提供；其中单一溶剂为水或乙醇，混合溶剂为水和乙醇或氨水；其中模板为活性炭或炭凝胶。

检索思路：申请人在其申请文件中没有提及产品“Cu-Cr金属氧化物”具体的结构，化合物结构式等信息，在CNPAT等数据库以化学元素Cu和Cr为关键词进行检索，没有检索到合适的对比文件，而在CA on web中检索本技术方案时，CA给出了$CuCr_2O_4$与$CuCrO_2$的CA登记号分别为：12018-10-9和12017-79-7，之后再进一步阅读说明书以及背景技术中的相关文章，可以确定本申请中所谓以模版剂制备的“Cu－Cr金属氧化物”即为$CuCr_2O_4$与$CuCrO_2$，在高级检索界面中，以“12018－10－9”（CA登记号字段）or“12017－79－7”（CA登记号字段）and“template”（Word字段），得到7篇文献，阅读摘要，获得外文文献“Chemistry of Materials（2005），17（8），1919－1922”，可作为X文献影响本技术方案的创造性。

【案例1－4－5】

待检索技术方案：一种具有除草活性的三氟甲基苯基哒嗪类衍生物，其特征在于该类衍生物为通式（Ⅰ）或（Ⅱ）所示结构：

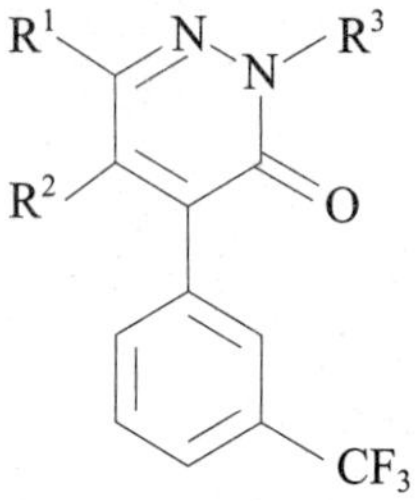

(I) 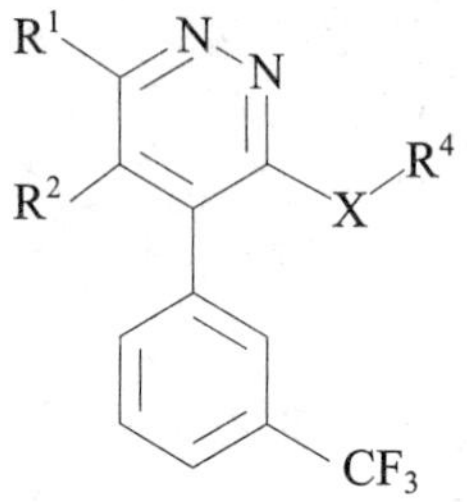 (II)

检索思路：上述通式中均具有确定的主环结构，因此采用CA数据库的物质等级（Substance Hierarchy）进行浏览式检索。首先根据化合物主体结构确定关键词“pyridazine”，然而该词条下的记录为所有以哒嗪作为母体的化合物，浏览工作量较大。注意到哒嗪环4－位均被3－三氟甲基苯基取代，因此，在上述词条下浏览涉及4－位被3－三氟甲基苯基取代的哒嗪衍生物，找出落入通式定义中或者结构类似的化合物，获得其CAS登记号，然后再通过这些CAS登记号获得对应文献，对这些文献进行筛选可获得如下X类对比文献：CN1676518A、DE4423934A1、US5097028A、Tetrahedron，Vol. 57，P1323－1330，2001、Tetrahedron，Vol. 58，P9713－9721，2002、Pest Management Science，Vol. 62，P522－530，2006。

【案例1－4－6】

待检索技术方案：一种除草剂特丁净的合成方法，其特征是分为两步进行：第一步是先将硫脲溶解在稀盐酸中，加入特丁津，搅拌进行反应，反应完成后，抽滤得到含有巯基的中间体湿料；第二步反应是将第一步得到的含有巯基的中间体湿料溶解在氢氧化钠溶液中，通过加料漏斗滴加硫酸二甲酯，滴加完成后，继续搅拌进行甲基化反应，反应完成后，抽滤或者离心得到白色的特丁净固体。

检索思路：本申请要求保护化合物的制备方法，通过预检索并分析现有技术状况可知，特丁净是发展比较成熟的农药，相关文献大多涉及其农药组合物，涉及制备方法的文献记载的内容在合成路线上与本申请存在很大区别。因此考虑检索公开日更早的文献，以获得其早期的合成方法。通过CA on web检索本申请，可获得本申请合成路线所涉及的原料物质硫脲（CAS No. 62－56－6）、特丁津（CAS No. 5915－41－3）和最终化合物特丁净（CAS No. 866－50－0）的CAS登记号，在CA中使用“62－56－6/rn and 5915－41－

3/rn and 866 - 50 - 0/rn"，可以检索得到 X 类对比文件 RO63495B。

小结：

（1）CA 的工作人员会对 CA 收录的文献进行分析，将文献中的化学物质进行标识并给出登记号，而每一个 CA 登记号直接代表每一种物质，利用登记号进行检索，可以避免检索人员对物质名称与别名统计不完全而造成的漏检。

（2）CA 登记号是对于化学物质产品的标识，其对于化学产品技术方案的检索具有天然的优势，同样也适用于方法技术方案的检索，在对于产品制备方法的检索中，利用最终产物与原料和/或中间体物质的 CA 登记号联合检索，其检索结果与本申请的制备方法一般会有很大的相关性。

（3）CA 数据库的收录并不是简单的文献收录，CA 会编写摘要、索引、CA 登记号等文献信息，利用这些资源可以帮助检索人员更好的理解所要检索的发明内容。

（4）CA 光盘版与 CA on web 在使用上的一些特别之处：

① CA 光盘版容错较差，而 CA on web 则相对较好。

② 在检索某已知化合物的制备方法时：

CA on web：RN 号后紧连着输入 P 即可；CA 光盘版：RN 号 AND prep * /word。

③ 检索金属配合物：CA on web 中可以使用 CA SECTION 进行检索，首先利用本申请的公开号查找到本申请在 CA on web 中标记的信息，其中会列出 CA SECTION 号（类似于 IPC 分类号），利用该号对检索式进行限定。

④ 利用 RN 号和截词符：如果技术方案涉及通式化合物，则首先用本申请的公开号查找到本申请在 CA on web 中标引的信息，一般会标记出本申请实施例制备的具体化合物的 RN 号，如果这些 RN 号都是新的，则可以将 RN 号的第一部分（或者第一和第二部分）保留，其余部分用截词符代替，可能会找到结构接近的化合物（一般具体化合物登记号的第一部分相同）。需要注意的是，虽然 CA 会将结构接近或者说主结构相同而取代基不同的化合物的 RN 号排在一起，但是也会出现这样一种情况：某个很早的化合物与一些新的化合物在结构上非常接近，但是前者的 RN 号与这些新的化合物的 RN 号相差很大，因此，如果仅仅用 RN 号 + 截词符检索有时会漏检。

三、STN 联机检索在化学领域检索中的适用性分析

（一）STN 联机检索简介

STN 是 the Scientific and Technical information Network 的简称，由 CAS 和 FIZ Karlsruhe（德国卡尔斯鲁厄能源、物理、数学专业信息中心）两个非营利性机构共同建立的提供最新科技发明信息的平台。自 1984 年开始服务运行，提供近 200 个数据库，涵盖化学、生物、工程、材料、医药、能源等多学科，还收录了许多重要的科技信息库如 Beilstein、Medline、INPADOC 等。其中的专利数据库可以全文检索 PCT 申请、美国以及欧洲的专利，如 PCTFULL、EPFULL、FRFULL、GBFULL、USPATFULL 等。其中 CAPLUS、REGISTRY、MARPAT 以及 CASREACT 数据库都是非常有特色的检索资源。

STN 是唯一一个能同时进行 CAplusSM、INPADOCDB 及 Derwent World Patents Index（DWPI）检索的平台，可以在同一时间进行可专利性、现有技术状态、侵权、专利法律

状态的查询。STN 提供了最庞大的基因信息：REGISTRY、GENBANK、DGENE（GENESEQTM）、PCTGEN 及 USGENE。STN 提供专业化学的检索环境，容易检索 CAS No. 、分子式、结构检索（尤其是 Markush）等。STN 提供了大量的检索工具，包括化学和生物物质检索、多个数据库检索、链接全文以及相同专利和专利族检索等。

（二）STN 联机检索在化学领域检索中的适用性分析

【案例 1－4－7】

待检索技术方案：一种分散剂化合物，该化合物为烃基羰基化合物与聚胺聚酰胺中间体的反应产物，该聚胺聚酰胺中间体通过多羰基化合物和聚胺反应形成，其中聚胺聚酰胺中间体为式 III 所示的化合物：

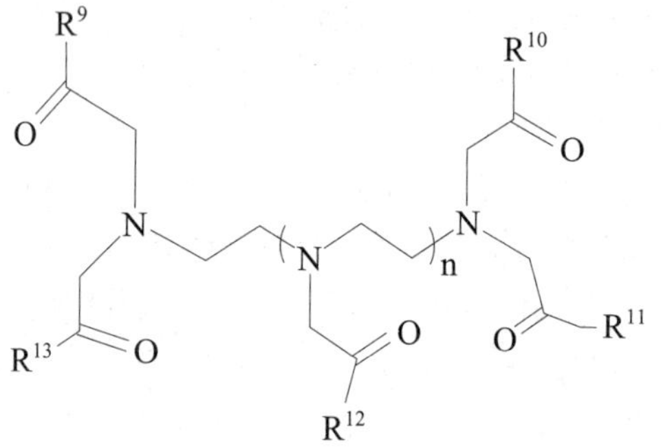

III

其中 n 为 0～10，R^9、R^{10}、R^{11}、R^{12}和 R^{13}彼此独立地选自 OH、聚胺基团或聚胺基团的盐，条件为 R^9、R^{10}、R^{11}、R^{12}和 R^{13}中的至少一个为聚胺基团。

检索思路：首先通过在 STN 中找到本申请的记录，然后查看其标引的 RN 号，发现涉及发明点的化合物是 EDTA，接下来考虑是否能检索到端基为聚胺的 EDTA 衍生物。进入 STN，画出如下的结构式：

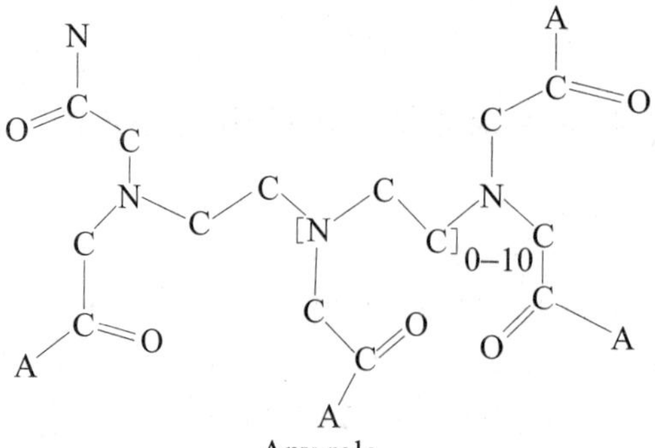

Any role

其中四个位置有一个位置为 N，其余设为 A（除 H 之外的元素），进行模糊（SSS）检索，发现样本库（sam）中有 50 个结果，全库有 2789 个结果，然后限定 PMS/ci，得到 75 个结果，通过输入命令“D all”，发现聚合物中 N 部分有聚合段，PCT 命名为 polyamide OR polyamine。因此重新检索，在检到的 2789 个结果中进一步限定 PMS/ci 和 polyamide/PCT OR polyamine/PCT，得到 26 个结果，包含多篇 X 文献，例如 Polymers for

Advanced Technologies，Vol. 7，p671 – 674，1998；CN1166987A 等。

【案例 1 – 4 – 8】

待检索技术方案：能消除乙烯基单体的醇类组合物，所述的乙烯基单体包括式（I）结构的物质：

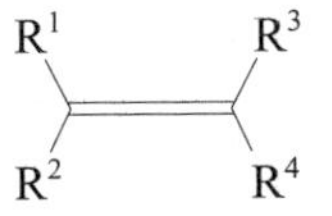

$$\left(R^1\right)\left(R^2\right)C=C\left(R^3\right)\left(R^4\right) \quad \text{(I)}$$

式（I）中，R_1、R_2、R_3、R_4 独立选自：H；被 O、S、Si 或 N 取代的 C1 – C18 烷基、链烯基、芳香基或炔基；卤素；亚硝基；硝基；羰基；腈基，其特征在于：所述的组合物包括伯醇、仲醇中的至少一种，还包括有溶剂和至少一种路易斯碱；所述的伯醇、仲醇用如下结构式表示：

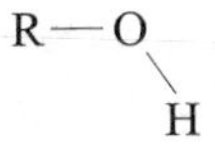

$$R—O—H$$

上式中，R 选自：H；被 O、S、Si 或 N 取代的 C1 – C18 烷基、链烯基、芳香基或炔基。

检索思路：本申请涉及烯烃与醇的 Michael 加成反应。进入 CASREACT 数据库，画出两个反应物（烯烃和醇）以及生成物的结构式，选择 reactant/reagent product 定义角色（Role），画图如下：

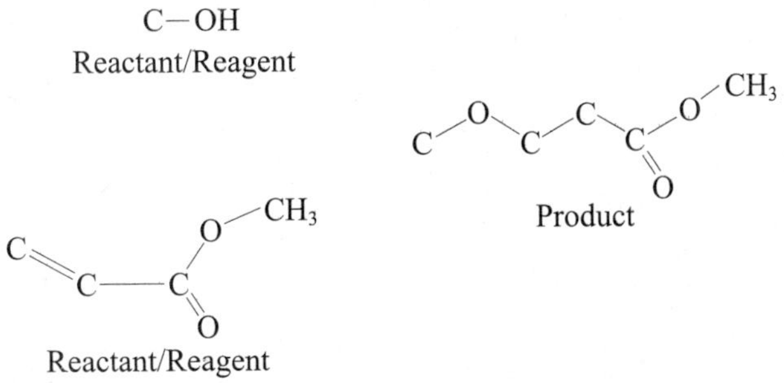

C—OH

Reactant/Reagent

C—O—C—C—C(=O)—O—CH_3

Product

C=C—C(=O)—O—CH_3

Reactant/Reagent

上传结构，采用 sample 检索方式得到 11 个结果，使用 d scan 命令浏览，发现结果较为相关；然后采用 ful search 检索方式得到 503 个结果。进入 CAPLUS 数据库，将 CASREACT 的检索结果与表示催化剂的检索要素（KOH or NaOH or basic）相与，得到 17 个结果，最后一个即为 X 文献（Journal of the American Chemical Society，Vol. 68，p544 – 546，1946）。

对于本技术方案同时尝试在其他检索资源中检索，但没有检索到 X/Y 文献。例如，使用 Google scholar 只能检索到烯烃与酸的加成反应；使用 Google book 检索得到的结果中虽提及烯烃可以与醇反应，但是没有查找到具体的文献。在 SIPOABS 中采用表示"丙烯酸、醇、碱、Michael 加成"的关键词相与检索，仅得到一篇较相关的 A 类文献（US6846948A）。

【案例 1-4-9】

待检索技术方案：一类苯并噻唑衍生物，其特征在于具有通式 I 表示的结构：

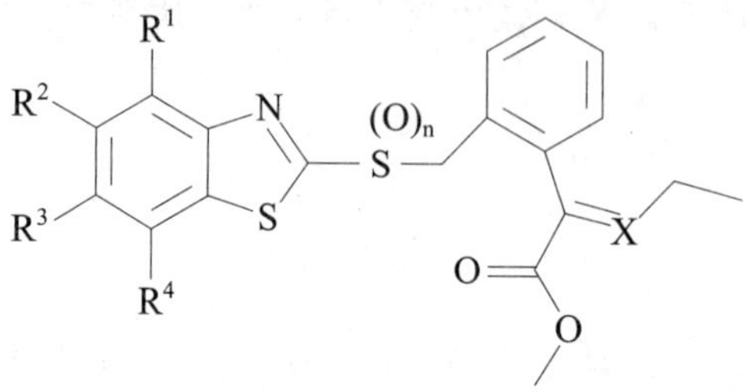

式中 X 表示次甲基或氮；n 等于 0、1 或 2；R^1、R^2、R^3 及 R^4 表示氢、三氟甲基、烷基、烷氧基、芳氧基、卤素、硝基、氨基或酯基。

检索思路：本案涉及一种通式化合物，因而采用 STN 进行结构式检索。将本申请中的环结构定义为“isolated”以排除干扰，苯并噻唑上的 R^1、R^2、R^3 及 R^4 定义的基团都是本领域比较常规的取代基，因而暂不在结构式中对其进行定义，将 G1 定义为 C 或 N，“S”上任选的 1 或 2 个氧代基暂不在结构式上画出，具体检索过程如下：

=> fil reg

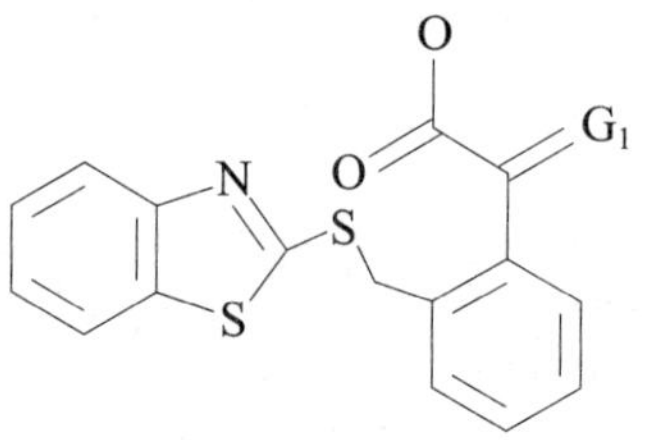

=> s l1 sss full

L2 156 SEA SSS FUL L1

=> fil cap

=> s l2

L3 9 L2

=> d l3 1-9 ibib abs hitstr

下略……

通过浏览 9 个结果得到 3 篇 X 类对比文件（EP0299694A2、EP0363818A1 和 JP06087842A）。

对于本案而言，在 DWPI、SIPOABS 中利用关键词（结构关键词和用途关键词）和分类号虽然能检索到影响创造性的对比文件，但是在检索时，检索结果强烈依赖于关键词和分类号的选取，选取不当或扩展不全都会导致检索不到对比文件，并且浏览的文献量较大，比较费时且易遗漏，而使用 STN 的结构式检索功能只需进行简单的检索就可以较为快捷地检索到影响本案创造性的对比文件，体现了 STN 对通式化合物检索的强大优势。

小结：

（1）针对化学领域，STN 提供易操作的化学物质检索功能，其入口可以为：CAS 登记号、化学名、指定的化学结构、化学结构通式（“Markush”）、化学物性以及生物序列相配、基本和相似检索等。采用CAS登记号为入口进行检索是最为常用也是效率最高的方式。当化学物质结构复杂，较难选择CAS登记号或确定准确命名时，采用常规的检索入口一筹莫展，若采用STN提供的结构检索的方式则可大大提高效率，而且使用CAS登记号主要检索评价新颖性的文献，采用结构式检索可以方便检索到评价创造性的文献。

（2）为方便将检索结构精确定位，CAplus数据库提供了一个检索入口：CA roles，它是指用3或4个字母代码描述原文中报道的化学物质（或一类化合物）的新颖性或者独特性的信息，有助于聚焦化学物质的精确和特定研究。CAS提供10种高级职能符（super roles）和约70种特定的职能符（specific roles），如ANST、BIOL、CMBI、FORM、OCCU、PREP、PROC、USES、PRPH、RACT等，其中PREP职能符最为常用。例如：需要检索与物质A制备有关的文献，当检索到出现物质A的文献时，其中含有大量的噪声（如物质A用于制备其他化合物的原料或物质A的用途或含物质A的组合物等）。此时为了消除噪声，快速定位，可以在上述结果中使用PREP的CAS roles，从而得到仅与物质A制备有关的文献。

（3）目前，对于具体物质CA中给出的CAS RN号是不全面的。因为RN号并不像通常认为的那样，一个物质自始至终都只存在唯一的一个RN号与之对应，这点可以通过STN的Registry数据库中的记录看出；RN号不仅有RN，也有DR（即被删除的RN号）和new、old。原因在于：由于随着时间的推移，有些物质的CAS RN可能被删除，因此可能出现DR，也可能CA在分配RN号时出现了重复，经校正之后将之前的RN号删除由此出现new和old两个RN号。因此在CA中采用单一的CAS RN号进行检索时存在漏检的可能。STN很好地解决了这一问题，只要首先在Registry数据库中找到某一物质的RN号，以该命令的结果转库到CAPLUS中再检索，即可将包含所有DR、new、old以及正在使用的RN号的文献全部检索到。

（4）STN相比专利数据库以及ISI Web of Knowledge等资源，另一个优势是可以经ChemPort直接链接到专利或期刊全文，而不必在检索到摘要之后，还要再通过其他途径获取全文。

第二章　有机化学领域专利检索策略

第一节　马库什化合物领域

一、马库什化合物领域专利申请特点简介

通式化合物又称马库什（Markush）化合物，因匈牙利化学家 Eugene A. Markush（1888－1968）而得名。他于 1924 年申请了一类新颖的吡咯染料专利，并在权利要求中采用了“... material selected from the group consisting of...”的表述。之后，这种具有多个并列选择项的表达方式被广泛继承和发扬，成为有机化学等领域的专利申请中典型的表达方式。这类专利申请虽然对申请人的利益起到了最大的保护，但由于包含大量并列技术方案，从而对这类权利要求的检索造成很大的困难和障碍。从检索的角度出发，经过统计分析和研究，可以看出马库什化合物领域的发明专利申请具有以下几个特点。

1. 主题类型的特点

一般来说，通常的权利要求主题涉及有限的几个并列技术方案，只需针对每个主题进行检索即可；而马库什化合物通常包括多个变量，每个变量又包括多个基团定义，甚至多层嵌套的基团定义，从而涵盖了成百上千、成千上万甚至更多的并列技术方案，因而如何使检索覆盖到马库什化合物涵盖的整个范围是个棘手的问题。

2. 关键词和分类号的特点

通式化合物的另一个特点是难以用关键词和分类号准确表达，常规的块检索针对性差、效率较低。一方面，IPC、EC、UC、DC/MC、FI/F-term 这些分类体系都存在对化合物结构的分类，但由于通式化合物种类的多样性和结构的变化极为丰富，使得分类号很难准确地对应于特定具体化合物，只可能是一大类化合物，也就是说，一个分类号可能涵盖了非常多的具体化合物，这无疑增加了检索的难度和浏览文献的数量。另一方面，通式化合物存在多个变量，变量组合出的化合物涵盖了多个结构类型（比如饱和的、不饱和的、芳基、杂芳基等），分类原则（比如后位规则等）决定了它们对应于多个分类号，因而如果使检索覆盖至通式范围的每个化合物，就必须检索所有可能的化合物对应的分类号才会避免漏检。第三方面，关键词只可能表达部分的结构片段，却无法表达片段间的连接关系，且表达出的结构片段关键词很可能以不同的方式出现在目标文献中（比如分子式、结构式等），因而采用关键词进行检索既可能包含较多噪音，也很可能造成漏检。

3. 其他特点

马库什化合物的检索中，目标文献中公开的某些化合物可能仅仅是偶然公开的化合物，即涵盖在本申请马库什化合物的范围内但用途完全不同。根据审查原则，这种情况下

仅能用于评价化合物新颖性，在此基础上还要进一步考虑能够评价本申请创造性的文献。新颖性检索和创造性检索最大的不同在于新颖性检索无需考虑领域和化合物的用途，如将用途作为检索要素，可能漏掉上述偶然公开的化合物，而创造性检索需要考虑领域和化合物的用途。该特点在马库什化合物的检索中较为典型。

二、马库什化合物领域典型检索案例的检索分析总结

【案例 2-1-1】

待检索技术方案：一种如下通式化合物：

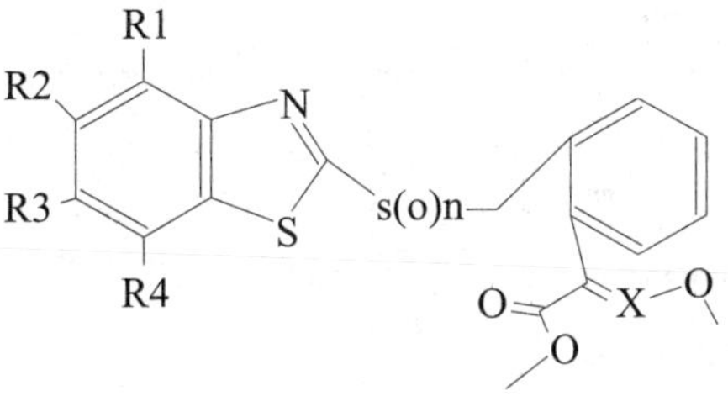

其中，X 表示次甲基或氮；

n 等于 0、1 或 2；

R1、R2、R3 及 R4 表示氢、三氟甲基、烷基、烷氧基、芳氧基、卤素、硝基、氨基或酯基。

检索结果分析：

(1) 检索结果

检索得到的有效对比文件及检索方法见表 2-1-1。

表 2-1-1　有效对比文件及检出情况

<table>
<tr><th>对比文件及类型</th><th>数据库</th><th>检出方法概述</th></tr>
<tr><td rowspan="7">EP0299694A2 (X)
EP0363818A1 (X)
JP06087842A (X)
WO9308180A1 (Y)
WO9117152A1 (Y)</td><td rowspan="2">CNKI</td><td>采用发明人检索到博士论文，引用文献或者从论文中提取新的关键词在 DWPI、SIPOABS 中检索</td></tr>
<tr><td>采用关键词“噻唑”、“菌”检索非专利文献，然后追踪</td></tr>
<tr><td>CNTXT</td><td>关键词：丙烯酸甲酯，苯并噻唑，真菌</td></tr>
<tr><td>DWPI、SIPOABS</td><td>关键词：strobilurin +，oxime w ether，+ benzothiazol +，+ SULFAN +，sterilize +
分类号：C07D277/6?，C07D277/7?，A01N43/78</td></tr>
<tr><td>CA</td><td>107048-59-9</td></tr>
<tr><td>STN</td><td>结构式检索</td></tr>
<tr><td>ISI、Google Scholar</td><td>关键词：benzothiazolylthio，methyl，phenyl，acrylate 在 Google Scholar 中检索</td></tr>
</table>

典型检索思路分析：本案例最大的特点就是如何在检索过程中对检索要素进行重新确定并对检索策略进行适应性调整。具体而言，在检索过程中可分别采用如下几种方式找到合适的检索要素并获得相应检索结果。

（1）在CA中检索本申请，发现终产物的CAS登记号均很大，经检索确定它们均具有新颖性，但其中还给出如下编号较小、作为中间体化合物的CAS登记号：107048 - 59 - 9，Benzeneacetic acid，2 -（bromomethyl）- a -（methoxymethylene）-，methyl ester。

采用这个登记号在CA中检索，得到EP378308A1（A类）；

然后在SIPOABS中，对引用EP378308A1的文献进行追踪得到WO9308180A1（苯并噻唑的2 - 位为O而非S（O）n，属于较相关A类文献，US5491156为其同族）；

在WO9308180 A1引用的文献中找到：

EP0363818 A1（说明书中化合物246 - 249可直接评价本申请新颖性）

EP0299694A2（说明书第7页化合物6、15、19可直接评价本申请新颖性）

根据所得到的文献确定关键词，扩展检索的结果：

1 20141 FUNGICIDE?

2 6717 BENZOTHIAZOL +

3 107 1 AND 2

在结果中有：

EP0363818 A1 19900418（X类）

US5554578 A 19960910（系EP0363818 A1同族）

US5334577 A 19940802（系EP0363818 A1同族）

WO9308180 A1 19930429（较相关A类）

根据所得到的文献确定分类号，扩展检索的结果：

4 2088 C07D277/74/EC

5 6475 A01N43/78/EC

6 141 4 AND 5

在结果中有：

US5304530 A 19940419（说明书第8栏化合物52、58、60、77、78可评述新颖性）

EP0299694 A2 19890118（X类）

采用分类号补充检索：

7 2788 C07D277/74/IC

8 14867 A01N43/78/IC

9 351 7 AND 8

10 210 9 NOT 6

在结果中有：

EP0378308A1 19900718（A类）

EP0513580A2 19921119（A类）

EP0363818A1 19900418（X类）

检索思路概括：从CAS登记号编号较小的化合物入手，检索到文献后，做追踪检索，在此基础上，再采用新的调整后的关键词和分类号进行检索。

检索心得：

（a）对较为相关的结果在 SIPOABS 中追踪是获取 X/Y 类文献的重要手段。

（b）在找到相关结果后，及时将最合适的关键词、分类号补充到检索要素中。

检索分析：在 CA 中检到的登记号 107048－59－9 为如下化合物：

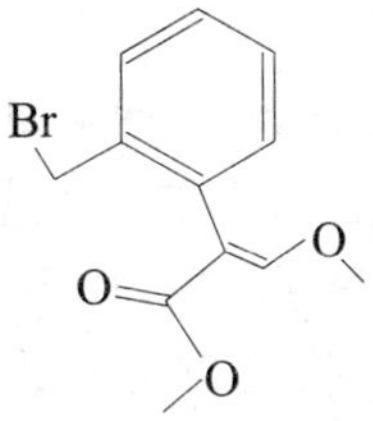

，其是重要的中间体，进入终产物的结构单元：

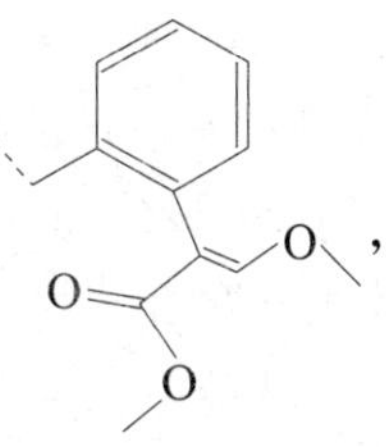

，并包括了药效团的结构片段，因此从该化合物入手，能够追踪检索到相关对比文件。

（2）在 CNKI 中使用发明人进行检索，获得发明人之一的博士论文，其公开日在本申请的申请日之后，虽然不能作为现有技术，但是根据该文献综述部分对于现有技术的介绍，提供了大量有用信息。

（a）其中所引用的文献 EP0299694 和 US5491156 可以作为 X 类文献。

（b）从该博士论文的综述部分可获知：strobilurin 或者 oxime ether 是本领域常见的杀菌剂种类，其特征在于药效团一般具有下述的结构：

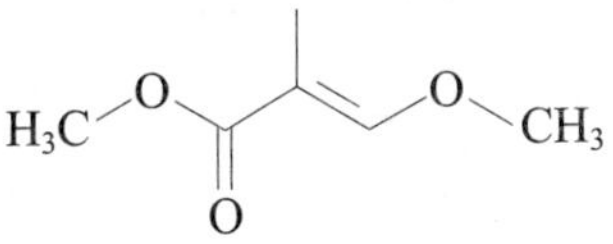

、、、、、。

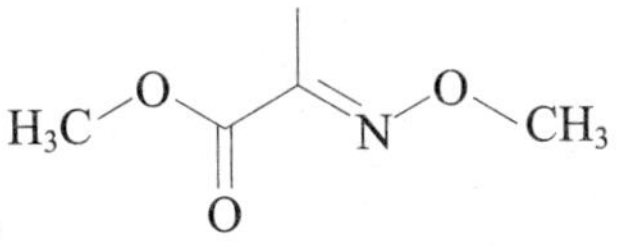

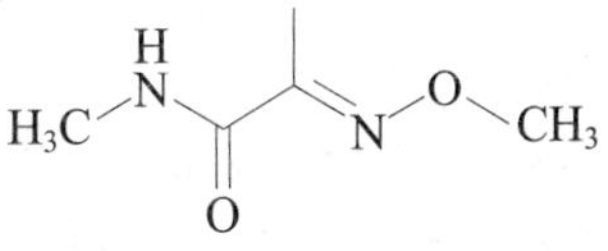

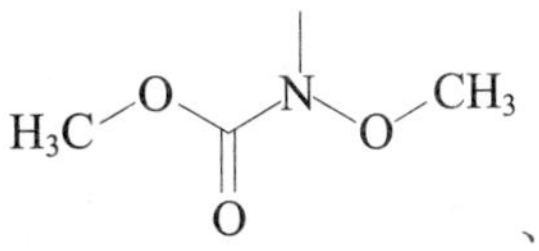

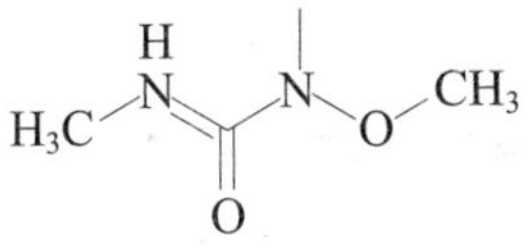

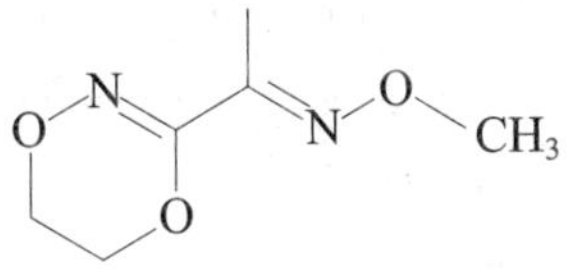

根据这些现有技术，提炼出如下关键词：甲氧基丙烯酸酯、肟醚、strobilurin、oxime ether、acrylate、strobin、杀菌剂。

采用如下检索式：

（strobilurin＋ or（oxime w ether））and benzothiazol＋

在 DWPI 中获得 9 篇文献，在 SIPOABS 中获得 5 篇文献，得到了 X 类文献 EP0363818A1（参见实施例和权利要求）。

检索心得：在检索到发明人的文献时，即使公开时间导致其不能作为现有技术也不能轻易放弃，一方面，其引用的文献有可能作为影响本申请的新颖性/创造性的对比文献。并且还能据此再进行追踪检索以得到更多的相关文献。另一方面，即便不能获得能够评价新颖性/创造性的文献，也能从中提取有用信息，并对提取到的信息进行加工，既可以尽量达到本领域普通技术人员的水平，也可以根据加工的信息进行检索要素的扩展。

（3）在 CNKI 中，采用“噻唑”、“菌”检索到“具杀菌活性噻唑类化合物的研究进展”（农药研究与应用，第 10 卷第 3 期，2006 年 6 月）、“苯并噻唑类农药生物活性研究进展”（安徽农业科学，第33卷第7期，2005年7月）。它们的参考文献US5491156A与本申请区别在于苯并噻唑的2-位为O而非S（O）n，可评价创造性。然后采用..cttrace命令在专利库中追踪到X类文献EP0363818A1。

检索心得：从CNKI入口，检索到相关综述性的文章，往往能快速找到突破口，对于确定发明的实质内容、重新调整检索要素是一条便捷的方法。

（4）通过对说明书的深度阅读，发现两个关键中间体（式Ⅲ化合物），然后用登记号115199-26-3（X=N）和107048-59-9（X=C）在CA中检索，浏览相关文献，发现本发明化合物的“药效基团”为甲氧基丙烯酸（甲）酯或肟醚乙酸酯，同时，发现此类化合物基本是在对天然产物即嗜球果伞素修饰的基础上产生的，从而确定新的检索要素。

以“嗜球果伞素”为关键词在CNABS中检索得到52篇文献，其中包括如下较相关A类文献：

WO2005/044002A2（同族CN1878468A）（S的位置为O，O与含1-3个氮原子和/或1个氧原子或硫原子的5元杂芳基相连）

CN1294487A（S的位置为O，O与苯环而非苯并噻唑环相连）

CN1646013A（S的位置为O，O与单芳杂环而非苯并噻唑环相连）

检索心得：找出代表发明实质的检索要素，将其补入检索策略中，以保证检索的广度。

（5）在CNTXT中进行如下检索：

丙烯酸甲酯 and 苯并噻唑 and 真菌

得到具有如下申请号的中国专利文献：

88104241.2（X类）（EP0299694A2的同族文献）

90100240.2（较相关A类），95192049.9（较相关A类）

肟醚 and 苯并噻唑 and 真菌

得到具有如下申请号的较相关的A类文献：95192324.2。

检索心得：对于较具体的结构片段的关键词，应采用CNTXT，因为CNABS对于摘要未做重新撰写，对于通式化合物，其中未必出现表达通式化合物结构的关键词。

（6）STN检索：

首先采用如下检索式进行检索：

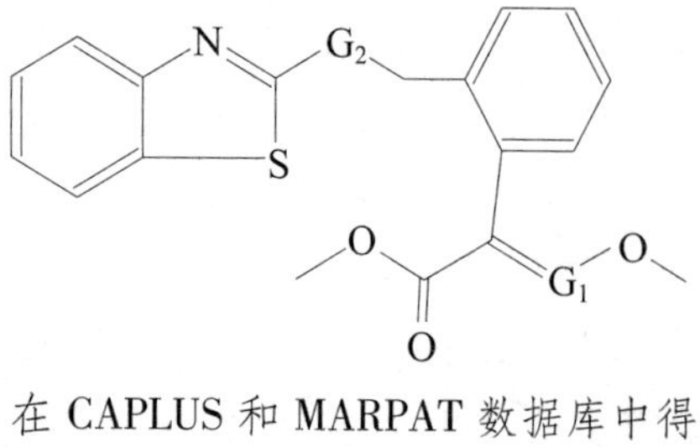

其中 G_1 为 CH、N；G_2 为 S、SO_2。

在CAPLUS和MARPAT数据库中得到3篇文献：

EP0299694A2（新颖性对比文件）

WO9117152A1（创造性对比文件）

JP特开平6-87842A（创造性对比文件）

通过对现有技术的了解，认识到苯并噻唑并非必要的基本检索要素，因此将其上位到“杂环”，进一步调整检索策略，采用如下的检索式：

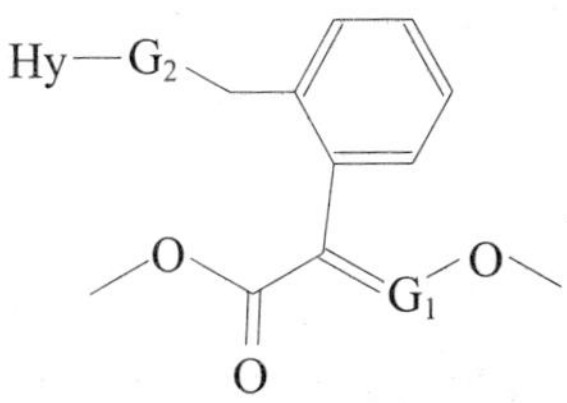

其中 G_1 为 CH、N；G_2 为 S、SO2。

在 CAPLUS 和 MARPAT 数据库中又得到上述评述新颖性文献：EP0363818A1，这篇文献如果采用带有苯并噻唑基的检索式将无法检索到，会导致漏检。

相关分析：采用第一个检索式的时候，在 CAPLUS 数据库和 MARPAT 数据库中同时得到了文献 EP0299694A2，其中在 CAPLUS 数据库得到这篇文献是由于很多具体化合物都被标引（例如 120973－89－9、120973－93－5 等都落入所画结构式范围内），在 MARPAT 数据库得到这篇文献，是由于标引人员在对于马库什化合物的标引中，将“苯并噻唑基”加入到马库什的定义中。

而对于文献 EP0363818A1，可能由于对包含苯并噻唑基的具体化合物没有进行标引，采用第一个检索式时在 CAPLUS 数据库中未检索到该篇文献，而在 MARPAT 数据库中，标引人员在对于马库什化合物的标引中，也未标引该具体的苯并噻唑基，因此，采用第一个检索式在 CAPLUS 数据库和 MARPAT 数据库中均未找到该文献，而经过结构式调整，将“苯并噻唑基”上位到“杂环”，就会检索到该对比文献。因此，在使用 STN 数据库检索时确定合适的检索式非常重要。

无效的检索思路：本案在检索过程中，当采用一些常规的检索方法时却可能无法检索到合适的对比文件，其原因分析如下。

权利要求的通式化合物存在如下的结构片段：苯并噻唑、硫醚、砜、亚砜、肟、甲氧基亚胺、甲氧基次甲基、丙烯酸酯等。

本申请的背景技术中公开的是：苯并噻唑衍生物由于具有广泛的杀菌、除草生物活性受到了人们极大的关注。同时，很多杂环芳硫醚、砜、亚砜类化合物也显示了很好的杀菌活性。本发明将这两类具有生物活性的结构单元结合起来，设计、合成了一类新型的苯并噻唑化合物。

根据上述背景技术介绍，首先选取关键词为：苯并噻唑、硫醚、砜、亚砜，进行检索如下。

CNABS：

(001)　F KW 苯并噻唑 <hits：1080>

(002)　F KW 硫＋砜＋巯 <hits：80536>

(003)　J 1 * 2 <hits：695>

(004)　F KW 硫醚＋砜＋肟 <hits：6677>

(005)　J 1 * 4 <hits：75>　A 类：02139610（含右半部分结构的杀菌剂）

DWPI/SIPOABS：

3212　＋BENZYLTHIO＋ OR ＋SULFAN＋

41248　＋SULF? NYL＋

20028	(C07D277/6? OR C07D277/7?) /IC
73	2 AND 4 A 类：GB767807A
432	3 AND 4
1292	+SULF+ W +ETHER+
2	7 AND 4
1292	+THIOETHER+
81	4 AND 9 A 类：ES8701739

从上面看出采用这样的关键词和分类号未检索到相关对比文献。

总结：

由上述案例可以看出通式化合物检索的难点就是检索要素的确定。从化合物结构中提取有效的检索词时会存在如下问题：化合物通式结构中存在多个片段，无法确定哪一部分作为主要的药效团结构。

而且，对于某些基团，例如 $CH_3OC(=O)C=XOCH_3$，存在多种命名方式：肟、甲氧基亚胺、甲氧基次甲基、丙烯酸（甲）酯、乙酸酯。这将使得检索要素的确定变得较为困难。

在某些情况下，专利申请的背景技术部分介绍了相关的现有技术，从中可能提取到有效的关键词，但对于很多专利申请（例如本案），在背景技术部分甚至误导本申请是通过苯并噻唑与硫醚拼接起来的，因此会先入为主地认为苯并噻唑是主环结构，但是，实际上，根据发明人博士论文的介绍，参见下图：

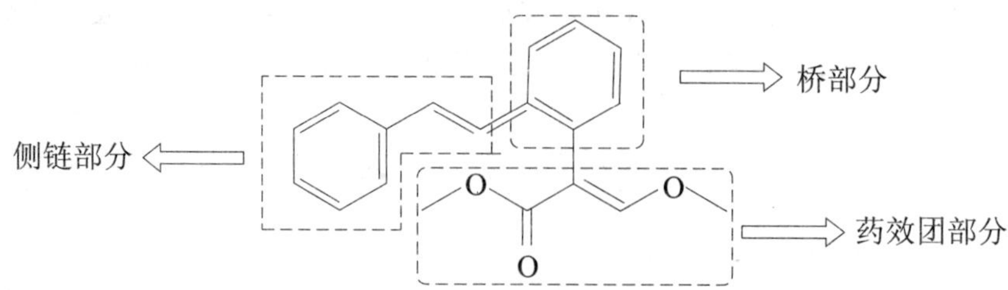

Scheme 1-12 先导化合物的结构分类

本申请化合物中，“甲氧基丙烯酸酯”或者“肟醚乙酸酯”才是药效团，与之相连的苯基是“桥”，而“苯并噻唑硫醚亚甲基”是作为这类化合物的侧链部分，本申请的化合物是属于“稠杂苄硫醚类化合物”。

通过对本案检索过程的如上分析，对于通式化合物的检索，归纳起来可提供以下几条检索策略。

（1）对相关文献的追踪以及根据得到的文献调整合适的检索要素进行再检索是最重

要的检索方法。

(2) 从 CNKI 入口，检索到相关综述性的文章，往往能快速找到突破口。

(3) 从关键中间体的 CAS 登记号入手，能够快速进入相关技术领域，最终检索到对比文献。

(4) 对发明人论文进行充分利用，无论是从中提取有用信息作为检索要素，或者采用其引用文献进行追踪检索，都能够取得很好的结果。

(5) 对于较具体的结构片段的关键词，采用中国专利全文数据库进行检索，也是有效检索通式化合物的方法。

总结本案最优的检索思路就是首先通过对于现有技术的初步检索，例如检索到发明人博士论文或者是一些相关的非专利文献，确定出本申请化合物的主体结构，及其在本领域的通常用语，例如本申请中的 strobilurin、oxime ether、acrylate 就是这类化合物在本技术领域中的通常用语，接下来再进行检索，就很容易得到合适的对比文献。

【案例 2-1-2】

待检索技术方案：具有抗真菌活性的 N-取代-2，3，4，6，7，11b-六氢-1H-哌嗪并［2，1-a］异喹啉类化合物或其药学上可接受的加成盐，结构通式如下：

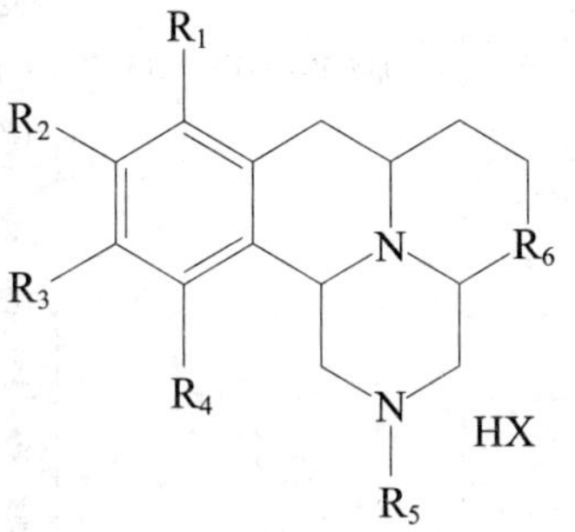

R_1 R_2 R_3 R_4 N R_6 N HX R_5

式中 R_1 表示 H、OH、CH_3O、NO_2 或者 F；

R_2 表示 H、OH、CH_3O、NO_2 或者 F；

R_3 表示 H、OH、CH_3O、NO_2 或者 F；

R_4 表示 H、OH、CH_3O、NO_2 或者 F；

R_5 表示为 H、C_1-C_{20}的直链或支链烷基、C_1-C_{20}的直链或支链烯基、苄基或芳环上取代苄基；

R_6 为：=O、H；

HX 表示 HCl、HBr。

检索结果分析：

(1) 检索结果

检索得到的有效对比文件中共有 2 篇中文专利、2 篇中文非专利文献、12 篇外文专利和 5 篇外文非专利文献，其检出情况见表 2-1-2。

表 2－1－2 有效对比文件及检出情况

文件类型	对比文件	数据库	检出方法概述
X	CN1683346A	CNABS	F KW 吡喹酮
	CN101497613A		F KW 吡奎＋吡喹＋比喹＋比奎可检到
	华西药学杂志，1996，11（3），p129－133	CNKI	（异喹啉＋吡喹酮＋吡嗪并）＊（菌＋虫）
	药学学报，1986，21（3），170－176		
	EP0086678A1 US4523013A	DWPI/SIPOABS	关键词：piperazin＋ and isoquinolin＋，piperazino and isoquinolin＋ IPC：C07D471/04＋C07D471/02
	US4497952A		
	US3393195A DE1595979 JP43－018905B		
	US3557120A		
	GB1417359A		
	US4051243A US4120961A US4162319A		
	JP59－139383A		
	US4049659A		
	US3798223A		
	US3676444A		
	DE1595965		
	Tetrahedron，54(26)，7359－7400，1998	ISI Web of Knowledge	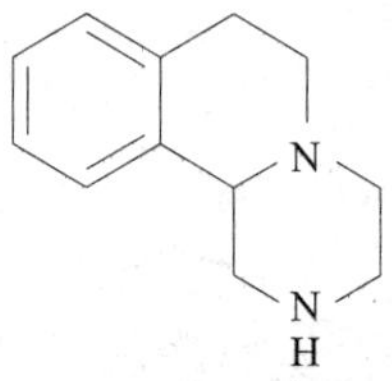 pyrazino［2，1－a］isoquinolin 哌嗪并［2，1－a］四氢异喹啉的结构
	European Journal of Organic Chemistry，（5），895－913，2008		
	Arch. Pharm.（Weinheim）322，795－799，1989		
	CN101497613A		

续表

文件类型	对比文件	数据库	检出方法概述
X	CN1683346A	CA/STN	CAS号：90142-14-6或61196-37-0 STN：画出结构式后，对2位的取代基进行限定
	US4497952A		
	WO2007119463A1		
	Tetrahedron, 54（26）, p7395-7400, 1998		
	US3728352A		
	US4049659A		
	BE659249A		
	Yakugaku Zasshi, 79, p 1003-1008, 1959		
	药学学报, 1986, 21（3）, 170-6		
	Journal of Heterocyclic Chemistry 23(1), 189-190, 1986		

典型检索思路分析：

1. CA/STN 数据库

（1）通过在CA中采用如下中间体：（吡喹胺，praziquanamine，RN：61196-37-0），或 $MeO-CH(OMe)-CH_2-NH-CH_2-C(=O)-NH-CH_2-CH_2-Ph$（RN：90142-14-6，闭环前的中间体）可以检索到诸如：US4497952A、Tetrahedron, 54（26），7395-7400，1998、CN1683346A等影响新颖性的对比文件。但如果在CA中采用终产物的CA登记号进行检索，则不会检索到相关的X文献。

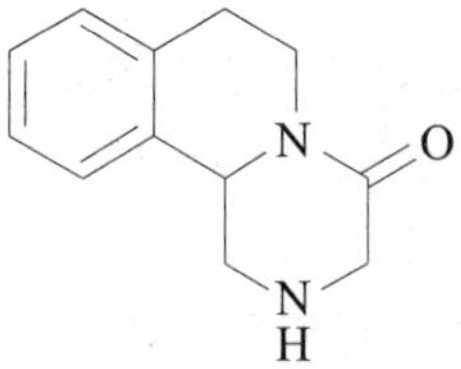

因此，在CA中找到本申请后，选取合适的登记号进行检索将直接关系到检索的结果。一般来说，对于改进型化合物发明而言，选取那些仅包含基本结构的化合物（例如本申请中RN：61196-37-0的化合物），或者选取与产物结构联系紧密的中间体化合物（例如本申请的闭环前的中间体），这样的检索往往能快速地进入相关技术领域，即使不能直接检索到影响新颖性的对比文件，再通过追踪检索通常也能得到有效的检索结果。

（2）在采用STN进行检索的时候，根据对于现有技术的预检，来设定合适的检索结构式非常关键。在本案例中，如果直接采用吡嗪并［2，1-a］异喹啉的主环结构进行亚结构的模糊检索，文献量比较大，会导致检索效率降低。但是，如果对现有技术进行预检，会发现很多化合物在吡嗪并［2，1-a］异喹啉主体环上的2-位被酰基取代，这些化合物均用于杀灭寄生虫，不同于本申请中的抗真菌活性。同时，本申请的技术方案中已经对于吡嗪并［2，1－a］异喹啉的2－位取代基进行了限定，分别为H、烷基、烯基、苄基，因此，在检索的时候，可以对于吡嗪并［2，1－a］异喹啉的2－位取代基进行限定，以有效排除大量不相关的文献。例如，可构建如下的检索结构式：

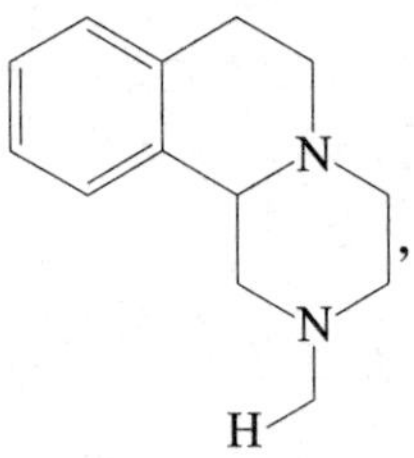

，或者

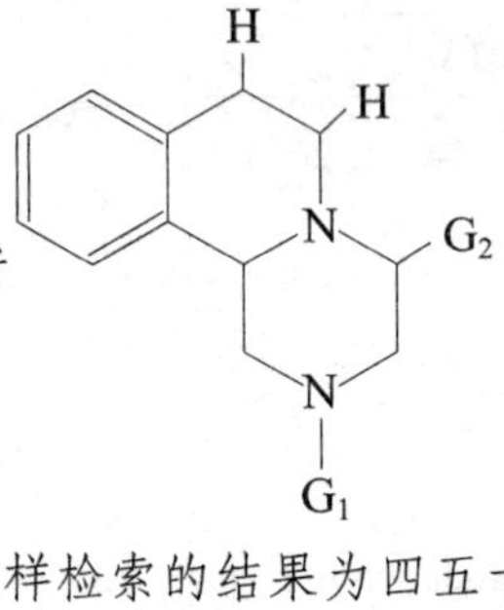

其中定义 G_1 为H、Ak，G_2 为O、H，这样检索的结果为四五十篇，可大幅度地提高检索效率。

（3）由于本案的特点，主环结构的名称比较确定，因而可采用化学物质等级索引在CA中进行检索，例如，下列的检索记录：

10CI on CD

Pyrazinoisoquinoline

2H-Pyrazino［2，1－a］isoquinoline（SUBSTITUTED）

1，3，4，6，7，11b-hexahydro－［5234－86－6］

发现RN 5234－86－6代表的化合物可评价技术方案的新颖性，据此进行检索，得到对比文件BE659249A。

（4）如果在STN中尝试采用环信息检索，但是这样得到的文献数量太多，在这种情况下，假如不利用结构化检索还是很难实现对检索结果进行限制的，因此，对于环信息检索的应用实际上是非常局限的。

（5）由于本申请涉及化合物的盐，因此在检索到具体化合物后，还可以再采用CRN来检索化合物的盐，例如下列的检索过程：

<1>61196－37－0/CRN　<HIT：3>　HBr　（RN：61196－38－1）

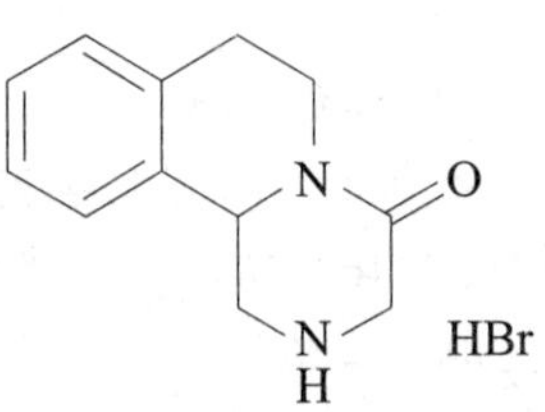

→US4049659A

<2>5234－86－6/CRN　<HIT：1>　2HCl　（RN：5260－46－8）

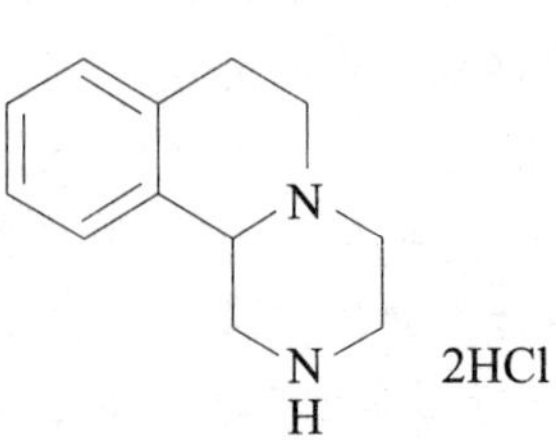

→BE659249A

2. DWPI/SIPOABS数据库

（1）由于本案所涉及的化合物主环结构很单一，同时也不存在过多的命名方式，因而在 DWPI/SIPOABS 可选择用主环结构式的命名（piperazin +，isoquinolin +）作为关键词。例如：

3　13933　C07D471/04 /IC

6　274　PIPERAZIN + S ISOQUINOLINE

7　37　3 AND 6（检索到影响权利要求 1 新颖性的对比文件：US4497952 A）

（2）通过浏览初步检索结果，将关键词扩展为 pyrazino，pyrazin +，isoquinolin +。例如采用如下检索式可获得诸如 US3676444A 等 X 类文献。

?　+ pyrazino + and + isoquinolin +

** SS 1：Results 121

（3）使用同在算符“nw”还可以进一步缩小文献量，例如采用如下检索式在 50 个检索结果中即可筛选出诸如 US3557120A 等 X 类文献。

?　pyrazino 3w isoquinolin?

** SS 10：Results 50

（4）除了上述直接检索之外，还可使用追踪检索的思路。对初步检索到的较为相关的文献进行追踪，获得影响本案新颖性的 X 类文献。例如对已检索到的 X 文献 US3557120A 进行追踪检索，可获得 X 类文献 US3393195A。

3. ISI web of knowledge 数据库

对于主环结构比较确定的马库什化合物，采用结构式检索是较为有效的检索手段。与 STN 数据库相比，ISI web of knowledge 具有费用低的优势，因而可采用 ISI web of Knowledge 数据库进行检索。但是其所收录的文献量（尤其是非专利文献）与 STN 数据库还存在着差距。因此，在使用 STN 数据库进行结构检索前，可以首先使用 ISI web of Knowledge 进行初步检索，即使无法检索到对比文件，也可以根据初步检索的结果对检索式进行调整，从而能够在费用高昂的 STN 数据库中进行更为有效的结构检索。

4. CNABS 数据库

（1）本案例为高校申请，可首先选择以申请人和/或发明人为入口进行检索和追踪。

（2）利用发明名称中给出的化合物结构中的两个关键词哌嗪 * 异喹啉进行检索，并辅以真菌（关键词）或 IPC 分类号限定。

（3）根据初步检索的结果将关键词异喹啉 * 哌嗪扩展为吡喹酮，则能检索到影响权利要求 1 新颖性的 X 类文献 CN1683346A。

（4）进一步扩展关键词的表达方式，检索到影响权利要求 1 新颖性的 X 类文献，例如下面的检索式：

F KW 吡奎 + 吡喹 + 比喹 + 比奎　<hits：41>　CN1683346A 和 CN101497613A

由此可见，由于化合物的结构命名可能存在差异，如吡嗪和比嗪，氢化吡嗪和哌嗪，菌和虫等，因此，适当调整关键词是非常必要的。在使用 CNABS 时，如果仅局限地以本发明中的命名方式异喹啉 * 哌嗪为关键词进行检索，而没有对其进行适当的扩展则很难检索到目标文献。

5. CNKI 数据库

CNKI 数据库的检索方式与 CNABS 相似，多以发明人/申请人以及关键词为检索入口。检出方式如下：

（1）异喹啉+吡喹酮+吡嗪并为关键词，检索结果过多，以用途菌+虫限定检索到X类文献。

（2）在发明人发表的文章引文中，找到了能够评价新颖性的X类英文非专利文献。由此可见，单一的以发明人/申请人为入口的追踪检索，不应局限于检索结果本身，对其全文和引文的浏览也是十分必要的。

无效的检索思路：针对不同数据库可能的漏检分析如下。

（1）在CA/STN数据库中使用RN号或结构式进行检索：

如果仅使用本申请实施例最终产物的登记号进行检索，而未关注与最终产物具有相同基本结构的中间体，或者与产物结构联系紧密的中间体，则会导致漏检。

在采用吡嗪并［2，1-a］异喹啉的主环结构进行亚结构检索时文献量比较大，但如果使用表示用途的关键词对检索结果进行限定，则无法获得全面有效的检索结果。如果此时不根据初步检索结果对检索式进行适当调整，则也可能导致漏检。

（2）在CNABS、DWPI/SIPOABS数据库中使用关键词进行检索：

由于相同结构的化合物可能存在多种命名方式，因此在使用化合物结构特征的关键词进行检索时，如果仅使用本申请中的命名方式而不对其进行必要的扩展，则可能导致漏检多篇对比文件。

此外，使用表示用途的关键词或分类号对检索结果进行限定，也是导致漏检新颖性对比文件的重要原因之一，毕竟，用途对于化合物本身而言一般是没有限定作用的。

总结：

本案涉及主环结构较为确定的马库什化合物，该化合物的主环结构能够被结构式、关键词或分类号等较为准确的表达，因此，在数据库和检索方法的选择方面，有以下特点。

（1）首先查看CA数据库对本申请的标引情况。如果通过检索实施例最终产物的登记号未检索到对比文件，则还可以对与最终产物具有相同基本结构的中间体（例如本申请中RN：61196-37-0的化合物），或者选取与产物结构联系紧密的中间体（例如本申请的闭环前中间体）进行检索，有可能检索到合适的对比文件。

（2）在化合物的主环结构较为确定的情况下，在STN数据库中进行结构式检索是较为有效的检索方式。如果直接采用吡嗪并［2，1-a］异喹啉的主环结构进行亚结构模糊检索文献量比较大，则可以首先在STN或者ISI Web of Knowledge数据库中进行预检，并根据预检结果对检索式进行调整，以此提高检索效率。

（3）尽管使用CA/STN数据库检索到了大量对比文件，但是这些对比文件均与本申请属于不同的技术领域，只能够影响技术方案的新颖性。因此，如何最大限度地避免漏检，对于本案例的检索显得尤为重要。为了尽可能多地检索出对比文件，提供如下检索思路。

a. 对于高校申请，发明人是重要的检索入口。对发明人的论文进行充分利用，无论是从中提取有用信息作为检索要素，还是采用其引用文献进行追踪检索，都有可能取得很好的检索结果。

b. 由于本案中化合物的主环结构较为确定，且其主环结构的命名方式也比较固定，因此在中/外专利或非专利数据库中选择反映其结构的关键词进行检索，能够获得很好的检索结果。特别是随着S系统的应用，在中/外文文摘或全文数据库中使用反映其结构的关键词并结合同在算符“nw”，是十分有效的检索方式。

【案例2－1－3】

待检索技术方案：结构通式如式Ⅱ所示的4－（4－氨基苯胺基）－2－（甲基氨甲酰基）吡啶衍生物：

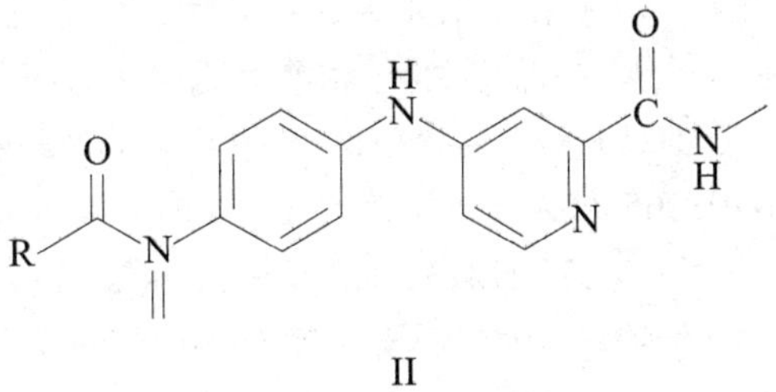

Ⅱ

其中，R为烷基、取代苯基或取代苯胺基。

检索结果分析：

（1）检索结果

检索得到的有效对比文件中共有6篇外文专利、5篇中文专利（均存在WO同族），其检出情况见表2－1－3。

表2－1－3　有效对比文件及检出情况

文件类型	对比文件	数据库	检出方法概述
X	CN101052619A	CNABS	关键词：癌，瘤，肿瘤，吡啶，酰胺 IPC：A61P035，C07D213/81
	CN101065360A		
	CN101048140A		
	CN1856469A		
	CN1630638A		
	WO00/42012A1	DWPI/SIPOABS	在CNABS中得到的文献进行追踪检索； 或关键词＋分类号＋申请人检索 Tumo？r or cancer or A61P35， pyridin＋，FARB/cpy， C07D213，C07D213/81
	WO02/062763A2		
	WO2004113274A2		
	WO2007053574A2		
	WO2005000284A2		
	WO2004078128A2		
	WO00/42012A1		
	WO2007053574A2	STN	结构式： 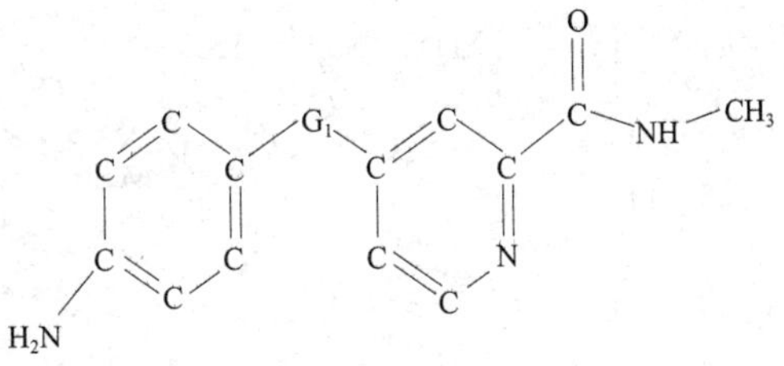 O C C G₁ C C NH CH₃ C C C C C C N H₂N C C C Any role G_1为O，S，N。 关键词：Tumor or cancer

（2）检索思路分析

a. 采用“CNABS”进行检索

由于本案为大学申请，首先利用发明人和申请人进行初步检索，但没有发现任何相关文献。

本案的化合物为4－（4－氨基苯胺基）－2－（甲基氨甲酰基）吡啶衍生物，命名较为复杂，仅从结构和命名上容易确定的检索要素是“吡啶”。如果利用关键词“吡啶”＋本案的主分类号“C07D213/81”，在CNABS中检索到82个结果，通过浏览可得到文献CN101052619A和CN101065360A。

如直接采用本案的主分类号C07D213/81进行检索，得到174篇文献，由于文献数尚在合理阅读的范围内，通过浏览所有文献，可获得以下X类文献CN101052619A、CN101065360A、CN1856469A、CN1630638A，但由于文献量较多，且部分文献缺少结构式，因而如稍有粗心，则不能提取所有上述相关文献。

如利用“癌＊肿瘤＊A61P35/00”＋“吡啶＊酰胺”－“吡啶酰胺”这一逻辑关系进行检索，则会得到274篇文献，浏览可得文献CN101048140A。

需要说明的是：上述中文专利文献仅公开单一“4－{4－[({[4－氯－3－(三氟甲基)苯基]氨基}羰基)氨基]苯氧基}－N－甲基吡啶－2－甲酰胺”（索拉非尼）化合物，对于本案技术方案与索拉非尼的区别特征（本申请给出的化合物主体结构中连接基团为“NH”，而索拉非尼为“O”），上述文献中并没有给出任何直接启示，但在本申请并没有给出任何对比实验数据证明其取得了预料不到的技术效果的情况下，结合生物电子等排理论也可以对本申请部分技术方案的创造性进行质疑。但显然，上述中文专利文献并非最相关的对比文件。

b. 采用“STN”进行检索

对于马库什化合物，在STN中进行结构检索是目前有机领域化合物检索的常用手段。

如将结构式构建和调整如下，则不会检到合适的X/Y类文献：

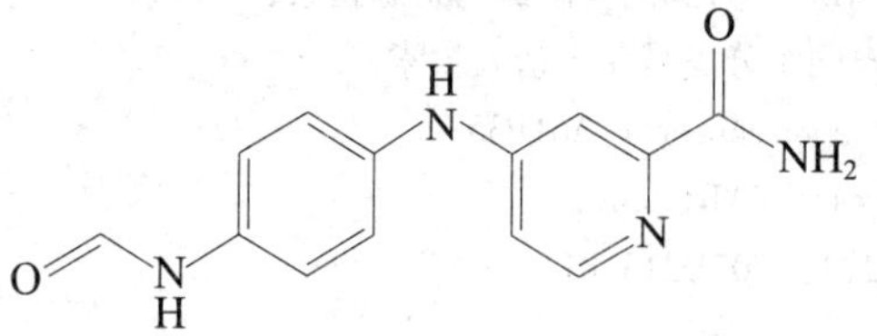

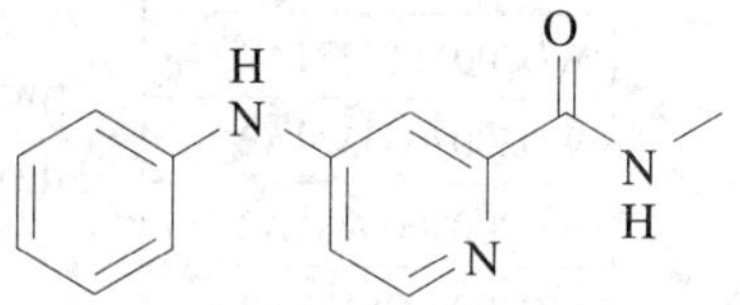

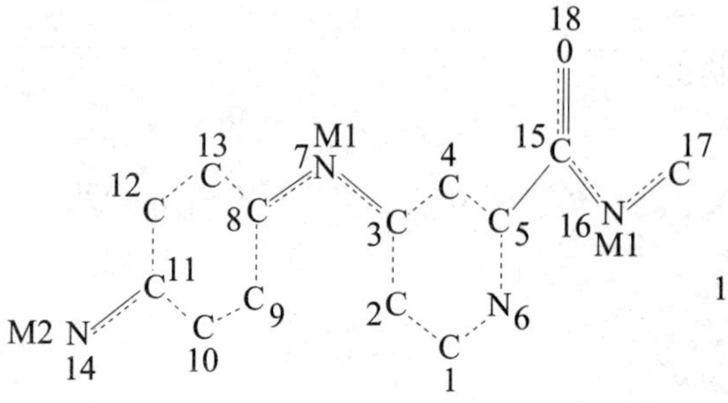

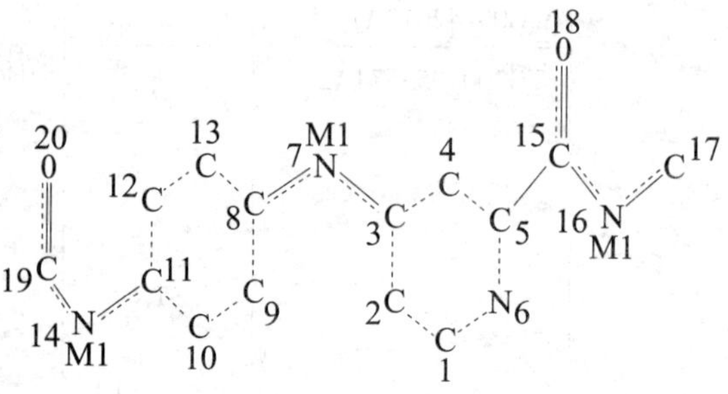

H N O NH2 N O N H，H N O N H N

18 O 13 M1 4 15 C 17 12 C 7 N C C 8 C 5 16 N M1 3 C C 11 C 9 2 C N6 M2 N 14 C 10 C 1

18 O 20 O 13 M1 4 15 C 17 12 C 7 N C C 8 C 3 C C 5 16 N M1 19 C C 11 C 9 2 C N6 14 N M1 C 10 C 1

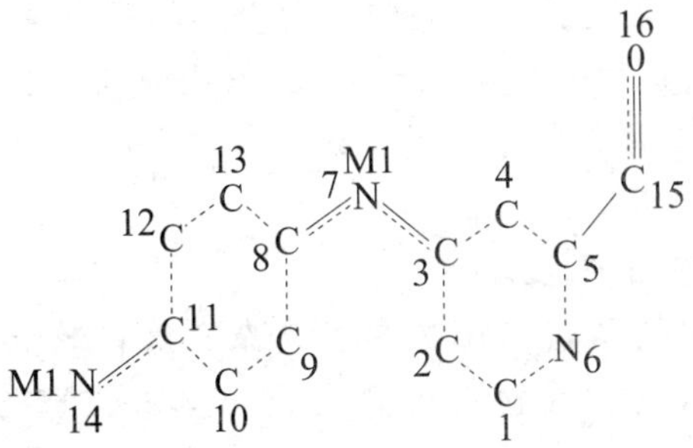

如通过如下结构式结合关键词 Tumor OR cancer，检索到 X 类文献 WO00/42012A1 和 WO2007053574A2：

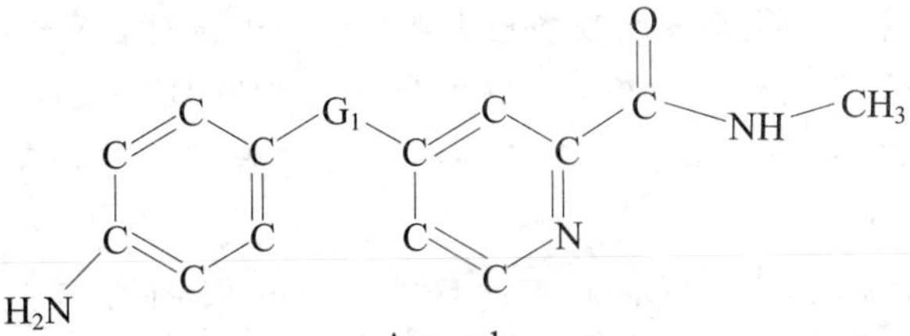

Any role

G_1 为 O，S，N。

究其原因，在于本案的化合物是在索拉非尼的基础上进行改进，而现有技术中索拉非尼一般也称为二苯基脲衍生物，苯环和吡啶间的连接原子为 O，其结构修饰一般集中在两端的取代基团，而在结构检索时一般根据申请给出的信息进行结构构建，在本案的说明书中没有任何文字记载或启示的情况下，很少想到结合生物电子等排理论对主结构中的连接基团进行多重定义。

c. 采用非专利文献数据库进行检索

由于本案为大学申请，可通过 CNKI 对发明人的学位论文以及文章进行检索，或利用关键词进行检索，也可在 ISI Web of Knowledge 中进行发明人、关键词或结构式检索，由于本案化合物的关键词难以确定，在 CNKI 和 ISI Web of Knowledge 中没有检到较好的 X/Y 类文献，而在 CA on CD 或 CA on the web 中利用关键词、CAS-RN、发明人或物质等级结构进行了检索，同样也未能获得相应的 X/Y 类文献。

d. 追踪检索

在本案的检索过程中，通过在 CNABS 的检索过程中结合 DWPI/SIPOABS 可追踪到公开本申请技术特征较多的 X 类文献；也可通过 CN101065360A 追踪到最接近现有技术 WO00/42012A1；或者可通过 CN101052619A 的国际同族在 DWPI/SIPOABS 中利用 cttrace 命令追踪到 WO00/42012A1 或 WO02/062763A2；或者可通过 CN101048140A 追踪到与 WO00/42012A1 较为接近的文献 WO2004113274A2。

当利用关键词和分类号进行初步检索无果后，在调整检索要素的过程中，发现背景技术中记载的“Nexavar（sorafenib）”，并利用 Google 确定其中文名称为“索拉非尼”，因此将索拉非尼作为新的检索要素重新在 CNABS 中检索，得到 41 篇文献，其中仅有两篇文献公开了索拉非尼的结构，但这两篇文献均不属于现有技术，通过浏览其中一篇文献 CN101671299 的背景技术部分，可追踪到文献 WO00/42012A1。

在检索过程中会发现，现有技术中对该类化合物的研究主要集中在拜耳公司，则在DWPI中利用公司名和关键词和分类号进行检索，结果浏览时发现大量涉及索拉非尼以及改进的X类文献，并且全部覆盖上述X类文献。

（3）无效的检索思路

针对可能的漏检，其原因分析如下：

a. 对于有机领域的专利文献，往往内容复杂、篇幅较长，且部分文献的摘要中并没有给出文献的通式结构，因而有时需要调出全文文献才能确定文献相关程度，进而导致了对于同一检索式结果，由于浏览方式和仔细程度的不同导致遗漏X/Y类文献或认定的X/Y类文献数目不同，在文献浏览量较大的情况下，这种情形则更为明显。

b. 出于控制浏览量的目的而限定较多检索要素或由于检索要素选择不当，导致检索结果较少，没有检到X/Y类文献。如将本案的主分类号“C07D213/81”与“A61P35/00”相与检索仅得到18篇文献；将“苯胺” * “肿瘤” * “吡啶”相与得到14篇文献；上述结果中均无X/Y类文献。

c. 在STN中进行检索时，结构式构建缺少变化。在利用本申请的主结构未检索到对比文件时，并没有考虑结合生物电子等排体理论进行结构中特定连接基团的常规替换。

总结：

与具体化合物不同，马库什化合物往往主结构不好确定，并且取代基较多、较复杂，经常不能用关键词和分类号准确地、全面地表达。此时，检索要素的不断调整和选择，以及充分利用追踪检索是检出对比文件的关键。总结起来本案最优的检索思路和检索技巧有如下几点：

首先，由于本申请为大学申请，大学申请人多发表学术文章或进行相关技术的专利系列申请。因而，先利用发明人和/或申请人在CNKI、CNABS以及ISI Web of Knowledge中进行检索是第一步。

其次，在CA on the Web或STN中检索本申请，查看本申请的相关信息，从而确定部分检索要素及表达形式，并初步判断本申请实施例的化合物是否具备新颖性。

再次，利用主结构在STN中进行检索，而结构式的构建是检索的关键。当利用确定的主结构没有检索到合适的对比文件时，则可以考虑结合生物电子等排体理论，以及专利申请的发明点，对主结构中的简单基团进行自定义，扩大检索范围。如对于本申请，初步检索发现其技术方案相对于现有技术的改进点就在于常规生物电子等排体的替换，因而调整检索结构式时则可将主结构苯环间的“O”定义为本领域常规的“O”、“NH”、“S”等。

另外，对于马库什化合物，当其主结构不确定，具体化合物命名也较为复杂时，如果利用初次选择的关键词和分类号不能快速检到对比文件时，一定要注意检索要素的动态调整，要善于利用追踪检索。如可对其“背景技术”部分进行仔细研究阅读，从中挖掘适宜的检索要素；将分类号扩展为小类进行检索，不宜同时限定较多检索要素。如对于本案，背景技术部分出现的“（sorafenib）”即是检索的一个重要突破口。

最后，在检索要素调整的过程中，对于抗癌药物化合物，国外的首创性研究较多，研究也较为系统和深入，并且尤为注重专利保护，大多将研究结果进行PCT申请。当检索时发现现有技术中的相关文献大多为同一公司时，一定要在 DWPI 中利用 CPY 字段对该公司进行检索，往往会出现较好的检索结果。

【案例 2－1－4】

待检索技术方案：一种 N－烷氧酰基取代的芳基吡咯类衍生物，其特征在于它具有如下通式（I）所示结构：

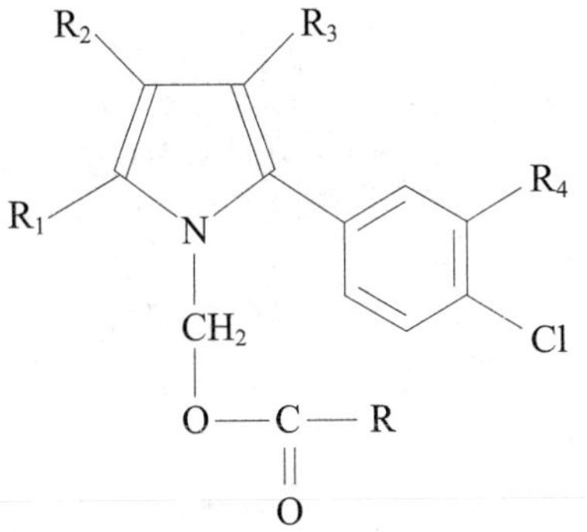

(I)

式中，R_1 代表氢、Cl、Br 或 CF_3；R_2 代表 Cl、Br、CF3、CN 或 NO_2；R_3 代表 CN、NO_2 或 S（O_2）CF_3；R_4 代表氢、Cl、Br 或 CF_3；R 代表 1－6 碳烷基、1－6 碳卤代烷基、1－6 碳氰代烷基、1－6 碳烷氧基、1－6 碳卤代烷氧基、1－6 碳烷氧烷氧基、3－6 碳烯氧基、3－6 碳炔氧基、苯氧基、萘氧基、苄氧基、羟基、1－6 碳烷氧烷基、1－6 碳芳氧烷基、苯基或苯环被一个或一个以上下述基团取代：卤素、1－4 碳烷基、1－4 碳烷氧基、1－4 碳卤代烷基、1－4 碳卤代烷氧基、1－4 碳烷氧烷基、1－4 碳烷硫基、1－4 碳烷基亚磺酰基、1－4 碳烷基磺酰基、硝基、氰基、氨基、羟基、羧基、1－4 碳烷基羰基、1－4 碳烷氧基羰基或亚胺基。

检索结果分析：

（1）检索结果

检索得到的有效对比文件及其检出情况见表 2－1－4。

表 2－1－4　有效对比文件及检出情况

文献类型	对比文件	数据库	检出方法概述
X	CN1086211A	CNABS	关键词：吡咯，苯，杀，除，虫，螨，杀虫，杀螨，吡咯，芳基，酰基；IPC：C07D207，C07D207/34，A01N43/36，A01P5，A01P7 或者对发明人进行追踪，发现其硕士论文，在背景技术中获得对比文件
	CN1087082A		
	CN1058772A		
	CN1086212A		
	CN1090574A		
	农药学学报，42，徐尚成等，2002	CNKI	吡咯，苯，除虫，杀虫，芳基吡咯 或者对发明人进行检索、追踪

续表

<table>
<tr><th>文献类型</th><th>对比文件</th><th>数据库</th><th>检出方法概述</th></tr>
<tr><td rowspan="5">X</td><td>南开大学博士研究生毕业学位论文，“新型二芳酰肼类和芳基吡咯类杀虫剂的合成及生物活性研究”，2006</td><td>CNKI</td><td>吡咯，苯，除虫，杀虫，芳基吡咯
或者对发明人进行检索、追踪</td></tr>
<tr><td>HU220710B1</td><td rowspan="4">DWPI/SIPOABS</td><td>Insecticide，Acaricide，phenyl +，+ pyrrole +，C07D207</td></tr>
<tr><td>EP0426948A1</td><td>C07d207/34，A01N43/36，C07D207/00，C07D207/02，C07D207/30，amcy/cpy，PYRROLE?</td></tr>
<tr><td>JP 平 4 - 95068A</td><td rowspan="2">通过 US5286741A 追踪</td></tr>
<tr><td>US5286741A</td></tr>
<tr><td rowspan="12">X</td><td>US5130328A</td><td rowspan="9">STN</td><td rowspan="9">结构式检索： 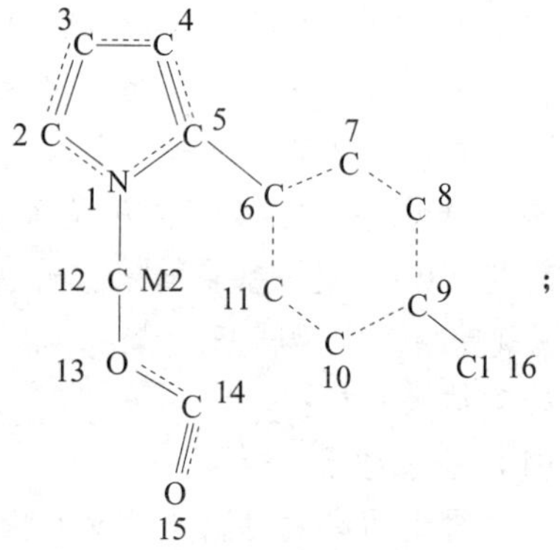
；
提取 RN 号进入 CAPLUS 检索</td></tr>
<tr><td>EP545103A</td></tr>
<tr><td>CN1087082A</td></tr>
<tr><td>CN1086211A</td></tr>
<tr><td>JP 平 4 - 95068A (EP0426948A1)</td></tr>
<tr><td>US5284863A</td></tr>
<tr><td>US5306827A</td></tr>
<tr><td>EP0549866B1</td></tr>
<tr><td>EP0426948A1</td></tr>
<tr><td>US5286741A1</td><td rowspan="3">CA</td><td rowspan="3">对本申请涉及的 CAS 登记号进行检索；获得发明人的学术论文（J. Agric. Food Chem. Vol. 56，No. 21，2008，10176 - 10182），追踪其引用文献</td></tr>
<tr><td>US5232980</td></tr>
<tr><td>US5130328A</td></tr>
</table>

（2）检索思路分析

a. CNKI 中检索

本申请是高校申请，因此，对本案来说，以作者和关键词（吡咯、芳基吡咯、杀虫）来检索申请人的文章和论文，得到该课题组发表的期刊文章和硕/博士论文，并且在论文的背景技术中找到相关 X 类文献。

b. 追踪检索

追踪检索的思路在本案中较为典型，也是获得相关文献的快捷途径。对于公开时间在申请日之后的期刊文献不应因时间上不相关就弃之不用，而应查看其引用文献是否给出更有价值的信息。

如通过对发明人进行追踪，检索到发明人之一的硕士学位论文以及其中一位发明人作为导师指导的博士论文，通过追踪检索获得相关文献。

在 DWPI/SIPOABS 中检到 X 文献 US5286741A 后继续对其进行追踪检索，在 VIEWER 里使用 COMBI 功能对 US5286741A 追踪检索，得到 X 文献 EP0426948A1。COMBI 功能是 VIEWER 中最近开通的功能，能够对同族、优先权、引用文献等进行追踪检索，并且可以将检到的这些文献直接转入 VIEWER，非常方便检索。

在 CA 中利用给出的 CASRN 号进行检索，虽然 CA 中给出的实施例化合物的 CASRN 号均为新号，看似化合物为新化合物，但此时以 CASRN 检索，可以找到一篇申请人发的学术论文（J. Agric. Food Chem. Vol. 56, No. 21, 2008, p10176－10182），此篇论文时间不可用，追踪其引用的文献，发现有很多可以作为 X 类的对比文件，例如 US5130328A。

c. CNABS 检索思路

基本检索要素为吡咯和杀虫，仅将本申请给出的这两个检索要素的关键词与分类号进行检索，两个检索要素之间无论是“关键词 * 关键词”或是“关键词 * 分类号”或是“分类号 * 分类号”都可以检到有效对比文件中列出的中文专利文献。但关键词“吡咯”造成的杂音较大，而对于该检索要素的分类号表达形式“C07D207/34”较为准确，因而采用分类号“C07D207/34”检索到的文献量小且命中率很好。可见，对一些分类准确的化学结构的表达可以采用分类号和其他检索要素的关键词/分类号进行检索。然而，在检索时用关键词“苯”、“芳基”、“酰基”进行限制，或者将同一检索要素的关键词 * 分类号，这样却会造成一些文献的漏检。

d. DWPI/SIPOABS 检索思路

本案涉及农药，直接使用 C07D 与 A01N 的分类号检索可以获得较为相关的文献，在 DWPI 中：

1　　1512　C07D207/34/IC

2　　1955　A01N43/36/IC

3　　207　1 AND 2

文献量不是特别大，可以检到许多的 X 文献，然后再进行追踪检索，或者使用关键词 pyrrole? 与分类号组合进行检索，也可以检到 X 文献；但是在 SIPOABS 中无论使用 IPC 或 EC 文献量都较大，如何对文献有效限定而又不漏检文献是个挑战。此外，需要注意的是本案 X 文献有很多都是同族，但是在 DWPI 和 SIPOABS 中对同族的标引不同（DWPI 同族包括扩展同族），因此在 DWPI 中可以将同族文献检索全面。

e. STN 中的检索

本案涉及一种用作农药的马库什化合物，由于农药在现阶段的发展水平已经很高，许多农药化合物都是在已经研究过的活性结构下进行的替换或改进，因而经常会有较多影响申请新颖性和创造性的文献，采用 STN 进行检索是防止漏检的一个很重要的手段。在检索过程中，还可以将芳基连接的 NH 扩展到 O、S 等，将吡啶的 N 的位置进行扩展，将胺基甲酰酯扩展，将苯环进行扩展等，对申请新颖性和创造性进行全面的检索。

（3）无效的检索思路

本案例在 CNABS 和 CA 中检索时易漏检 X/Y 对比文件，分析原因是：对本发明检索要素表达的选择错误，忽视追踪检索，进而导致检索方向发生偏差，这其中又可以细分为以下原因。

a. 在 CNABS 数据库的检索中，选择关键词“吡咯”进行检索时，该关键词造成的杂音较大，由于选择了关键词而不是分类号来表达该检索要素，因而造成检索结果过多而无法有效的筛选文献；此外，当得到的检索结果过多时，为了缩小检索结果，用一些并非关键结构的表达（如“苯”、“芳基”、“酰基”）进行限制，或者将同一检索要素的关键词 * 分类号，这样都会造成一些文献的漏检。

b. 追踪检索的思路在本案中较为典型，本申请的检索捷径是利用追踪检索的思路，忽略追踪检索，特别是在 CA 数据库中的检索时容易导致漏检。如本案 CA 中给出的实施例化合物的 CASRN 号均为新号，看似化合物为新化合物，因而部分检索人员可能就会忽视在 CA 中的继续检索。

总结：

综上，本案例最优的检索思路是：

首先是使用追踪检索的思路在本案中较为典型，也是获得相关文献的快捷途径。由于本申请是高校申请，因而首先通过对发明人进行追踪，由此入手比较容易地获取较多的背景资料和相关信息，一方面有助于使检索人员更接近本领域技术人员的水平，另一方面也能获取更多的检索信息甚至是 X/Y 类文献，从而提高检索效率。

其次是基本检索要素的表达，对于基本检索要素“吡咯”，若采用关键词对该基本检索要素进行表达，会产生很大的噪声，检索结果过多而无法进行浏览，而分类号“C07D207/34”则较为准确，利用该分类号检索得到的文献量小且命中率很好，因此综合考虑到漏检以及效率，将基本检索要素“吡咯”用分类号表达，对于基本检索要素“杀虫”，需要对关键词进行扩展，如除虫，若只采用关键词表达可能会漏检。

再次是数据库的选择，由于本申请是国内的高校申请，并且该技术在国内研究较多，因此可以将检索重点放在 CNKI 和 CNABS 上，无法获取 X 或 Y 类文献时再检索外文数据库，对基本检索要素“吡咯”采用分类号“C07D207/34”进行表达，对化合物的用途采用关键词（除虫、杀虫）和分类号（A01N43/36）进行“或”的表达，然后进行检索，则检索到了非常合适的对比文件，然后再到 EPOQUE、CA 等外文数据库中进行检索，在 CA 中，利用重要的原料、尤其是结构进入最终产品且与活性相关的原料进行检索，是获取相关文献的重要途径。

最后，要特别关注对初步检索到的相关文献的追踪和深度阅读，获取有用的信息，得到更相关的对比文件。

三、马库什化合物领域专利申请的检索策略和检索技巧

根据对上述马库什化合物领域典型案例检索的深入分析和研究，总结出以下马库什化合物领域专利申请的检索策略和检索技巧。

（1）申请人、发明人检索

如果是国内申请，首先采用发明人或申请人在 CNABS、CNKI、ISI Web of Knowledge

中进行检索，查找是否存在申请人或发明人申请的专利或发表的文章。即使没有可以用于评价新颖性/创造性的文献，也建议不要放弃对这些文献的阅读，原因是申请人或发明人的研究通常是系统性的、前后相互联系的，仔细阅读这些文献有助于了解本申请的技术背景和发明思路。另一方面，如果检索到的文章从内容上来讲可以评价本申请的新颖性/创造性，但公开时间在申请日之后，应特别关注这类文章，追踪其引用文献，往往会有意外的收获。

特别提醒，ISI Web of Knowledge 中检索到相关的非专利文献后，检索结果列表会列出其名称和相关著录项目信息，包括公开时间，如果内容较为相关，提醒不应仅关注此公开时间，还应打开该文献查看是否有网上公开时间等可能早于本申请申请日的公开时间。

（2）CNKI 和 CNABS 中的检索

如果没有申请人或发明人的文章，则应提取本申请的检索要素在关键词、摘要、主题等索引/字段进行检索，如未获得可以评价本申请新颖性/创造性的文献，还是建议仔细阅读较为相关的文献，进行追踪。

对于特定的检索要素，通常需要多方面、全方位的表达，表达的全面性是查全和防止漏检的重要途径。一般首先采用化工词典、金山词霸、科技词典或网络的化工词典对物质名称或科技术语进行近义词、同义词、上位词、下位词的扩展，也可在 S 系统多功能查询器的“关联词查询”中查询，或在 EPOQUE 库的 EPOS 同义词库中扩展。在检索物质名称时，可在中国药物专利数据库的西药词典中查找其他名称，或者在 STN Registry 数据库中找到该物质的词条后获取其他名称。在检索和浏览相关文献时应注意记录和积累检索要素的不同表达方式，扩展关键词和分类号。

对于欧美技术较为发达的技术领域，其中的术语很可能起源于英语词汇的翻译，但在开始阶段并无统一的中文翻译，由此出现了在 CNKI 的早期文献中仅标引了某术语的英文关键词，而中文关键词并非现在的通用术语的情况。因此，在检索 CNKI 时可以尝试在关键词或摘要中采用英文关键词进行检索，也许会有意外的收获。

（3）CA 或 STN 中 CAS 登记号的检索

在上述检索无法获取有效结果时，应检索 CA（包括 CA on CD 或 CA on the web）或 STN，查看数据库对本申请的标引，获取实施例化合物的 CAS 登记号，用这些登记号进行检索，直接命中目标文献。某些情况下，也可从原料或中间体化合物的 CAS 登记号出发进行检索。必要时，可联合关键词进行检索。这是马库什化合物典型的，也较为常用的检索方式，检索效率较高。该检索策略可放在上述策略（2）之前运用，如能获取针对所有权利要求全部主题的 X/Y/E/R 类文献，无疑是最快捷高效的检索方式；但如果无法获取有效的文献，则还应按照策略（2）进行检索。

通常，一个 CAS 登记号唯一地对应于一个物质，但应当注意的是，有些物质的 CAS 登记号并非唯一的，还可能对应于多个登记号，其中某些现在已废弃不用（对应于 STN Registry 数据库中的 DR 字段），但数据库并不会随着这些登记号的废弃而更新其对应的文献中的登记号，因而一个完整的检索应当涵盖一个物质所有的 CAS 登记号（现用的和废弃的）。

可通过如下几种方式获取 CAS 登记号：① 对于特定专利申请的检索，可以在 CA 或 STN 中查找对本申请化合物的标引，获取相关化合物的 CAS 登记号；② 在中国药物专利数据库西药词典中查找相关词条；③ 对于并非特定申请中出现的化学物质，首先可在Baidu 或 Google 等搜索引擎中检索是否可获取其 CAS 登记号，如没有，则可在 CA 的中物质等级索引（Substance Hierarchy）中根据物质的名称查找该物质词条获取 CAS 登记号，或利用分子式进行检索，在获得的文献中查看该物质的 CAS 登记号。

马库什化合物中经常采用排除某些具体化合物的方式撰写，对于这类申请，可以反向思维，从这些排除的具体化合物出发检索相关文献，也就是看这些文献中落入本申请通式的所有化合物是否都已被排除，如果没有完全排除，则未被排除的就可以用于评价本申请的新颖性。

阅读检索到的相关文献，如果是属于偶然公开的情况，则仅可用于评价本申请的新颖性，如果属于用途相同或相关且公开了具体或马库什化合物的文献，则还要进一步考虑是否可评价本申请的创造性。

（4）SIPOABS/DWPI 的检索

CA 中对每个具体化合物均给予一个 CAS 登记号，这是检索中的利器。但这种检索方式并非完美无缺，那就是对于新颖性的检索非常有效，对检索用于评价创造性的文献却覆盖不全。此时，需要在 SIPOABS/DWPI 库或 STN 中做进一步检索。

马库什化合物的检索主要利用 SIPOABS/DWPI 中的关键词和分类号的联合运用。从上述马库什化合物的特点可以看出，马库什化合物难以用关键词和分类号准确表达。虽然它们的组合对于马库什化合物检索并非首先推荐的，但对于创造性文献的查漏补缺还是很有必要的。

分类号的优点是避免了文字表述的歧义和不完整性。首先可以利用本申请马库什化合物的所有可能的分类号进行检索，可略去小组号中“/”之后的数字进行检索，确定一个最大可能包含目标文献的范围，然后利用关键词或分类号逐渐地缩小该范围，原则是应当从文献中最有可能出现的关键词开始尝试。由于摘要型数据库标引时通常不会收录文献中的具体化合物，因而缩小范围时也可以将其转入全文数据库，用 S、P、L 等同在算符或 W、nW、D、nD 等邻近算符连接能够表达化合物结构片段的关键词进行检索。

检索时还应注意分类体系的选择，利用各种分类体系的特点进行优势互补，比如 EC、FI/FT 对 IPC 做了进一步的细化，能够比 IPC 更准确地表达检索式。

（5）结构式检索

可直接进行结构式检索的数据库有 ISI Web of Knowledge、Derwent Innovation Index、STN 中的 Registry/Marpat 数据库以及免费资源 Chemspider 等；可间接进行结构式检索的数据库有 DWPI 数据库，利用其中的片段代码进行检索。

（6）思路的调整

通过上述检索，如果获得了相关文献，则需要判断是否可以中止检索。如果没有获取可用于评价新颖性/创造性的文献，则应考虑调整检索思路。需要强调的是，思路的调整是贯穿整个检索过程的，经过初步检索阅读相关文献后，扩展关键词和分类号继续检索，或者对相关文献进行追踪，或者调整检索要素，这些都是调整思路的体现。对本申请发明思路和技术实质的深入了解是调整检索思路的关键。

仔细阅读 CNKI 中的相关文章，尤其是硕士、博士学位论文（尤其是与发明人同实验室或相关人的论文），进一步了解相关技术背景，看是否对本申请有新的认识。由于学位论文撰写时一般会经过详尽的文献调研，综述或绪论部分会对该领域技术的发展进行详细的介绍，阅读这些对本领域技术的了解会达到事半功倍的效果。

思路的调整还可以从如下几方面进行：在进一步阅读本申请和相关文献的的基础上，判断初始的检索要素是否每个都是必需的，某些非发明实质的要素是否可暂不考虑；是否需要调整检索要素之间的运算关系（比如是用 and、nW、nD，还是 P、L 或 S 连接各要素），是否需要对检索要素进行合理的上位概括或并列选择的概括（即增加上位词、同义词、近义词或反义词等），等等。检索中可根据对发明认识的改变或新发现随时调整检索思路，建议至少简单记录检索思路和结果，以避免重复劳动，同时也可以整理出更为清晰的检索思路。

第二节　马库什化合物制备方法领域

一、马库什化合物制备方法领域专利申请特点简介

由于马库什化合物的制备方法所涉及的产物属于通式化合物，因而它具备通式化合物的所有特点。除此之外，马库什化合物的制备方法还包含所用的原料物质以及中间体，其涉及的化合物会很多，而且通式化合物制备方法中的原料和中间体通常也都是通式化合物。由此可见，通式化合物的制备方法所包含的并列技术方案更多。在检索时不仅要考虑产物，还要关注原料和中间体的检索。

有些通式化合物可能是现有技术已知的。这时候就需要同时关注制备方法中限定的工艺步骤和工艺条件，即使检索到了相同的通式产物，也不意味着就找到了对比文件。当涉及创造性问题时，不仅需要考虑通式化合物本身是否具有创造性，还需要考虑工艺步骤和工艺条件的创造性。综上所述，通式化合物制备方法的检索较单一的通式化合物检索更加困难。

二、马库什化合物制备方法领域典型检索案例的检索分析总结

【案例 2-2-1】

待检索技术方案：一种酯基季铵盐的合成方法，其特征在于：在温度 50～90℃，以长链羧酸酯基叔胺和烷基化剂为原料，在无溶剂存在下，将两者按摩尔比为从 1∶0.91～1∶0.99 连续混合通过反应器后生成酯基季铵盐；所述的酯基季铵盐其结构式如下：

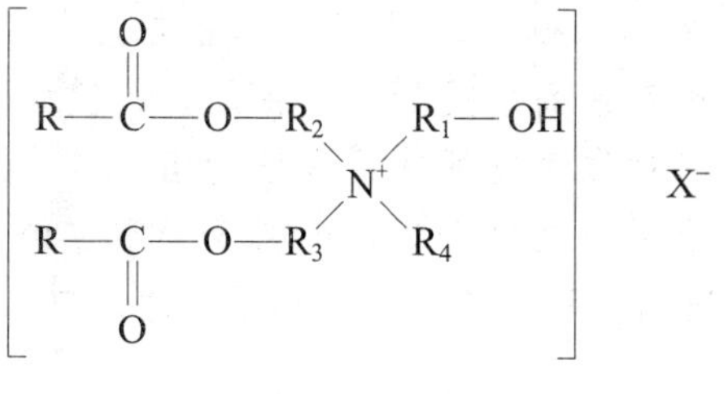

$$\left[\begin{array}{l} R-\overset{\displaystyle O}{\overset{\|}{C}}-O-R_2 \diagdown \quad\quad \diagup R_1-OH \\ \quad\quad\quad\quad\quad\quad\quad N^+ \\ R-\underset{\displaystyle O}{\underset{\|}{C}}-O-R_3 \diagup \quad\quad \diagdown R_4 \end{array}\right] X^-$$

式中的每个 R 相同或不同，其表示带有 11～21 个碳原子的饱和或不饱和的烃基，R_1、R_2 和 R_3 独立地选自 C_2-C_4 烷基，R_4 是独立地选自 C_1-C_3 直链或支链烷基，X^- 代表一种与阳离子相结合的阴离子。

检索结果分析：

（1）检索结果

检索得到的有效对比文件及其检出情况概述如表 2－2－1 所示。

表 2－2－1 有效对比文件及检出情况

类型	对比文件	数据库	检出方法概述
Y	不同酯化度的酯基季铵盐的制备和性能研究，日用化学工业，第 35 卷第 3 期，2005 年 6 月，第 145－148 页	CNKI	关键词：酯基，季铵盐，硬脂酸，三乙醇胺，棕榈酸，牛酯酸，柔软剂，无溶剂； 结合追踪检索
	硬脂酸三乙醇胺酯季铵盐的合成，皮革化工，2004 年，第 21 卷第 4 期，第 34－27 页		
	新型织物柔软剂－硬脂酸三乙醇胺酯基季铵盐的合成与表征，广东化工，2006 年第 2 期，第 22－23 页		
	US5886201A	SIPOABS/WPI	esterquate?，quaterniz +，without 2d solvent?，absence 2d solvent?
	US2002037825A		quaternary w ammonium，solvent? D free，triethanolamine

（2）典型检索思路分析

a. CNKI 中的检索

对本案来说，CNKI 是一个非常重要的选择。其单库检索入口有以下 11 个：题名、主题、关键词、摘要、作者、第一作者、作者单位、来源、全文、参考文献和基金。多库检索时，有如下几个入口：题名、关键词、全文、作者、第一作者、作者单位、来源、主题。在检索时利用率最高的是题名、主题、关键词、摘要与全文，使用这几个检索入口检索时，应根据对发明理解选择合理的组合方式。本案在中国期刊全文数据库、中国优秀硕士学位论文全文数据库、中国博士学位论文全文数据库、中国重要会议论文全文数据库 4 个数据库跨库检索时，在不同的入口以相同的检索式检索时的结果数对比如表 2－2－2 所示。

表 2-2-2　CNKI 不同入口检索结果数对比

检索式＼入口	题名	全文	主题	摘要
季铵 and 酯 and 三乙醇胺	8	715	26	20
酯基季铵盐	9	122	28	26

如果始终以关键词、题名为入口进行检索容易漏检，而以全文为入口进行检索噪声会很大，此时若新增其他检索要素进行限定也容易漏检。因此，选择合理的检索入口也是优化检索策略选择的关键。对本案而言，较为推荐的方式应为先在主题或摘要中进行检索，二次检索时可选主题与全文的搭配方式检索，这样既有利于降低漏检率，也能够比较快速地获得相关的对比文件。

b. SIPOABS/DWPI 中的检索

在 SIPOABS/DWPI 中主要是采用关键词和分类号进行联合检索，因此如何准确且全面地选取关键词和分类号对能否"查准"、"查全"都至关重要。对本案例而言，推荐首先查看分类员给出的分类号能否准确地反映本发明要求保护的内容，如果可以，则采用该分类号及其上位或并列扩展的分类号进行检索，如果不能，则寻找更合适的分类号。必要时，可采用 EC、UC、DC/MC、FI/F-term 等分类中更能精确表达发明点的分类号进行检索。

本案容易想到利用"ester"和"quaternary w ammonium?"作为检索关键词，但本领域更为常用的是"esterquat?"。虽然在本案例中采用上述关键词没有造成明显的漏检，但在检索时，建议通过对检索系统给出的本案中英文摘要中的标引用词和对初步检索结果的阅读中不断地丰富检索要素的表达。浏览和阅读背景技术一方面是为了熟悉相关技术，另一方面是积累关键词和/或分类号，因而这种浏览和阅读尤为重要，尤其是对相关技术不太熟悉的情况。

c. 检索要素的选取

采用发明记载的所有必要技术特征作为检索要素，虽然会更直接、准确地检索到目标文献，但如果没有命中目标文献，则应当考虑是否每个检索要素均是必要的。比如，本案中将"连续"这一特征作为检索要素，这样会漏掉没有体现在文字部分但实际上就是"连续"反映的文献。因此，在兼顾"查全"和"查准"的前提下，应谨慎取舍检索要素。

d. 否定性词语的应用

上述待检索技术方案属于申请人修改后的技术方案，增加了"无溶剂"这一技术特征，因而针对修改后的技术方案，采用"无溶剂"的相关表达进行检索，方能获得 X 或 Y 类文献。

检索时检索人员通常不会使用否定性的检索词，比如，在权利要求中限定某产品中不含有某种杂质，检索时通常会检索该产品和该杂质，而不会检索"没有该产品"和"没有该杂质"。对于本案而言，如何表达该否定技术特征"无溶剂"至关重要。如果采用其对应的肯定性用语"溶剂"进行检索，由于本案涉及的反应大多数均在溶剂中进行，如此检索肯定会产生大量噪声，筛选文献犹如大海捞针，工作量较大。此时，可以尝试直接检索"无溶剂"这一否定性的表达。用中文表达时，可以采用"无"、"没有"、"免"、"不"等词汇和"溶剂"联合检索。用英文表达时，除了常用的"no、not、without"等，还应开拓思路，通过搜索引擎或查阅词典等方式找到更为地道和常用的用词"absence、 free”等，以丰富这一检索要素的表达方式。

（3）无效的检索思路分析

针对可能的漏检，其原因分析如下：

a. 对于“酯基季铵盐”这一检索要素，采用“ester”和“quaternary w ammonium?”的表达，而没有采用本领域更为常用的“esterquat?”进行检索。分析原因可能是在SIPOABS中的摘要将该词翻译为ester quaternary ammonium，而DWPI中翻译为esterquat所致。由于DWPI中的摘要经过专业人员的重新撰写，用语更为规范，因而在将某检索要素由中文翻译成英文时应在多个数据库中查看对应的翻译方式，以防漏检。

b. 对于“无溶剂”的检索要素，未采用否定性表达检索。从中可得到如下提示：从多个角度、多个方面进行表达，比如其同义词、近义词、上位词、下位词、反义词，也可以从该要素的功能或效果方面进行表达。

总结：

本案例涉及通式化合物的制备方法。与通常的马库什化合物不同，该通式化合物具有固定的名称，可以用关键词和分类号准确地、全面地表达。因此，本案的检索主要涉及数据库、入口及关键词等的选择。总结起来有如下几点：

（1）首先，由于该发明涉及的技术国内研究较多，因此可以将检索重点放在CNKI和CNPAT上，无法获取X或Y类文献时再检索外文数据库；同时结合引用文献的追踪检索可事半功倍。

（2）CNKI入口的选择取决于对检索准确性与全面性的综合考量。通常，选择“主题”进行检索可快速而全面地获取相关文献；当然，如果采用“主题”检索结果数较少时应采用“全文”检索。

（3）在将某检索要素由中文翻译成英文时应在多个数据库中查看对应的翻译，以防漏检。比如，“酯基季铵盐”在SIPOABS中翻译为ester quaternary ammonium，而DWPI中翻译为本领域更常用的esterquat，只采用前者容易造成多篇文献的漏检。

（4）如果否定性词汇是专利申请对现有技术作出贡献之所在，应将该否定性词汇尽可能全面地表达后作为检索要素。

三、马库什化合物制备方法领域专利申请的检索策略和检索技巧

通过上述马库什化合物的制备方法领域典型案例的深入分析，总结出对于马库什化合物的制备方法领域专利申请的检索，从检索策略和检索技巧方面，要关注以下几点。

（1）申请人、发明人检索

如果是国内申请，还是优先考虑发明人或申请人在CNABS、CNKI、ISI Web of Knowledge中进行检索，查找是否存在申请人或发明人发表的专利或文章。

如果没有申请人或发明人的文章，则应提取本申请的检索要素在关键词、摘要、主题等索引/字段进行检索和追踪检索。

对于ISI Web of Knowledge中检索到相关的非专利文献的公开时间，需要进一步核实是否有更早的公开时间，在通式化合物检索策略中已经强调。

（2）CA或STN中的检索

按照前文提到的通式化合物的检索策略，在CA（包括CA on CD或CA on the web）或

STN 数据库中对通式产物进行检索。某些情况下，如果产物是已知化合物，命中的化合物很多，必然产生大量的文献，此时可以用 Registry 数据库中的原子数、物质类型，以及 CAplus 中“/P”、“/RCT”和“/PREP”等常用命令进行进一步限定。如果检索结果还是很多，还应当从原料、中间体、某些试剂（如特定的催化剂、偶联剂、溶剂等），甚至是反应步骤、产率、文件类型、出版年份进行检索限定，可以使用指定的职能符/（ROLES）显示。

如果上述方法没能获得有效文献，则可以使用 STN 中的化学反应数据库 CASREACT，也可以使用 CAS 登记号检索含有指定化合物的反应，或者以登记号来限定反应结果。需要提醒，应当使用（L）运算符连接 CAS 登记号，因为使用（L）是检索同一步反应中的物质，而用 AND 运算符可以是同一个反应步骤中的物质，也可以是不同反应步骤中的物质，这样会出现很多噪声。

（3）DWPI/SIPOABS 的检索

前文已经提到了如何利用 DWPI/SIPOABS 中关键词和分类号的联合运用检索通式化合物。对于通式化合物的制备方法，还可以进一步以原料、中间体、某些试剂（如特定的催化剂、偶联剂、溶剂等）、反应条件（温度、装置设备）作为基本检索要素，分别表达关键词和分类号，包括各种分类体系比如 EC、FI/FT 等，只要能更准确地表达检索式，然后根据命中文献数选择基本检索要素进行逻辑与的操作。

值得一提的是，在 DWPI/SIPOABS 系统中可以使用 View 快速浏览文献的结构式来达到较快地筛选结构的效果；而且 DWPI/SIPOABS 对一些特殊字符段“%”、“/”、“（”、“-”等统一进行了标引，例如含有 $Ar-X-CH_2-CO$ 取代基，可以直接在 DWPI 中检索“$Ar-X-CH_2-CO$”。催化剂组合物专利申请的检索，虽然可以对组分用分类号进行表达，但效果通常不好。但如果只用关键词进行检索，噪声又比较大，可以使用对用途用分类号进行全面表达，甚至要对相似用途的分类号进行表达，然后结合组分的关键词检索。此时要注意，如果限定了用途后仍然检索不到合适的对比文件，要尝试删除用途进行检索，因为用途有时并没有导致产品的结构和/或组成的改变。

（4）思路的调整

这部分内容与通式化合物的一般检索策略基本相同。所不同的是由于制备方法包含多项基本检索要素，因此在实际调整检索要素时，需要仔细考虑选择哪些检索要素变更关键词或调整检索结构式，哪些检索要素扩展分类号，建议简单记录检索思路和结果，理清调整思路，避免遗漏或者重复劳动。

第三节　具体有机化合物领域

一、具体有机化合物领域专利申请特点简介

有机化合物是西药、农药、化工产品、材料等领域研发的基础，也是申请人在专利保护中的“核心”。但是，在申请案件中，仅保护具体化合物的申请相对于马库什化合物的申请而言比例较小，其专利申请具有以下特点。

① 申请人的特点

具体化合物领域的专利申请人主要分为以下几类：国内外大型制药企业、国内外大型

化工企业、国内高等院校、中科院系统以及其他研究机构。制药企业则集中在国外的大公司，如辉瑞、默克等，国内的制药企业较少。而对于化工产品，则国内企业也占有一定的比重，多集中在化工中间体。这类申请人在各自的领域里具有技术上的积累，其研究和申请都具有一定的延续性。

② 具体化合物的技术特点

在专利和非专利文献中，化合物的出现形式通常有化合物名称、分子式、结构式等。就名称而言，尽管 IUPAC 制定了统一的命名，但是实际出现多种名称，包括不同的系统命名、不同数据库的标引名称、缩写、代号、作者的“自造词”等。而分子式与化合物也不具有一一对应性，会存在多种同分异构体。不同数据库、不同文献对同一化合物的不同标引导致了检索的难度。

但是，具体化合物在化学文摘数据库中（CA）中具有较为统一的标引方式——CAS 登记号（CAS RN），这为具体化合物的检索提供了方便。

二、具体有机化合物领域典型检索案例的检索分析总结

【案例 2-3-1】

待检索技术方案：一种疏水改性的海藻酸钠凝胶微球，其具有以下的分子结构：

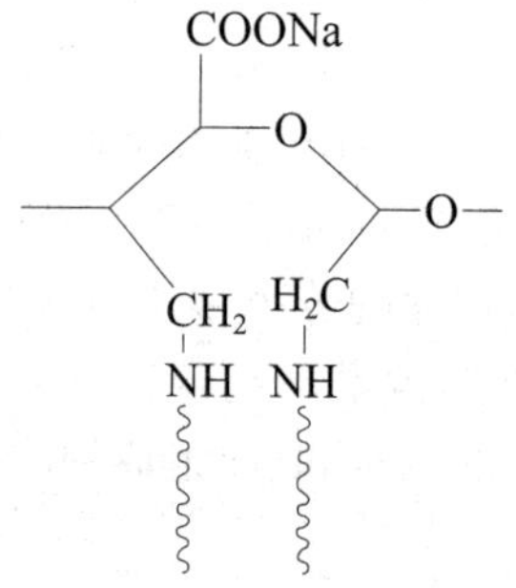

波浪线表示疏水性的烷基胺链段：辛胺、十二胺、或十六胺。

检索结果分析：

（1）检索结果

检索得到的有效 X 类对比文件如下：

D1：Journal of Chemical Technology and Biotechnology，77，2002，205-210；D2：Carbohydrate Polymers，62，2005，274-282；D3：Polymer Bulletin，47，2002，429-435；其检出情况见表 2-3-1。

表 2-3-1 有效对比文件检出情况

文件类型	对比文件	数据库	检出方法概述
X	D1	CNKI	发明人 AND“海藻酸钠”，找到本申请申请日之后公开的相同主题的期刊或硕士论文；通过追踪上述文献所引用的参考文献，找到 D1 目标文献

续表

文件类型	对比文件	数据库	检出方法概述
X	D1－D3	CA/STN	9005－38－3/RN and 111－86－4/RN; 9005－38－3/RN and 124－22－1/RN; 9005－38－3/RN and 143－27－1/RN; 9005－38－3/RN and 7790－28－5/RN and 25895－60－7/RN; 其中 9005－38－3 /111－86－4 /124－22－1/143－27－1 / 7790－28－5 /25895－60－7 分别代表海藻酸钠/辛胺/十二胺/十六胺/高碘酸钠/氰基硼氢化钠
	D3	ISI Web of Knowledge	以 D1 的作者为检索入口，结合关键词 Alginate and polymer/Alginate and hydro phobic 进行检索，获得 D3

（2）典型检索思路分析

a. 在 CNKI 中采用关键词检索

检索思路评析：

在采用该数据库检索到对比文件的检索过程中，其基本检索要素是“发明人” AND “海藻酸钠”，容易找到申请日之后公开的相同主题的期刊或硕士论文。但如果就此终止，可能无法获得真正有用的目标文件。需要进一步通过追踪检索上述相同主题的中文期刊和硕士论文的参考文献，从而可找到目标文献 D1。因此，对本案来说，CNKI 是首选数据库，检索时利用率最高的是作者以及题名、主题、关键词，尤其是将“作者”与后三者进行逻辑与检索。

b. 采用 CA/STN 进行检索

检索思路评析：

在有机领域，最常用的检索手段就是 CA/STN。本案例使用 CA/STN 可检到全部目标文献 D1～D3。这也正体现了 CA/STN 相比于其他检索手段最突出的优点，即检索结果全面。

c. 采用 ISI Web of Knowledge 进行检索

检索思路评析：

以文献 D1 的作者为检索入口，结合关键词“Alginate and polymer/Alginate and hydro phobic”进行检索，能够获得文献 D3。

（3）无效的检索思路

针对可能的漏检，其原因分析如下：

a. 在 CNKI 中用作者、题名、主题、关键词检索时放弃了申请日之后公开的相同主题的文献，没有展开追踪检索。

b. ISI Web of Knowledge 进行检索

需要以目标文献 D1 的作者为检索入口，结合关键词“Alginate and polymer/Alginate and hydro phobic”进行检索可得到 D3，该检索思路较难想到。

总结：

综上，本案例的最优检索思路是：

对于高校申请，首先将检索重点放在发明人和相关主题词上，在 CNKI 中进行检索。

其次是保证目标文献的查全率，在通过 CNKI 找到目标文献后，可以继续使用 CA/STN。使用 CAS 登记号进行检索很容易就能够获得其他两篇目标文献 D2 和 D3。

最后，可以尝试在其他数据库中进行查缺补漏，比如在 ISI Web of Knowledge 中进行检索。对于高校申请，经常使用的是以本申请或已检到的目标文献的作者为检索入口，结合关键词，从而找到外文的非专利期刊文献。

三、具体有机化合物领域专利申请的检索策略和检索技巧

对于具体有机化合物领域的专利申请，从检索策略和检索技巧方面，要关注以下 5 点。

（1）注意追踪检索的应用，尤其是申请人为高校、科研单位时。通过申请人、发明人进行追踪检索，但是，如果追踪到的对比文件时间不合适的话，应当对申请文件的背景技术、引用的参考文献、审查过程中引用的参考文献进行二次追踪。例如，在案例 2－3－1 中，通过发明人为入口，在 CNKI 中找到在申请日后公开期刊和硕士论文，在其引用的文献中找到一篇对比文件。

（2）选择中文数据，利用其结构关键词进行检索，尤其是对于国内研究较多的技术可以将检索重点放在 CNKI 和 CNPAT 上，无法获取 X 或 Y 类文献时再检索外文数据库，并注意关键词的适当扩展。

（3）对于具体化合物，在 CA 中有 CAS RN 号，可以准确快速地找到合适的对比文件。检索要素亦可选择合适中间体的 CAS 登记号，否则可能导致漏检。

（4）对于化合物而言，结构式是一种重要的表达手段，而 ISI Web of Knowledge 和 STN 中可以使用结构式进行检索，可以首先在 ISI Web of Knowledge 库中进行尝试，以便对结构式的构建进行优化，然后在 STN 中进行检索。

（5）与此同时，不应当忽视其他数据库的使用，尤其是 DWPI、SIPOABS 等数据库，尽管在有机领域，关键词和分类号对化合物的表达不如机械等领域那么准确，但是，DWPI、SIPOABS 等专利数据库仍是必需要补充检索的数据库。

第四节　具体有机化合物制备方法领域

一、具体有机化合物制备方法领域专利申请特点简介

具体有机化合物制备方法是在化合物的核心专利之外的“衍生”专利，其通常情况下是药物已经上市，或化工原料的需求量非常大，具有较大的经济效益，因此，开发新的合成方法具有较大的经济效益。

① 申请人的特点

具体化合物制备方法领域的专利申请人与具体化合物的申请人情况基本相同，主要分为以下几类：国内外大型制药企业、国内外大型化工企业、国内高等院校、中科院系统以及其他研究机构。但是，相对于化合物，化合物制备方法的专利申请，国内申请人占有较

高的比例，这是因为国内生产型企业较多，而开发一类新的化合物的周期比较长，资金比较大，但是开发化合物的制备方法则相对容易，并且利于降低成本。

② 具体化合物制备方法的技术特点

具体化合物制备方法的专利申请，包括化合物的制备、纯化、结晶等方法，其通常产物为已知化合物，其发明的创新之处在于新的方法，使用了新的原料、新的合成路线、催化剂或改变了反应条件、溶剂、后处理方法等，其技术效果往往是提高了产率、简化了制备流程、处理方便、适于工业化生产、节约成本等。而专利文献和非专利文献对于这类主题的标引，一般标引化合物，较少标引方法的特征，因此，相对于化合物的检索，这类主题的检索更为困难。

二、具体有机化合物制备方法领域典型检索案例的检索分析总结

【案例2-4-1】

待检索技术方案：1'-乙酰氧基胡椒酚乙酸酯合成方法，其特征在于它是以对羟基苯甲醛为原料与乙烯基溴化镁反应后乙酰化合成1'-乙酰氧基胡椒酚乙酸酯的方法。

检索结果分析：

(1) 检索结果

检索得到的有效X类对比文件如下：

CN1227071A；JP2006206541A；Bioorganic & Medicinal Chemistry Letters，15 (7)，p1949-1953，20050401；Bioorganic & Medicinal Chemistry Letters，14 (6)，p1811-1818，20060315。

(2) 典型检索思路分析

a. 在CNABS中采用关键词检索，或者关键词与追踪检索结合。

检索思路评析：使用产物的结构关键词胡椒酚乙酸酯进行检索，找到一篇A类文献CN101029005A，通过查看其背景技术，找到JP2006206541A。另外，在浏览检索结果的同时，对关键词进行扩展，发现现有技术中，胡椒酚乙酸酯也称为佳味酚，利用扩展的关键词，也可以找到另外一篇对比文件CN1227071A。

此检索思路的缺点有：该检索思路是通过产物的关键词进行检索，并且进行了合理的扩展，但是，一方面，仅用产物的关键词进行检索，检索结果较多，浏览的工作量大。另一方面，尽管扩展了产物的关键词，但是，在专利中化合物的表现形式多样化，有些是采用国际统一名称，有些采用俗称或俗称结合标准名称（本申请就是采用俗称结合标准名称的方式），还有的采用分子式或结构式，因此，产物的关键词难以进行全面的扩展，还是会存在漏检的可能性。

b. 在DWPI和SIPOABS中的检索

检索思路评析：由于本申请标引的产物1'-乙酰氧基胡椒酚乙酸酯为1'-acetoxychavicol acetat，因此，用acetoxychavicol检索有18个结果，此时可以找到CN1227071A；若以acetoxy and chavicol检索，则有8个结果，则可以找到对比文件JP2006206541A。因此，要合理地扩展关键词。同一个化合物在DWPI应当是标引统一的，但是由于是人工标引，也会出现不完全一致的情况。在SIPOABS中本申请标引为1'-acetoxy chavicol acetate，但是若以acetoxy and chavicol检索，反而检索不到对比文件，此

时应当以 acetoxychavicol 进行检索，可以找到 JP2006206541A。因此，在充分利用每个数据库的特点时，也要尽可能地将每种拼写方式在所有库中进行检索。

c. 在 CA 数据库中的检索

检索思路评析：在 CA 数据库中，一种检索思路是利用本申请标引的终产物的 CAS 登记号（52946 - 22 - 2）进行检索，全部浏览，并从中筛选；或者用关键词进行限定。另一种检索思路是使用中间体和产物的 CAS RN 号进行结合检索，这样可以使检索结果大为减少，方便得到对比文件。

此检索思路的缺点有：如果只使用产物的 CAS RN 号，使得检索结果较多，浏览量较大。如果用关键词或 CAS RN 号进行限定，此时应当注意限定词的使用，若使用不当，将会产生漏检，如用产物（1' - 乙酰氧基胡椒酚乙酸酯的关键词或登记号 52946 - 22 - 2）和原料对羟基苯甲醛（关键词或登记号 123 - 08 - 0）检索，会漏掉最相关的 JP2006206541A 和 CN1227071A；若用产物 1' - 乙酰氧基胡椒酚乙酸酯关键词或 CAS 登记号（52946 - 22 - 2）和催化剂格氏试剂关键词或登记号（1826 - 67 - 1）进行检索，则完全检索不到对比文件。

d. 在 STN/ISI web of knowledge 中的结构式检索

检索思路评析：由于 STN 中提供了结构式检索，并且有专业的制备方法的检索数据库 CASREACT，因此，在该库中进行检索是快速高效的。另外，ISI Web of Knowledge 提供结构式和反应式检索，因而对于 ISI Web of Knowledge 可以使用反应式进行检索，也可以在使用 STN 前进行预检索，以对检索式进行优化。

e. 在 CNKI、Google Scholar 中的检索

检索思路评析：在 CNKI、Google Scholar 中使用了关键词进行检索，但是在 CNKI 使用关键词的表达不够全面，没有检索到有效的对比文件。而对于 Google Scholar，尽管使用了英文关键词进行了检索，但是也同样存在关键词的表达不够全面，因而没有检索到有效的对比文件。

（3）无效的检索思路

分析本案，可能造成漏检的情况如下。

a. CNABS 中的漏检

在 CNABS 不易检到对比文件的主要原因在于关键词的扩展不够充分。由于产物的关键词是乙酰氧基胡椒酚乙酸酯，仅使用乙酰氧和胡椒酚乙酸酯表达该检索要素，以及未将产物扩展为“佳味酚”，则会造成漏检。

另一方面，在使用关键词检索的同时，没有对检索到的结果进行充分的利用。事实上，在 A 类文件 CN101029005A 中，通过查看其背景技术，可以找到对比文件 JP2006206541A。

b. ISI Web of Knowledge 中的漏检

ISI Web of Knowledge 使用的是结构式检索，而该数据库中的结构式检索的功能远不如 STN 功能强大，更需要合理的构建结构式。对于构建的检索式过于细化，则可能导致没有检索结果，而过于粗略则会导致检索结果过多，浏览工作量增大。

总结：

综上，本案例推荐的检索思路是：

首先是确定基本检索要素，通过仔细研读本申请，其产物和中间体、催化剂都可以作

为检索要素。

其次是检索要素的表达，对于化合物，其表达通常有关键词、分类号、分子式、结构式、CAS RN 号等。而关键词又有各种命名，从而有多种关键词的表达。应当尽可能地进行扩展，可以从背景技术、实施例以及检索过程中发现的现有技术的表达等方面进行扩展。

再次是数据库的选择，考虑到本申请是具体化合物的制备方法，在 CA 中有明确的 CAS RN 号，且 CA 数据库的文献比较全面，因此，首先选择 CA 数据库进行检索。其检索要素的表达形式为 CAS RN 号，包括产物、中间体、原料、催化剂等，进行合理组合进行检索。在 CA 数据库中检索后，还应当在 CNABS、CNKI 中进行检索，这些检索应当偏重关键词的中文俗名等表达。之后，还应当检索 DWPI、SIPOABS 等数据库，进行合理的补充。如果还没有检索到结果，则应当在 STN 中进行结构式检索，尤其是 CASREACT 库中进行反应式的检索。

最后，要特别关注对初步检索到的相关文献的追踪和深度阅读，获取有用的信息，得到更相关的对比文件。

【案例 2-4-2】

待检索技术方案：一种抗氧剂 2，2′-亚甲基双（6-环己基-4-甲基苯酚）的制备方法，采用 2-环己基对甲酚为原料，其特征在于，其包括以下步骤：（1）缩合反应合成 2，2′-亚甲基双（6-环己基-4-甲基苯酚）：将 2-环己基对甲酚、溶剂水、酸性催化剂加入反应器中，搅拌加热至 40～100℃，将甲醛水溶液逐滴加入反应器中，反应 3～6 小时；其中溶剂水的加入量为 2-环己基对甲酚质量的 2～4 倍，酸性催化剂的加入量为 2-环己基对甲酚质量的 0.5%～10.0%，甲醛和 2-环己基对甲酚的摩尔比为 0.6:1.0～1.0:1.0；（2）反应后处理：将步骤（1）得到的反应液冷却过滤、重结晶，得到本发明的抗氧剂产品。

检索结果分析：

（1）检索结果

检索得到的有效 X 类对比文件如下：

Chemische Berichte，Vol. 82，No. 4-5，p327-332，19940831；JP7330647A；JP2001-233814A。

检索得到的有效 Y 类对比文件如下：

当代化工，王晓丹等，第 34 卷第 2 期，第 117-120 页，2005 年 4 月；合成树脂及塑料，王一中等，第 15 卷第 3 期，第 62-63 页，1998 年；CN 101092334A；CN1994993A；US5112860A；EP0126193A1；US4087469A；GB1475973A；CA1062282A1；BE836745A1。

（2）典型检索思路分析

a. 在中文库检索时，如果采用比较准确的结构片段的关键词，能够有效地检索到相关文献，具体到本申请，采用“亚甲基双”这一结构片段名称再结合其他关键词如反映其用途的“抗氧剂”能够检索到与本申请主题密切相关的中文文献。

b. 在检索专利文献库时，应当充分利用分类号，例如产物的分类号 C07C39/16 能够很准确地表达其结构，并注意进行适当的分类号扩展。

c. 本案例为一种具体化合物的制备方法，具体化合物检索时采用反应原料和产物的CAS登记号在CA on CD/CA on the Web/STN中检索最为方便快捷。本申请中采用反应原料2-环己基对甲酚、甲醛和产物2，2'-亚甲基双（6-环己基-4-甲基苯酚）的CAS登记号在STN检索，能够检索到非常相关的对比文件作为X类文献评价创造性。

（3）无效的检索思路

在影响本案例创造性的对比文件中，“Chemische Berichte 1949，Vol. 82，No. 4-5，327-332”中公开了本申请最多的特征，是最接近的现有技术，用于评价本申请的创造性最为合适。同时，该篇文献也是最不易检索到的文献，究其原因，可能是由于没有在STN中将全部的反应物和产物的CAS登记号组合起来进行检索，将部分的反应物和产物的CAS登记号组合起来进行检索时，所得到的检索结果较多，浏览检索结果时可能会漏掉该文献，而且该文献年代较远，可能获取时较为困难。另外，该文献为德文文献，如果不熟悉德文可能难以在文中找到评价本申请创造性的技术内容。

总结：

本案例为一种具体化合物的制备方法，具体化合物的制备方法的检索优选首先利用反应原料和产物的CAS登记号在CA on CD/CA on the web/STN中检索，如果采用全部反应原料和产物的CAS登记号检索不到相关文献，可以按照反应物或产物的重要程度，逐渐去掉一些化合物以扩大检索范围，再进行检索；在其他数据库中检索时，可以注意提炼出比较准确的化合物的结构片段的关键词。

【案例2-4-3】

待检索技术方案：一种碱木素的制备方法，其特征在于，包括以下步骤：

（1）蒸发浓缩

采用五效逆流蒸发浓缩工艺，碱法草浆黑液自V效流入，加热蒸汽自I效流入，碱法草浆黑液依次经过V效、IV效、III效加热蒸发后，变为低半浓黑液，低半浓黑液依次经过II效、I效加热蒸发后，变为半浓黑液，半浓黑液再一次依次经过II效和I效加热蒸发，变为浓黑液；

（2）干燥

将浓黑液通过喷浆造粒或喷雾干燥，得到粒状或粉状的碱木素。

检索结果分析：

（1）检索结果

检索得到的有效Y类对比文件如下：

CN1249374A（对比文件1）；麦草浆碱回收的探索，纸和造纸，2005年9月，第5期（对比文件2）。

（2）典型检索思路分析

a. 在CNABS中采用关键词和分类号进行检索。

检索思路评析：

通过阅读本申请文件，初步提炼出关键词“黑液、五效逆流蒸发、碱木素”及分类号“C07G1/00”。如果在检索过程中采用关键词“碱木素”进行检索则无法检索到最接近的对比文件1。因此，考虑对关键词及分类号进行扩展，结合Baidu等网络资源以及分类号统计等方法可以得到扩展的关键词和分类号："木糖粉"、关于工艺操作的分类号 D21C11/00、D21C11/10、D21C11/04 等。采用扩展的关键词"木糖粉"检索的命中结果为 21 篇。而如果直接采用申请文件中所使用的"碱木素"进行检索则无法检索到对比文件 1；若检索词中不包括制备的最终产品"碱木素"及其扩展词，仅采用处理方式"蒸发、浓缩"或表示采用蒸发浓缩废液进行制浆药液再生的分类号 D21C11/10、处理的对象"黑液"进行组合检索，尽管也可以检索得到对比文件 1，但检索结果中噪声较多。

此检索思路的缺陷：若仅采用申请文件中直接得到的关键词和分类号进行检索，则检索结果数过多，检索效率低下，且由于最接近的对比文件 1 没有采用"碱木素"进行标引，因此，如果检索式中限定了碱木素就会造成漏检。该检索过程中最为适宜的关键词"木糖粉"需要在 Baidu 等网络资源中对碱木素进行检索才能获得，因此，该关键词的获得对于检索结果至关重要。

b. 在 CNKI 中采用关键词检索。

检索思路评析：

本申请中涉及的黑液处理领域在 CNKI 中有大量相关的文献，在该数据库只能利用常规的关键词组合的检索方法。但如果已经在 CNABS 中检索到最接近的现有技术，会发现本申请和现有技术的区别在于采用"五效逆流蒸发"上，且多效逆流蒸发属于纸浆黑液处理领域较为常用的蒸发浓缩方式，因此，在 CNKI 中可以较为容易的检索到相关的用于结合评价本申请创造性的现有技术。

c. 在 SIPOABS 中采用关键词或关键词与分类号的组合进行检索。

检索思路评析：

在该数据库中主要是利用分类号和关键词组合进行检索，但由于本申请涉及造纸领域，国外的专利文献并不多，因此，未在该数据库中检索到更合适的对比文件。

d. 采用"CA"进行检索

检索思路评析：

本申请属于造纸领域，涉及黑液的处理过程，在 CA 中基本利用关键词进行检索，不能充分利用 CA 的特点，且未检索到新的合适的对比文件。

（3）无效的检索思路

本案例检索的关键在于用于评价创造性的最接近现有技术的获取，未检索到对比文件 1 的主要原因在于未对关键词进行扩展，仅采用"碱木素"进行限定。

总结：

综上，本案例推荐的检索思路是：

首先是确定基本检索要素，通过研读本申请发现"碱木素"是黑液处理所要制备的目标产物，但在 CNABS 中利用该关键词进行检索，无法得到目标文献，此时需要对该关键词进行拓展。考虑到一些搜索引擎中可能有对碱木素的介绍，因此在 Baidu 中搜索"碱木素"，很容易发现碱木素又称为"木糖粉"。进而利用"木糖粉"在 CNABS 中进行检索，很容易得到目标文献。

三、具体有机化合物制备方法领域专利申请的检索策略和检索技巧

通过上述具体化合物的制备方法领域典型案例的深入分析，总结出如下检索策略和检

索技巧：

（1）具体化合物的制备方法的检索优选利用反应原料、中间体和产物的 CAS 登记号在 CA on CD/CA on the web/STN 中检索。如果采用全部反应原料和产物的 CAS 登记号检索不到相关文献，可以按照反应物或产物的重要程度，逐渐去掉一些化合物以扩大检索范围，再进行检索；在其他数据库中检索时，可以注意提炼出比较准确的化合物的结构片段的关键词。

（2）合理全面的扩展关键词。例如，对于案例 2－4－3，“碱木素”本身并不是最常用的词，在检索到的文献中可以看到更为常用的为“木质素”和“木质”；通过在百度中搜索“碱木素”，发现其俗称为“木糖粉”。在最接近的现有技术中未出现本申请所采用的“碱木素”的表达方式，而是“木糖粉”和“钠木糖”，因此，在利用关键词进行检索时，若不对关键词进行扩展，则无法检索到该对比文件。可见，关键词的扩展对于方法专利申请检索的重要性。

（3）由于化合物的合成方法可能仅记载在说明书中，而没有在摘要中体现，数据库标引时也不能全面体现，因此，在摘要数据库中检索不到合适对比文件时，应当在全文数据库中进行检索。

（4）由于在 STN 中具有专业的反应式检索数据库 CASREACT，因此，进行合理构建反应式在此数据库中检索，可以快捷地找到对比文件。

第三章　药物领域专利检索策略

第一节　药物组合物领域

一、药物组合物领域专利申请特点简介

在化学领域的产品发明中，组合物发明占有相当重要的地位，涉及非常广泛的应用领域。药物组合物是指两种或者两种以上的化学物质（其中至少一种物质是药学活性物质）按一定比例组合而成的具有特定用途的药物。

对于主题为药物组合物的申请，通常有两种情形，一种是药物组合物的各种活性成分为现有技术中已知的，其发明目的往往在于活性成分的药物联用或者是活性成分的配比与现有技术存在区别；另一种是药物组合物中包含新的药物活性成分，这时其发明点在于新的药物活性成分和/或其与其他活性成分的药物联用。这两类申请有不同的检索策略和方法，下面详细阐述。

二、药物组合物领域典型检索案例的检索分析总结

【案例 3－1－1】

待检索技术方案：一种含有佐芬普利药物组合物，含有亲水性药用辅料，并具有良好的溶出度和生物利用度。

检索结果分析：

（1）检索结果

检索得到的有效 X 类对比文件如下：

CN1033803A；WO0045818A1；WO9902189A1；WO02058731A2；CN1034312A；GB2394660；US4977145；US4656188；WO9010445A1。

（2）典型检索思路分析

a. 中文专利数据库的典型检索思路分析

典型检索思路一，在 CNPAT 中检索：

（001）F KW 佐芬普利 <hits：5 >

（002）F KW ACE <hits：1495 >

（003）F KW 高血压 <hits：4127 >

（004）J 2 * 3 <hits：63 >

（005） F KWACE 抑制剂 <hits：95 >

（006）F KW 巯基 <hits：3082 >

（007）J 5 * 6 <hits：9 >

(008) F KW 脯氨酸 <hits: 669>

(009) J 5 * 8 <hits: 2>

(010) F KW 氨基酸 <hits: 18160>

(011) J 3 * 6 * 10 <hits: 7>

上述检索过程，对检索要素的表达较特殊：除了佐芬普利为技术方案中提取的关键词外，其他的检索要素均来自于现有技术，例如佐芬普利的其他表达方式：佐芬普利、ACE 抑制剂、巯基、脯氨酸、氨基酸、zofenopril；亲水性辅料采用本领域常见的辅料种类进行具体表达：乳糖、lactose。

典型检索思路二，在 CNPAT、中国专利全文数据库中检索：

CNPAT：

佐芬普利 + zofenopril

中国专利全文数据库：

(佐芬普利 or zofenopril) and 淀粉 and 乳糖

zofenopril and (乳糖 or 蔗糖 or 甘露醇 or 淀粉 or 聚乙烯吡咯烷酮 or 聚乙二醇)

上述检索过程中，无论是在 CNPAT 中还是在中国专利全文数据库中，检索时均同时表达了佐芬普利的中文和英文关键词。此种检索思路的优点是：在检索时没有忽视中文系统兼容中英文表达形式的功能，而且，对于所获得的 PCT 文献，其中技术特征的表述形式，是进行关键词提取的重要参考。

本案例的不同检索策略表明，在中文检索系统中适当地表达英文的检索要素有时也可以获得良好的检索结果，尤其是一些检索要素在国外处于本领域的技术前沿，在我国还缺乏统一的和普遍使用的中文译文的情况下，用英文关键词在中文数据库中检索也是一种有效手段。

b. WPI 数据库的典型检索思路分析

选择两种辅料的下位概念与其他要素进行组合检索：

zofenopril and (lactose or amylum or pregelatinisatum) and (magnesium 1w stearate)

检索结果为 7，其中包括对比文件 WO0045818A1。

抓住发明实质内容，以最优选的一种辅料中的具体物质与其他要素进行组合检索：

1 zofenopril 126

2 lactose 15163

3 1 and 29

检索结果包括 WO02058731A2、WO0045818A1。

结合发明实质内容，适当表达多个辅料进行检索和逻辑运算：

1 126 zofenopril

2 15163 lactose

3 65473 faecula or starch or amylum

4 7 1 and 2 and 3

检索结果包括：WO0045818A1。

c. 中文与外文全文数据库的典型检索思路比较

中国专利全文数据库中：

(佐芬普利 or zofenopril) and 乳糖 and 淀粉

TXTWO1 中以 PREPARATION 检索：

.. fi TXTWO1 |

.. er all |

zofenopril |

galactosylglucose or lactin or lactobiose or lactose or lactosum or LYP or (milk w sugar) or saccharum lactis |

amidon or amylon or amylum or fecula or slarch or starch |

(pregelatinised w starch) or (pregelatinised w maize w starch) |

(magnesium w stearate) |

and 1, 2, 3, 4, 5 |

总结：

本案例可以在 CNPAT、CA、WPI、Google 等 4 个数据库或检索系统中检出对比文件，例如，在 CNPAT 中主要以关键词"佐芬普利 + zofenopril"，可以检出影响本案新颖性的对比文件：CN1033803A 和 CN1034312A；在 CA 中以佐芬普利的 CAS NO.：81872 - 10 - 8 进行检索，可以检出影响本案新颖性的对比文件：GB2394660；在 WPI 中主要以关键词 zofenopril 与 lactose 等辅料的表达，可以检出影响本案新颖性的对比文件：WO00045818A1、WO02058731A2、WO9902189A1；在 Google 中主要以关键词 zofenopril 与 lactose 等辅料的表达进行检索，可以检出影响本案新颖性的对比文件：US4977145，还可以检出影响本案创造性的对比文件：US4656188、WO9010445A1。

本案例技术方案中涉及的组合物在 CNPAT 或中国专利全文数据库检索时应包含"zofenopril"的检索要素，在 EPOQUE 中可包含适当的药物辅料进行全文库检索。上述检索结果共涉及了 5 个数据库，检索数据库与关键词的检索均较集中，主要在 CNPAT 和 WPI 进行关键词"佐芬普利与辅料"的表达检索，如果将检索的重点集中在"佐芬普利与性能（如难溶、生物利用度等）（即权利要求的撰写形式）"的表达上，则很难获得合适的对比文件。

检索中也提示在中文数据库中应适当注意使用英文关键词进行检索；涉及组合物的辅料以及辅料直接导致的性能特征时，表达关键词应当考虑全面，抓住关键且不可偏废。

最后，值得一提的是，中国药物专利数据库和 CNPAT 中检索的文献不尽相同，药物数据库不需要对药物名称进行不同形式的表述，但其检索到的总文献量和 CNPAT 相同，因此，检索时要注意两个数据库结合使用，互为补充。

【案例 3 - 1 - 2】

待检索技术方案：一种组合物，含有：(1) 药用剂量的二氢吡啶类钙拮抗剂或其可药用盐；(2) 药用剂量的苯氧芳酸类药物或其可药用盐；及 (3) 可药用载体或赋形剂。其中二氢吡啶类钙拮抗剂可选自硝苯地平、氨氯地平、尼莫地平、尼卡地平、拉西地平、尼索地平、尼群地平、非洛地平、尼伐地平、伊拉地平、巴尼地平、西尼地平、尼鲁地平和阿折地平等。

检索结果分析：

(1) 检索结果

检索得到的有效X类对比文件如下：

CN1418109A；WO01076632A1、WO00064443A1；CN1446084A；“苯扎贝特联合降压治疗对高血压合并高甘油三酯血症患者胰岛素抵抗和血压的影响”，苏工等，中国动脉硬化杂志，2004年第12卷第1期，第77-80页，2004年12月；“苯扎贝特对高血压合并高甘油三酯血症患者血压的影响及机制探讨”，苏工，中国人民解放军军医进修学院硕士学位论文，2003年。

(2) 典型检索思路分析

a. CNKI数据库中典型的检索思路分析

如果仅以“关键词=贝特 and 关键词=地平”进行检索，难以获得对比文件，需适当调整检索的字段，但是，如果以“全文=贝特 and 全文=地平”或者“全文=贝特 and 全文=地平 and 年=2005”进行检索，检索结果为2456，又偏多，而以“题名=贝特 and 主题=地平”进行检索，则结果为7，可获得理想的对比文件。

因此，虽然关键词都选择了“贝特”与“地平”的词根进行了CNKI的检索，然而其检索的入口却存在较大的差异。对于CNKI而言，其单库的基本检索入口有以下11个：题名、主题、关键词、摘要、作者、第一作者、作者单位、来源、全文、参考文献和基金。检索时利用率最高的是题名、主题、关键词、摘要与全文，使用这几个检索入口检索组合物时，应根据对发明理解选择合理的组合方式。如果始终以关键词为入口进行检索容易漏检，而一直以全文为入口进行检索噪声会很大，此时若新增其他检索要素的限定也容易漏检，因此，选择合理的检索入口也是优化检索策略的关键，对本案而言，推荐的方式应为先在主题或摘要中进行检索，二次检索时可选主题与全文搭配的方式进行检索，这样既有利于降低漏检率，也能够比较快速地获得相关的对比文件。

b. CNPAT数据库的典型检索思路分析

在CNPAT中以两个关键词根“地平”和“贝特”进行全要素检索，如地平*贝特，未获得任何结果。

如果以代表疾病名称的副分类号进行检索，则可以获得对比文件CN1446084A：

(031)　F IC A61P00306 <hits：2565>

(032)　F IC A61P00912 <hits：2293>

(033)　J 31*32 <hits：588>

(034)　F IC A61K04506 <hits：1015>

(035)　J 33*34 <hits：13>

因此，在进行药物组合物权利要求的检索时，虽然表达时多偏重关键词，但IPC分类号仍不可偏废，尤其是一些副分类号。本案例的IPC分类号包括：A61K45/06，A61P 3/06，A61P 9/12。直接以分类号进行检索，通过副分类号A61P的表达检出的X类对比文件结合公知常识可以评价本案例技术方案的创造性。而且，在进行CNPAT检索时首先进行了关键词的检索，同时也运行了“地平*贝特”的检索式，都未检索到对比文件的情况下，尤其要注意其他检索策略的尝试，而不宜过早地终止检索。

总结：

本案例可以在CNKI、TXTWO1、CNPAT等3个数据库或检索系统中检出对比文件，例如在CNKI中主要以关键词“贝特、地平”进行检索，可以获得影响本案新颖性的对比文件：苯扎贝特对高血压合并高甘油三酯血症患者胰岛素抵抗的影响和苯扎贝特联合降压治疗对高血压合并高甘油三酯血症患者内皮功能和血压的影响，主要以关键词“苯磺酸氨氯地平、苯扎贝特”进行检索，可以获得影响本案新颖性的对比文件苯扎贝特联合降压治疗对高血压合并高甘油三酯血症患者胰岛素抵抗和血压的影响；在TXTWO1中主要以具体药物组合表达，可以获得影响本案新颖性的对比文件：WO01076632A1、WO00064443A1；在CNPAT中主要以关键词“贝特、地平”进行全文检索，可以获得影响本案新颖性的对比文件：CN1418109A，以关键词与分类号进行检索，可以获得影响本案创造性的对比文件：CN1446084A。

本案例涉及的组合物存在多种组合方式，对于活性物质的表述既有结构和功能性的上位概念，也有具体药物名称，因此，检索时需要对各种组合方式进行准确和全面的表达。选取关键词时，既要注意代表结构共性的“二氢吡啶”，也要关注代表用途特征的“钙拮抗剂”。

一些具有结构共性和功能共性的药物的商品名称往往具有相同的后缀，此时可以使用该后缀作为关键词进行检索或使用截词符进行检索。

如果权利要求中使用了上位表述，检索时可先用其包含的最常见的下位概念进行尝试性检索，然后逐渐使用外延更大的上位关键词，或者将不同检索要素的上下位关键词进行交叉组合。

利用中国药物专利数据库中的辞典功能，可以扩展关键词，包括中英文的同义词、近义词、药品的不同名称等，同时可以获取同一类药物的英文名称的相同后缀。

本案还提示，要注意在检索过程中不断对关键词要素进行扩展和完善，如苯氧芳酸类药物又称“苯氧异丁酸类药物”、“贝特类”也称“纤维酸类（fabric w acid）”。另外，当组合物具有明确的治疗功效时，A61P副分类号也是不应被忽视的一个检索入口。

【案例3-1-3】

待检索技术方案：治疗胃食管反流疾病与功能性消化不良的药物，所述药物主要由质子泵抑制剂与新型胃肠动力药依托必利构成。

检索结果分析：

（1）检索结果

检索得到的有效X类对比文件如下：CN1364092A、CN1365274A；CN1399572A；CN1551768A；WO2004071374A2；WO2005074931A1；WO2006011159A2；WO2005065664A1；“奥美拉唑联合西沙必利治疗返流性食管炎的疗效观察”，黄国胜，实用医技杂志，第13卷第4期，第562-563页，2006年2月；“依托必利治疗功能性消化不良患者疗效观察”，章宏等，浙江医学，第24卷第12期，第753-754页，2002年；“国产盐酸依托必利片II期临床研究总结”，王振华等，重庆医学，第32卷第9期，第1149-1151页，2003年9月；“泮托拉唑治疗反流性食管炎31例”，刘飞平，医药导报，第21卷第11期，第730-731页，2002年11月。

（2）典型检索思路分析

a. WPI 数据库的典型检索思路分析

将质子泵进行下位表达，如表达为泮托拉唑（Pantoprazole）再进行检索：

1 6 itopride and pantoprazole

在外文库以“Itopride”为入口检索，有21篇文件：

1 21 itopride

直接表达质子泵抑制剂与依托必利进行组合检索：

1 699 ptoton w pump w inhibitor

2 20 itopride

3 4 1 and 2

药物组合物有时涉及药物的上位概念和疾病的上位概念，也有时涉及药物的下位概念和疾病的下位概念；表达基本检索要素时，如何选择关键词应该根据具体案例具体分析。本案例技术方案的要点在于“依托必利（itopride）”与“质子泵抑制剂”的组合，依托必利是一个具体的下位概念，而质子泵抑制剂是一个功能性的上位概念，不同的关键词表达方式会导致检索结果不同。如果仅表达上位概念“质子泵抑制剂”，或者仅具体表达某一药物，如“pantoprazole”或者“依托必利”则容易漏检。因此，针对同样的检索要素，要注意对其进行充分的表达，同时注意结合对发明内容的理解进行灵活选择。

b. CNPAT 数据库的典型检索思路分析

上位概念结合下位概念的表达方式，可以检出对比文件 CN1364092A：

（001） F KW 质子泵抑制剂 + 拉唑 <hits：284>

（002） F KW 胃肠动力 + 必利 <hits：99>

（003） F KW 伊托必利 + 依托必利 <hits：5>

（004） J 1 * 2 <hits：5>

下位概念的具体组合“拉唑 *（依托必利 + 胃比力 + 西沙必利 + 西沙比利）”在 CNPAT 中则难以获得对比文件。因此，检索过程中，有时需要同时考虑功能性和结构性的上位概念的表达，例如在 CNPAT 中进行了检索，对于“质子泵抑制剂”这一检索要素而言，如果仅仅表达了其中的一类药物，虽然进行了截词处理，但是忽略了功能性上位概念的表达，则容易漏检，而如果兼顾功能性和结构性上位概念的表达，将“质子泵抑制剂”这一检索要素进行适当的扩展，则更容易获得对比文件。

c. CNKI 数据库的典型检索思路分析

随机挑选技术方案中两个不同检索要素的下位概念进行检索，如“摘要 = 多潘立酮 and 摘要 = 依托必利”，结果为4；对质子泵抑制剂中某类药物采用截词检索，但检索过程中对另一要素“依托必利”的扩展表达不够，如“摘要 = 拉唑 and 摘要 = 依托必利”或者“摘要 = 泮托拉唑 and 摘要 = 西沙必利 and 摘要 = 反流”，结果分别为1和2；不同检索要素采用了不同的检索入口，如“摘要 = 依托必利 and 全文 = 多潘立酮”，结果为6。通过分析以 CNKI 的检索关键词和检索入口，不难发现：在上述检索中，关键词选取带有很大的随意或随机性。为尽可能地避免漏检，在 CNKI 的摘要中检索时应尽量选择截词（如：“拉唑”、“必利”）形式为宜，如果为了缩小结果的文献数量，可在全文入口中尝试具体关键词的检索。另外，在 CNKI 检索时多习惯以摘要或主题为入口进行检索，应注意不同检索入口之间的搭配会导致检索结果的偏差，建议检索时应结合对本申请发明内容的准确理解和对对比文件的合理预期及时调整检索要素和检索入口之间的组配。

总结：

本案例可以在CNPAT、WPI、Google、百度、CNKI等5个数据库或检索系统中检出对比文件，例如在CNPAT中以“拉唑”与“必利”两关键词进行检索，可以获得影响本案新颖性的对比文件：CN1364092A、CN1365274A、CN1399572A、CN1551768A。在WPI中以itopride这一关键词为基础，进行不同的组合，如与质子泵抑制剂或者其下位概念进行组合，可以获得影响本案新颖性的对比文件：WO2004071374A2、WO2005074931A1、WO2006011159A2、WO2005065664A1。在Google中以“proton pump inhibitor itopride”进行检索，也可获得WO2005065664A1。在百度中主要以“奥美拉唑 依托必利”进行检索，可以获得影响本案新颖性的对比文件：奥美拉唑联合西沙必利治疗返流性食管炎的疗效观察。事实证明，互联网检索有时不失为一种高效快捷的检索手段。另外，关键词的扩展和表达以及非专利数据库中检索要素和检索入口的组配也会影响检索结果和检索效率。在CNKI中主要以关键词“依托必利、西沙必利、泮托拉唑、多潘立酮”进行检索，检索时区分入口与组合形式的不同，可以获得影响本案创造性的对比文件：依托必利治疗功能性消化不良患者疗效观察、国产盐酸依托必利片II期临床研究总结、泮托拉唑治疗反流性食管炎31例。

三、药物组合物领域专利申请的检索策略和检索技巧

1. 对于药物组合物的各种活性成分为现有技术中已知的情形

（1）由于现有技术中对各活性成分有了较多的研究，其化合物有比较常用的名称（商品名、系统命名、名称代码、英文缩写等），可以作为结构关键词，这些关键词往往能够准确地表达其结构特征。因此，对于这样的药物组合物，用关键词的检索就比较有效。对于这种情况需要注意的是，对关键词要进行充分的扩展，包括上下位概念、别名、商品名等。

（2）由于现有技术中对各成分有了较多的研究，那么其用途也是被大量报道的，因此，用表征用途的关键词和表征结构的关键词结合会使检索更有效。

（3）对这类药物组合物的检索，有时非专利资源是非常有帮助的。在有些学术期刊上已经发表了相关的研究性甚至综述性的学术文章，审查员可以通过关键词检索到这些学术文章，并通过其引用的文献进行追踪检索。

（4）对这类药物组合物的检索，借助于互联网检索工具也是有效的途径，例如Google。

（5）对于已知化合物，CA中给出了其CAS RN号，因此利用CAS RN号可以全面地检索到相关的文献，并利用关键进行限定，使其检索更有效。

2. 对于药物组合物中有新的药物活性成分的情形

（1）对于新的化合物，关键词和/或分类号往往对其结构的表达都不够准确，因此，此时关键词的选取更多的是从用途来表达。如果结果较多，再用结构方面的关键词和/或分类号进行限定。

（2）由于新的药物化合物一般都是公司申请，而公司的研发有其延续性和长期性，如默克、辉瑞对于某些药物的研发都申请过几十篇甚至更多的专利，其中有可能影响后面

的申请的新颖性或创造性，因此，用申请人进行检索是一种有效的检索手段。

（3）对于新的化合物，用结构式检索也比较有效，例如：STN 是一种有效的检索资源，ISI Web of Knowledge 中的结构式检索也是有效的辅助检索手段。

第二节 药物制剂领域

一、药物制剂领域专利申请特点简介

药剂学是研究药物剂型配制理论、生产技术、质量控制与合理应用等内容的综合性技术科学。任何药物临床使用时，都必须制成适合于医疗或预防应用的形式，称为剂型，例如片剂、注射剂、气雾剂、栓剂、丸剂等。

一种药物可以制成多种剂型，药理作用相同，但给药途径不同可能产生不同的疗效，对于药物制剂而言，制剂前处方研究是制剂开发的基础，药物的理化性质和所需应用途径决定着剂型的选择，所以必须根据药物性质和所需应用选择合适的辅料和剂型。在药物制剂领域，一些常规剂型之间的转换通常是本领域技术人员不需要花费创造性劳动就可以实施的，如胶囊和片剂之间、注射液和冷冻干燥产品之间。对于缓控释制剂、靶向制剂等现代药物制剂而言，辅料的效果通常是不可预期的。此外，由于在药物制剂中，一种辅料通常具有多种功能，例如淀粉既可以作为崩解剂，又可以作为黏合剂，其用量变化可能会导致其功能的变化。

鉴于药物制剂领域的自身特点，药物制剂领域的专利申请也存在着自己的特色，例如功能限定和效果限定较为普遍，改剂型发明十分常见，给药剂量、给药对象等是申请人常常采用的限定方式。因此，药物制剂领域的检索也有鲜明的自身特点，其重点在于活性成分、剂型本身以及辅料。

二、药物制剂领域典型检索案例的检索分析总结

【案例 3-2-1】

待检索技术方案：本案例涉及一种主药粒子及其制造方法，其为用水不溶性的包衣膜包裹碱性或酸性的主药粒子而形成，在所述水不溶性的包衣膜内部，相对于碱性的主药含有酸性物质，相对于酸性的主药含有碱性物质。

检索结果分析：

（1）检索结果

检索得到的有效 XY 类对比文件如下：

WO2007022956A1；WO2007022944A1；WO2007017219A1；WO2006111853A1；WO2005092297A1；WO03063825A1；WO0152848A1；WO0105430A1；US20050276849A；US2005287211A1；US2005089570A1；US2004161460A1；EP1064938A1；CN87103285A；CN87103284A；CN1744882A；CN1660093A；CN1638737A；CN1622799A；CN1488332A；CN1378452A；CN1358089A；CN1334729A；CN1244119A；CN1151783A；CN1134667A；Development of an oral sustained release drug delivery system utilizing pH-dependent swelling of carboxyvinyl polymer。

（2）典型检索思路分析

本案例技术方案涉及3个关键的基本检索要素的表达：a. 在包衣内含有酸和碱的物质组合；b. 外层为水不溶性的包衣；c. 内层为水溶性的包衣。所述的结构描述，将含有酸和碱的物质组合限制在了水溶性包衣的内核。主药粒子的结构如下示意图所示：

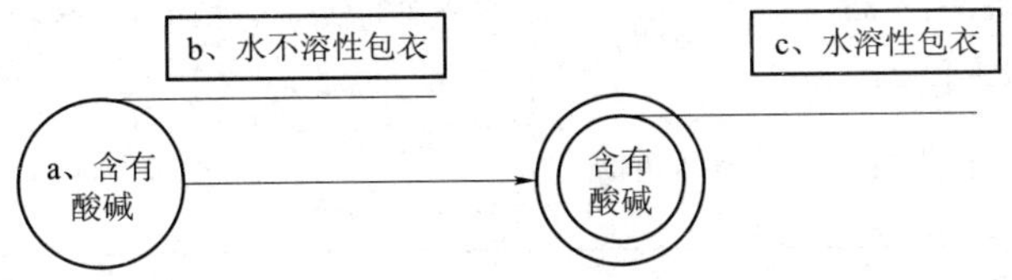

图3-2-1　待检索技术方案的结构示意图

优选的技术方案分别对可选的酸、水溶性包衣材料、水不溶性包衣材料进行进一步的限定。

对于上述的待检索技术方案，需要考虑整个发明的内容来确定检索的策略，因为按照最宽泛的技术方案，实际上包含了单层包衣的片剂，以及具有包衣结构的其他片剂（例如泡腾片的包衣）。另外，技术方案又存在酸和碱物质如何表达在内层的检索策略。

根据对待检技术方案的理解，并结合对影响权利要求新颖性和/或创造性的对比文件的检索过程个体分析，本案实际检索过程包含了以下3种情形。X1：为最接近的现有技术，其中不仅公开了主药粒子所具有的双层结构，而且公开了在水溶性包衣的内层含有酸和碱搭配的物质，这部分最接近的对比文件均不包含在同族专利申请所引证的文献中；X2：为一类具有所述主药粒子具有的双层结构，其中忽视了内核中的酸和碱物质搭配，或者将其认作本领域的公知常识，检索过程不予以考虑；X3：以上X1、X2无被认为可以影响本申请全部权利要求的新颖性和/或创造性。

X1类型对比文件的检索：

表3-2-1　X1类型对比文件的相关内容

对比文件		内　核		双层包衣结构	
文献	主分类号	主药	酸/碱搭配	双层的内层	双层的外层
WO2007022956	A61K9/48	双嘧达莫（呈碱性）	富马酸	HPMC	Eudragit
WO2007022944	A61K9/48	呈碱性	琥珀酸	HPMC	Eudragit
US20050276849	A61K9/22	丙戊酸钠（呈碱性）	枸橼酸	HPMC	醋酸纤维素
US2005287211	A61K9/22	索非那新琥珀酸盐（呈碱性）	二氢柠檬酸钠	HPMC	氨烷基甲基丙烯酸共聚物

续表

对比文件		内　　核		双层包衣结构	
文献	主分类号	主药	酸/碱搭配	双层的内层	双层的外层
CN1151783	A61K31/135	曲舍林（碱性）	公知的酸	水溶性聚合物	纤维素酯和纤维素醚
CN1134667	A61K9/26	碱性药物	强碱弱酸盐（碱性）	水溶性材料	水不溶性材料

检索时所有常用的专利数据库均在选择范围内。相对而言，本案检出相关文献的数据库集中在EPODOC、CNTXT和CPRS。

分类号的使用：

就本案而言，如果针对于制剂这一领域分类号进行检索，可较快、较准地检出相关文献。例如：

在CPRS中检索：

1）F IC A61K00928 + A61K0093 + A61K0094

2）F KW PH依赖 + PH敏感

3）1 * 2　　<36>

查看上述结果得到X类文献CN1625390A（其中的实施例13可影响部分技术方案的创造性，片剂包衣而非本案例的粒子包衣），以及CN101287452A和CN101247792A（内容相关，但时间不能用），分别找到上述两篇的同族WO2007/022944A1和WO2007/022956A1（实施例部分可影响全部技术方案的新颖性或创造性）。

在EPODOC中检索：

1）pH w dependent

2）a61k9/28H + /EC

3）1 AND 2　　<74>　查看上述结果同样得到X类文献WO2007022944A1。

关键词的使用：

基于本申请的发明点，检索过程可以使用CNTXT检索，充分利用CNTXT具有广、全、快等优点，也可以使用CNPAT检索，两者选择关键词存在差异。典型的检索过程如下：

CNTXT：（包衣）/DESC AND（碱性药物）/DESC AND（酸）/DESC AND（颗粒 OR 微粒 OR 核 OR 芯）/DESC AND（丙烯酸 OR 乙基纤维素 OR 羟丙基甲基纤维素）/DESC（命中数：121）。

转库至CPRSABS中，文献数为99，相关文献为4篇，即：CN101287452A、WO2007022944、CN101247792A、WO2007022956，其中前两篇互为同族，而后两篇也互为同族。

CNPAT：

（001）　F KW 包衣　<hits：2958>

（002）　F KW 酸　<hits：289476>

(003)　F KW 碱 <hits: 67917>

(004)　F KW 颗粒 + 粒子 <hits: 84608>

(005)　J 1 * 2 * 3 * 4 <hits: 48>

在这48篇中没有检索到影响其新颖性或创造性的对比文件，可能是用“颗粒”和“粒子”作物关键词来限定导致了漏检，在文献中一些化合物的酸或碱并没有表述成“颗粒”或“粒子”，去掉“颗粒 + 粒子”来进行检索。

(006)　J 1 * 2 * 3 <hits: 153>

(007)　J 7 - 6 <hits: 105>　在这105篇中找到了CN1134667A，可以影响其新颖性或创造性，在该对比文件中活性成分并没有出现“颗粒”或“粒子”的表述，但其实质上是“颗粒”或“粒子”。

可见，关键词的选择和使用不仅和审查员理解发明的程度、数据库的选择有关，还和审查习惯等有关。

同族文献的追踪检索：

上述6篇文献中WO2007022956和WO2007022944均有中国同族，审查员可通过关键词在中文数据库进行检索，并检到中文同族，但该中文同族公开日在本案例的优先权日之后，不能作为X类文献。在此基础上，审查员进行同族追踪可以获得上述两篇文献。

X2类型对比文件的检索：

X2类文献均涉及具有与本申请类似剂型结构的药物制剂，即含药颗粒依次包被水溶性包衣和水不溶性包衣，但未涉及酸性或碱性成分。

使用分类号对“剂型”进行表达：

本案例的技术方案具有鲜明的剂型特点，即含有药物的核心粒子从内向外依次包裹水溶性包衣和不溶性包衣。此类剂型的空间结构用关键词表达较为困难，因此可考虑使用对制剂空间结构有进一步细分的分类体系，从中寻找适宜的分类号进行检索。EC分类号中A61K9/28K涉及了含多层无药包衣层的片剂，故选用该分类号与关键词进行检索。典型检索过程如下：

EPODOC：

1　2715　/EC A61K9/28K（关于“剂型”的分类号表达）

2　2242　HYDROXYPROPYLMETHYLCELLULOSE OR (HYDROXYPROPYL W METHYLCELLULOSE) OR “HPMC”（关于“水溶性包衣膜具体材料”的关键词表达）

3　1255307　ACID（关于“酸”的关键词表达）

4　280　1 and 3

5　27　2 and 4（得到CN87103285）

也可以选择在药物制剂方面有独特优势的MC分类号表达剂型特征。典型检索过程如下：

WPI：

3　318　/MC B12 - M10A3

4　211726　ACID + AND (OR ALKAL + , BASIC +)

5　32　3 AND 4

6	6627	/MC B12 – M10
7	406	6 AND 4
8	300587	SOLUB +
7	147	7 AND 8

本案例还可以从说明书中提取关键词进行检索：

一方面本案例技术方案中使用了较为上位的概念，另一方面其撰写方式也不能充分体现本发明的技术内容，因此通过仔细阅读说明书，从发明要解决的技术问题出发或从具体实施例中提取关键词在中文专利摘要数据库或全文数据库中进行检索。使用率较高的关键词包括：唑吡坦、柠檬酸、pH、乙基纤维素、羟丙基甲基纤维素、掩味、溶出、包衣。

追踪检索：

本案例还可以通过首先在WPI或EPODOC数据库中找到本案例的同族，查看欧专局和美国局的检索报告。WO2007017219和WO0152848均为欧专局检索报告中列出的对比文件。

(3) 无效的检索思路

不推荐的检索策略1：

1	6691	/EC A61K9/28H6F2
2	956	/EC A61K9/28P
3	176	1 AND 2
6	176	.. LIM 3
7	2	(ACID OR ACIDIC) P (ALKALI OR ALKINE OR BASIC) .. LIM ALL
8	124426	(ACID OR ACIDIC) P (ALKALI OR ALKINE OR BASIC)
9	28	1 AND 8 (没有可用文献)

在数据库中使用了EC分类号和关键词进行表达，但EC分类号没有进行适当的扩展，未体现出双层包衣的特征。

不推荐的检索策略2：

1	CNABS	2622	主药
2	CNABS	6019	包衣
3	CNABS	297	1 and 2
4	CNABS	4353	主药 or 丸芯 or 丸核 or 核芯 or 微丸
5	CNABS	33582	隔离层 or 包衣 or 包膜 or 保护层
6	CNABS	1058	4 and 5
7	CNABS	94348	酸 and 碱
8	CNABS	171	6 and 7
9	CNABS	224918	水 and 溶
10	CNABS	142	8 and 9
11	CNABS	104416	水 3w 溶
12	CNABS	89	8 and 11

对酸和碱没有进行关键词的扩展，也没有使用分类号进行检索，造成漏检。

不推荐的检索策略3：

CNPAT：

碱性药物 and 水溶性聚合物 and 水不溶性聚合物 and (掩蔽 or 掩味) and 包衣 and (柠檬酸 or 富马酸 or 琥珀酸 or 醋酸 or 酒石酸)

水溶性聚合物 and 水不溶性聚合物 and (掩蔽 or 掩味) and 包衣 and 溶出

WPI/EPODOC：

SS1 ：ph p (dependent or independent or dependence or dependency)

SS2 ：coating? or coated or layer?

SS3 ：(water 1w soluble) and (water 1w insoluble)

SS4：release??? or dissolut???

SS5：(citric 1w acid) or (fumaric 1w acid) or (succinic 1w acid) or (acetic 1w acid) or (tartaric 1w acid)

SS6 ：Tablet or pill

1 and 2 and 3 and 4 and 5 and 6

1 and 2 and 3 and 4 and 6

对关键词的扩展未体现出双层片的特点，且对酸、碱的扩展不充分，也没有使用分类号进行检索。另外，将"掩蔽气味"作为检索要素会对检索造成影响。

综上，对发明的正确理解是保证检索成功的前提，检索前需要对检索要素作出正确的认定和适当的表达。在检索过程中，对关键词和分类号进行充分扩展对检索结果有至关重要的影响。就本案而言，权利要求中使用的"酸"、"碱"、"水溶性成分"和"水不溶性成分"都属于过于上位的概念，因此可以扩展为实施例或说明书中所述的具体物质。另外，由于制剂的结构特征用关键词表达存在一定的困难，因此单纯使用关键词进行检索一般难以得到令人满意的结果。而由于EC、MC等分类体系对药物制剂的分类较为详细，故使用分类号检索具有更大的优势，而在选定接近的分类号之后，还需要对其进行上下位的扩展，最好结合关键词进行检索。最后，对检索结果的浏览应当仔细，误认为检索到合适的对比文件而终止检索或者在浏览过程中错过合适的对比文件都是非常可惜的。

总结：

通过对上述案例的检索可以看出，制剂类技术方案的检索通常包括以下特点：

(1) 对于制剂产品专利来说，关键词是最常用的检索手段，且关键词检索更占优势，但是对关键词的扩展应当全面，对于关键词的选取，不仅要关注活性成分和剂型，还要关注辅料成分，而对于本案而言，在上述通常关注的基础上，还需要关注剂型中的结构特点。

(2) 分类号在制剂类型的检索中是非常有帮助的，在A61K9/00的大组中，对各种剂型都进行了细分，表达相对比较准确，用这些分类号检索时，相对于关键词会减少噪声以及检索更全面（有时剂型的关键词只在全文中出现而没有在标题、权利要求、摘要和关键词中出现）。由于药物制剂产品在很多情况下会记载于说明书实施例中，即在标题、权利要求、摘要和关键词中没有记载，对于摘要数据库进行检索可能会造成漏检，因此使用全文库进行药物制剂的检索是避免漏检的一个重要手段。可在中国药物专利数据库中对其别名进行查找，以便对其关键词进行必要的扩展。

（3）对于药物制剂领域，检索的数据库除了 CNPAT、CNKI、WPI、EPODOC 外，还应当检索中国药物专利数据库、中国药学文摘数据库、MEDLINE 和 EMBASE 等药物数据库，以使检索更全面，防止漏检。也可以使用 Google、Baidu 等搜索引擎快速获得一些有用信息甚至合适的对比文件。由于有些药物已经上市或公开使用，因此在这类搜索引擎中可以找到一些商业广告或使用公开信息，同时也可以利用其学术搜索的功能检索到专利或非专利的对比文件。因此，对于药物制剂权利要求而言，Google、Baidu 也是一种不错的辅助手段。

（4）在药物制剂领域中，多数审查员比较喜欢用分类号如 EC、IC 等结合关键词进行检索，并且较快、较准地检出相关文献。例如，在 CPRS 中检索：仅仅使用分类号 A61K00928 + A61K0093 + A61K0094 并结合关键词 PH 依赖 + PH 敏感就快速地检索出了相关文献，而且噪声非常小，检出率较高。这可能归结于：a. 在药物制剂中，分类号能较准确地表达出制剂的详细信息及文献所涉及特征，同时能大大减少噪声和提高浏览速度，且能检索全面并降低漏检率；b. 药物制剂中大多数相关信息体现在说明书的发明内容和实施例中，而在摘要、关键词、题目以及权利要求中未能清楚地表达出来。

（5）对于数据库的选择而言，由于不同的数据库都有自身的特点以及检索要求，比如在 CNTXT 中，使用关键词检索出的内容不仅体现在摘要、关键词、题目以及权利要求中，还体现在说明书全文部分，但其噪声较大，因此在选择数据库时，不仅要考虑检索领域中相关专利的内容分布情况，还需考虑数据库自身的特点以及检索要求。药物制剂产品中大多数相关信息出现在说明书的发明内容和实施例中，而在摘要、关键词、题目以及权利要求有时模糊不清，使用关键词在 CPRS、DWPI 等文摘型数据库进行检索容易漏检，而在全文数据库中却能较快、较准地检索出相关文献。

（6）药物制剂产品中，往往独立权利要求的保护范围非常大，相关的特征都是很上位，其中的关键词很难体现出发明申请的发明点，因此，如果检索时仅仅从中选择关键词，常常很难检索到相关文献，并且噪声也是非常大，即使检索到相关文献有时也只能评述部分权利要求，甚至有时评述内容非常牵强。因此，在这种情况下，审查员为了能准、快、高地检索出相关文献，需从说明书中给出的发明点以及相关实施例的内容中选择关键词进行表达。

【案例 3 – 2 – 2】

待检索技术方案：以盐酸布替萘芬为主要成分的外用凝胶剂，配方中含有盐酸布替萘芬、增溶剂、高分子基质材料和其他辅助剂，其中按重量计各成分的配比为：盐酸布替萘芬为 1% ~5%，增溶剂为 4% ~12%，高分子基质材料为 0.1% ~15%，其他辅助剂为 68% ~94.9%。

检索结果分析：

（1）检索结果

检索得到的有效 XY 类对比文件如下：

WO9953913A1；US6075056A；WO06038317A1；CN1600301A；CN1124014A；CN1543957A；CN1372974A；CN1457765A；WO05079746A1；WO04089357A2；WO04058262A1；“非离子表面活性剂的性质及应用”，严群芳等，贵州化工，第 30 卷第 5 期，2005 年；“1% 盐酸布替萘

芬凝胶治疗体股癣疗效观察”，张军民等，热带医学杂志，第6卷第1期，第27－29页，2006年1月；“HPLC法测定盐酸布替萘芬凝胶剂的含量”，刘燕等，齐鲁药事，第24卷第5期，第284－286页，2005年。

（2）典型检索思路分析

a. WPI数据库的典型检索思路分析

用关键词进行检索：

butenafine and (gel+ or jellies)　结果为48

关键词检索，但截词符的选择不同：

butenafine and (gel? or gelata or gellant or jellies)　结果为35

用确定的关键词进行检索：

butenafine and gel　结果为34

用关键词和分类号结合进行检索：

A61K9/00/ic and butenafine　结果为14

上述检索都选择了“butenafine”与“gel”两个关键的词根，但是根据截词符及关键词的扩展形式不同，以及是否采用了IPC分类号进行检索，检索效率各不相同。

b. CNPAT数据库的典型检索思路分析

用活性成分的关键词进行检索，并对关键词进行了适当扩展：

(001) F KW 布替萘芬+布替那芬+布特萘芬 <hits: 17>

对发明人进行了追踪：

(001)　F IN 凌沛学 <hits: 126>

(002)　F KW 布替那芬+布特萘芬 <hits: 1>

(003)　F KW 真菌 <hits: 4703>

(004)　F IC A61K031137 <hits: 432>

(005)　J 3*4 <hits: 11>

采用了辅料的关键词：

F KW 凝胶*高分子基质 <hits: 12>

总结：

本案例可以在WPI、CNPAT、WPI、CA、CNKI等5个数据库或检索系统中检出对比文件，例如，在WPI中以关键词“Butenafine and gel”进行检索，可以获得影响本案新颖性的对比文件：WO9953913A1（同族EP1071413A1，US6143794A）、US6075056A，以“Butenafine and (gel? Or gelata or gallant or jellies)”进行检索，可以获得影响本案创造性的Y类对比文件：WO06038317A1；在CNPAT中主要以“盐酸布替萘芬*凝胶剂”进行检索，可以获得影响本案创造性的X类对比文件：CN1600301A，以“（布替萘芬+布特萘芬+布替那芬）*凝胶”进行检索，可以获得影响本案创造性的Y类对比文件：CN1124014A，以“凝胶*高分子基质”进行检索，可以获得影响本案创造性的Y类对比文件：CN1543957A、CN1372974A、CN1457765A；在CA中以“101827－46－7 and gel*”进行检索，可以获得影响本案创造性的Y类对比文件：WO05079746A1、WO04089357A2、WO04058262A1；在CNKI中以“主题：盐酸布替萘芬 凝胶剂”进行检索，可以获得影响本案创造性的Y类对比文件：1%盐酸布替萘芬凝胶治疗体股癣疗效观察、HPLC 法测定盐酸布替萘芬凝胶剂的含量。

本案例在 CNKI 中会得到 3 篇 Y 类文献、在 CNPAT 美国全文库中得到可以用来结合的 1 篇 Y 类文献；在 EPOQUE 中能得到 1 篇 X 类文献；本案例的现有技术较为丰富，检索时应根据检索结果适当分析本申请所属领域的技术发展状况，以合理判断是否终止进行检索：在没有检索到新颖性的对比文件的情况下，针对这种活性成分为已知的剂型的创造性检索，现有技术中一般会对该活性成分笼统提出可以制备的剂型，在检索到现有技术的前提下，再进行具体辅料的检索；例如，在检索中发现：某非专利文献公开了 1% 盐酸布替萘芬凝胶剂，但没有公开所用的辅料，并且从相关文献中也了解到现有技术中布替萘芬多为乳膏剂，因而本案例应为国内较常见的改变剂型的发明，所以预测到国内专利文献中相关凝胶剂的申请中可能公开了本案例所用凝胶辅料，所以再次进入 CNPAT 中检索有关凝胶剂的申请，检索到一个可用的 Y 类文献，可以与其他文献结合评述部分权利要求的创造性。

【案例 3-2-3】

待检索技术方案：一种克霉唑阴道片，其特征在于含有生理有效量的克霉唑，无局部刺激作用，具有良好的融变时限。

检索结果分析：

(1) 检索结果

检索得到的有效 X 类对比文件如下：

US6537970 B1；US20050255157A1；WO2005115368A1；JP2002363101A；WO03092950A1；CN1592600A；CN1279944A；“克霉唑阴道片治疗念珠菌阴道炎 120 例”，刘文惠等，医药导报，2002 年第 7 期，第 408-409 页，2002 年 7 月；“克霉唑阴道片对复发性阴道念珠菌病的防治效果分析”，李承慧等，实用医学杂志，第 16 卷第 4 期，第 318-319 页，2000 年；“克霉唑阴道片与克霉唑软膏治疗霉菌性阴道炎临床观察比较”，杨虹等，天津医科大学学报，第 9 卷第 3 期，第 395 页，2003 年；“达克宁栓及克霉唑阴道片的体外对比研究”，吕桂霞等，实用妇产科杂志，第 16 卷第 4 期，第 194-195 页，2000 年 7 月；“凯妮汀治疗霉菌性阴道炎的疗效观察”，周晓敏等，江南学院学报，第 95-96 页，2000 年 12 月；“凯妮汀治疗妊娠期念珠菌阴道炎 40 例疗效观察”，何建明，临床医学，第 43-44 页，2002 年 9 月。

(2) 典型检索思路分析

a. WPI 数据库的典型检索思路分析

用确定的关键词进行检索：

vaginal and tablet and clotrimazole　　结果为 13

用关键词配合截词符进行检索，关键词的选择不同：

clotrimazole? And Lact +　　结果为 3

clotrimazole and ((lactic w acid) or (calcium w lactate))　　结果为 61

用确定的关键词检索，对关键词进行了广泛的扩展：

(lactic w acid) or (calcium w lactate) or lactose or lactin or lactobiose or mannitol or starch or (microcrystalline w cellulose) or dcp or (hydroxypropyl w cellulose) or povidone or (sodium w carboxymethyl w cellulose) or (starch w sodium carbocisteine) or mcc or cpvp or (galactosyl w glucose) or polyvinyl or polypyrrolidone or magnesium or stearate) and (clotrimazole or c22h17cln2) and vaginal and clotrimazole　结果为 14

在检索过程中，主要使用了关键词进行检索，在选取关键词时主要为与活性成分相关的关键词 clotrimazole，其他关键词的选取还包括，例如给药途径或者剂型相关的关键词：Vaginal、tablet。

b. CNKI 数据库的典型检索思路对比

用活性成分、剂型及辅料为关键词：

主题：克霉唑 and 片 and 乳酸　结果为 4

用活性成分、剂型为关键词：

主题：克霉唑 and 阴道片　结果为 69

主题：克霉唑 and 乳酸　结果为 11

用活性成分、剂型为关键词，同时用辅料进行了限定：

题名：克霉唑 and 阴道片；全文：乳酸　结果为 10

总结：

本案例可以在 WPI、CNKI、CNPAT 等 3 个数据库或检索系统中检出对比文件，例如，在 WPI 中主要以关键词"Vaginal and tablet and clotrimazole"，可以获得影响本案新颖性的对比文件：US20050255157A1、US6537970B1，主要以"Clotrimazole? And lact +"，可以获得影响本案创造性的 Y 类对比文件：WO2005115368A1、JP2002363101A、WO03092950A1；在 CNPAT 中以"克霉唑 * 阴道片"或者"克霉唑 + 三苯甲咪唑 + 抗真菌 1 号"，可以获得影响本案新颖性的对比文件：CN1592600A，影响创造性的 X 类对比文件：CN1279944A；在 CNKI 中以"题名：克霉唑阴道片、全文：乳酸"进行检索，可以获得影响本案创造性的 X 类对比文件：克霉唑阴道片治疗念珠菌阴道炎 120 例、克霉唑阴道片对复发性阴道念珠菌病的防治效果分析、克霉唑阴道片与克霉唑软膏治疗霉菌性阴道炎临床观察比较，以摘要"克霉唑 and 阴道片"进行检索，可以获得影响本案创造性的 X 类对比文件：达克宁栓及克霉唑阴道片的体外对比研究、凯妮汀治疗霉菌性阴道炎的疗效观察、凯妮汀治疗妊娠期念珠菌阴道炎 40 例疗效观察。

本案例的制剂涉及具体药物克霉唑，用关键词表达该要素已经很准确，可优先考虑关键词入口而不是 IPC 分类号，但是在关键词表达时应注意其商品名的扩展，如凯妮汀，可以利用中国药物专利数据库中的西药辞典功能获取各种同义词和商品名称；即对于这类确定的活性物质的制剂权利要求而言，优先选用关键词检索，而对于剂型特征而言，用 IPC 分类号表达更好一些。

本案还提示，选择不同数据库的检索结果和检索效率也会不同，目标文献 US6537970B1 的获得途径体现了不同数据库的效率差异，在 CPRS 的美国全文数据库中检索，仅以"Clotrimazole"进行检索只有 40 多篇文献，其中应有 1 篇是 X 文献，即 US6537970B1；而在 EPOQUE 中进行检索时，需要表达其他的技术特征进行合理的限定才能获得该文献。另外，Google 或 Google Patent 对于检索美国专利文献也是一个不错的手段，因此，考虑对美国专利数据库进行检索时，Google 或 Google Patent 不失为一个事半功倍的途径。

【案例3-2-4】

待检索技术方案：一种在体反应式微气泡超声造影剂，其特征在于该造影剂由含修饰后的高分子聚合物或脂质体囊膜材料与酸源和碱源颗粒粉末混合物以及靶向抗体和磷酸缓冲液组成；该造影剂中，囊膜材料占造影剂的比例是8%～20%质量/体积百分比，酸源、碱源颗粒粉末混合物占造影剂1%～10%质量/体积百分比，靶向抗体的比例为1%～5%质量/体积百分比，其余为磷酸缓冲液溶剂。

检索结果分析：

（1）检索结果

检索得到的有效XY类对比文件如下：CN1121314A；CN1121315A；CN1238700A；CN1100929A；CN1397348A；CN1121315A；CN1438037A；CN1631444A；CN1744921A；CN1088114A；CN1669586A；CN1192930A；WO9313809A1；WO2007012962A2；US2004258761A1。

（2）典型检索思路分析

a. 中文专利数据库的典型检索思路分析

在中国专利全文数据库中，用上位概念“泡腾”为关键词进行检索：

关键词：造影 and 泡腾　　结果为12

在CNPAT中，同时使用了分类号：

关键词和分类号：（超声+回声）*前体、A61K49/22　　结果为3

在CNPAT中，对关键词进行了广泛的邻位扩展，关键词的表达较全面：

关键词：（造影+显影+气泡）、（柠檬酸+酒石酸+富马酸+已二酸+苹果酸）、（聚合物+囊膜+聚乳酸+聚丙交酯+聚乙交酯+聚乙烯醇）、（胆固醇+磷脂）、（碳酸钠+碳酸氢钠+碳酸钾+碳酸氢钾+碳酸钙）、抗体之间的组合

b. WPI数据库的典型检索思路分析

用关键词进行了检索，对于无机化合物，用其分子式进行表达：

(contrast w agent) and (acid and alkali) and (nahco3 or na2co3 or k2co3 or caco3)　结果为2

用关键词和分类号（EC分类号）进行了检索，其关键词进行了充分的扩展：

A61K49/22P4/EC and polymer? or phospholipid? and (react + or neutrali + or co2 or (carbon w dioxide) or ((citric w acid?) or (tartaric w acid?) or (fumaric w acid?) or fumarate? or (adip? ic w acid?) or (hex ane w diacid?) or (malic w acid?) and (carboxylic w acid w salt?) or carbonate? or na2co3 or nahco3 or k2co3 or khco3 or caco3))　　结果为8

对于关键词进行了不同角度的选取和表达：

a61k49/22/ic and antibody + and phospholipid +　　结果为8

总结：

本案例可以在CNPAT、WPI、EPODOC等3个数据库或检索系统中检出对比文件，例如，在CNPAT中主要以关键词“造影 and 泡腾”，可以获得影响本案创造性的X类对比文件：CN1121314A、CN1121315A（目标文献），以关键词“造影剂、聚丙交酯、卵磷脂、酸、碱、抗体”、A61K49/00的组合应用，并对关键词进行充分的扩展，如酸扩展为酸、柠檬酸、有机酸、酒石酸、富马酸、已二酸、苹果酸、中和，聚丙交酯扩展为高分

子、聚合物、大分子、聚乳酸、PLA、聚丙交酯、聚乙交酯、PLGA、聚乙烯醇、PVA，可以获得影响本案创造性的X类对比文件：CN1238700A、CN1100929A、CN1397348A、CN1121315A、CN1438037A、CN1631444A、CN1744921A，以关键词“（造影+显影+气泡）*（柠檬酸+酒石酸+富马酸+己二酸+苹果酸）*（聚合物+囊膜+聚乳酸+聚丙交酯+聚乙交酯+聚乙烯醇）”，可以获得影响本案创造性的Y类对比文件：CN1088114A、CN1669586A、CN1192930A；在WPI中，通过对CN1238700A的背景技术的文献的追踪，发现HOLMES MICHEL JOHN的系列申请，从而获得影响本案创造性的X类对比文件：WO9313809A1；以及在WPI中以“Antibody and reaction and a61k49/22/ic/ec”，在EPODOC中以“A61K49/22P4/EC AND (olymer? or phospholipid?) and (id + or base + or alkali or arget + or antibod +) and target + or antibod + ”进行检索，分别能够获得与上述Y类对比文件进行结合的Y类对比文件：WO2007012962A2、US2004258761A1。

本案既涉及关键词的扩展，也涉及IPC分类号的扩展，扩展时如果仅局限在权利要求中给出的技术特征，如“酸源”、“碱源”，而不注意到说明书中的相关概念“泡腾剂”容易造成漏检。另外，分类号检索时也应注意适当的扩展，如果仅使用A61K49/22（本案例相关的分类号），没有进行任何扩展，也容易造成漏检。虽然该分类号是准确的（回声成像剂；超声成像剂），但是，为了尽可能减少漏检，在文献量不是很大的情况下，按照分类号扩展的一般原则，至少应当扩展到大组A61K 49/00（体内试验用的配制品）。

三、药物制剂领域专利申请的检索策略和检索技巧

（1）对于制剂产品专利来说，关键词是最常用的检索手段，对于关键词的选取，不仅要关注活性成分和剂型，还要关注辅料成分；对于辅料成分较多的情况，应当根据辅料的含量多少和/或其是否常用来选择。

（2）对于剂型的关键词，扩展时不仅应扩展同义词，还应当考虑能够达到其效果的其他剂型。

（3）分类号在制剂类型的检索中是非常有帮助的，在A61K9/00的大组中，对各种剂型都进行了细分，表达相对比较准确，用这些分类号检索时，相对于关键词会减少噪声以及检索更全面（有时剂型的关键词只在全文中出现而没有在标题、权利要求、摘要和关键词中出现）。

（4）由于药物制剂产品有很多情况下会记载于说明书实施例中，即在标题、权利要求、摘要和关键词中没有记载，对于摘要数据库进行检索可能会造成漏检，因此使用全文库进行药物制剂的检索是避免漏检的一个重要手段。

第三节　制药用途领域

一、制药用途领域专利申请特点简介

制药用途权利要求其发明目的往往在于其中的已知活性成分具有了新的医药用途，因

此，此时的检索对于其中的活性成分应当是找到结构相同或相似的化合物，而对于用途则应当扩展到上位领域、下位领域以及治疗机理相同而疾病不同的领域。另外，在用途权利要求中往往包含给药途径、给药方法、给药剂量和给药对象这些限定，检索时应当区分这些因素是否对权利要求具有限定作用。

二、制药用途领域典型检索案例的检索分析总结

【案例3－3－1】

待检索技术方案：鲁斯可皂苷元和/或鲁斯可皂苷元与糖链结合形成的苷在制备防治血栓疾病药物中的应用。

检索结果分析：

（1）检索结果

检索得到的有效X类对比文件如下：FR1911M；GB1023219。

（2）典型检索思路分析

a. WPI数据库中典型的检索思路分析

检索思路一：

.. fi wpi |

.. er all |

ruscogenin |

(internal w clot) or embolism or throm or thromb or thrombi or thrombus or hemagglutinin or hemagglutination | and1，2 |

在上述检索过程中，对“血栓”这一检索要素进行了充分的扩展，在获得的两个检索结果中包含目标文献。

检索思路二：

直接用鲁斯可皂苷元的关键词进行检索，获得的文献量较少，直接浏览可获得目标文献；如果用两个准确的关键词“ruscogenin and thrombus”进行检索，检索结果仅1篇文献，不能作为X或Y对比文件。

检索思路三：

ss1 ruscogenin and thromb +

ss2 (rusco w saponin) and thromb +

ss3 (ophiopogon w saponin) and thromb +

在上述检索过程中，对血栓进行了截词表达，鲁斯可皂苷元用其准确关键词，也能获得目标文献。

检索思路四：

Ruscogenin + and (thrombotic + or platelet + or embolism + or emboliz +)

在上述检索过程中，对鲁斯可皂苷和血栓都进行了扩展和截词表达，也能获得目标文献。

b. 无效的检索思路

EPOQUE：

? thrombotic

** SS 8：Results 2.419

? steroidal w saponins

** SS 9：Results 24

? steroid w saponin?

** SS 11：Results 93

? steroid?? w saponin?

** SS 14：Results 981

CNPAT：

（001） FKW 麦冬 <hits：2229>

（002） FICA61K036896 <hits：3514>

（003） J1 +2 <hits：4988>

（004） FKW 血栓 <hits：2932>

（005） FICA61P00702 <hits：1647>

（006） J4 +5 <hits：3836>

在上述检索过程中，对基本检索要素表达存在缺陷，对鲁斯可皂苷元这一重要检索要素仅表达为短葶麦冬总皂苷、山麦冬总皂苷、短葶麦冬总苷 C、麦冬皂苷 D、川麦冬总皂苷等，这些麦冬中的皂苷并不是鲁斯可皂苷元的表述形式；另外，将其局限于麦冬这一植物中也有失偏颇。

总结：

本案例可以在 WPI 数据库中检出对比文件。例如在 WPI 数据库中以鲁斯可皂苷元的英文关键词"Ruscogenin"和不同的血栓关键词进行检索即可获得对比文件。本案例涉及制药用途主题词的表达，尤其是对英文词根、截词符等的使用，应充分考虑疾病主题表达、截词符的使用，用词根截词"thromb +"作为关键词可以检索到上述 X 类文献，用血栓的完整英文"thrombus"却漏检。针对本案例，在表达血栓性疾病时，需要对相关疾病名称进行较为充分的扩展，如血栓、血管栓塞、凝血、血凝、栓塞等，在选取英文关键词时用截词符可以提高检索效率，降低漏检率。类似地，遇到其他涉及疾病名称的申请时，检索时也应注意对疾病名称的扩展和表达。

制药用途发明的特点之一是药物活性物质比较明确，一般具有明确的结构、名称、CAS RN；特点之二是用途的表达较复杂，疾病名称的关键词不好确定。对于比较明确的药物活性物质本身，力求将其表达清楚、准确，表达时应充分考虑其化学名称，分子式，常见商品名和别名、CAS RN 以及准确的 IPC 分类号；对用途特征，尤其是疾病名称的表达，应尽可能表达全面，如果关键词不好确定，可以利用 IPC 分类号，如 A61P 副分类号，审查员往往过分关注关键词的扩展而忽视分类号的使用，实际上，对于制药用途权利要求而言，以 IPC 分类号表达用途特征可以大大提高查全率，防止漏检。

【案例3-3-2】

待检索技术方案：积雪酸在制备预防或治疗肝脏纤维化的药物中的应用，其中该积雪酸的化学结构如式Ⅰ所示：

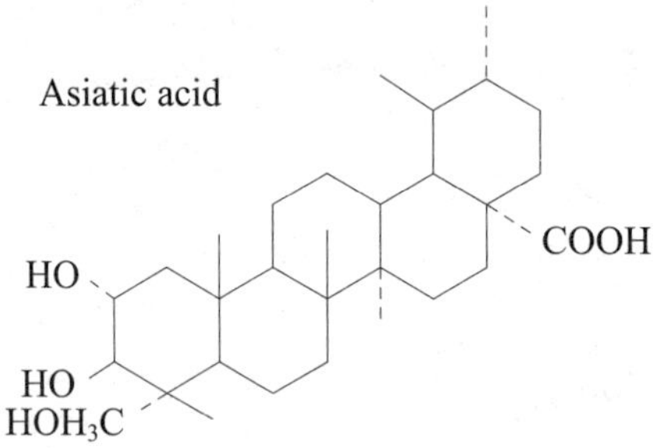

Asiatic acid

HO

HO

HOH_3C

COOH

式I

检索结果分析：

（1）检索结果

检索得到的有效X类对比文件如下：Structure-Related Cytotoxicity and Anti-Hepatofibric Effect of Asiatic Acid Derivatives in Rat Hepatic Stellate Cell-Line，HSC-T6. Mi-Sook Dong, Seung-Hyun Jung，etc. Arch Pharm Res Vol. 27，No. 5，pages 512－517，2004；CN1543962A；KR20050092568A。

（2）典型检索思路分析

a. 中文专利数据库的典型检索思路分析

在CNPAT中检索的典型思路一：

(001) F KW 积雪酸 <hits：4>
(002) F KW 积雪草酸 <hits：13>
(003) F KW 积雪苷+积雪甙+积雪草苷+积雪草甙 <hits：46>
(004) F KW 积雪草 <hits：146>
(005) F IC A61K03156 <hits：1114>
(006) F IC A61P00116 <hits：4237>
(007) J 5*6 <hits54>

在上述检索过程中，以关键词和分类号为入口进行检索，可以获得目标文献CN1543962A。

在CNPAT中检索的典型思路二：

(001) F PA 上海医药工业研究院 <hits：359>
(002) F IN 刘英 <hits：790>
(003) J 1*2 <hits：7>
(004) F KW 积雪酸 <hits：4>
(005) F KW 亚细亚酸+积雪草酸+五已环酸 <hits：13>
(006) F KW 乌苏酸 <hits：8>

在上述检索过程中，通过扩展关键词检索，从西药辞典中获得积雪酸的其他表达方式，如乌苏酸进行检索也能获得目标文献CN1543962A。

b. 外文专利数据库的典型检索思路分析

在 EPODOC 数据库中，典型检索思路如下：

hepatic w fibrosis 450

asiatic w acid 90

1 and 2　2

在上述检索过程中，肝的纤维化的关键词表达为“Hepatic w fibrosis”，即可检索到目标文献 KR20050092568A。

c. 非专利数据库的典型检索思路分析

在 CA 数据库中以关键词“fibrosis”或“hepatic”为入口进行检索，能够获得非专利对比文件。如果将积雪酸的 CA 登记号“464－92－6”和关键词“hepatic”进行组合检索，可获得 2 篇对比文件，1 篇为专利文献，1 篇为非专利文献。

总结：

本案例的对比文件分布在常用的多个数据库中，如 CNPAT、EPOQUE、ISI Web of Knowledge、CA 等，但是对比文件与技术方案的相关度不尽相同，有的是评价新颖性，有的是评价创造性；另外，即使同一篇文献，检索途径也可能存在较大差异。本案例涉及选择数据库的习惯和对终止检索的时机把握。如果优先选择在 CNPAT 中检索，且仅获得了评价创造性的对比文件就终止了检索不妥当。如果在 CNPAT 中变换关键词或辅以分类号检索，则能获得评价新颖性的对比文件。再有，优先使用非专利数据库进行检索也能获得评价新颖性的专利和非专利对比文件。

【案例 3－3－3】

待检索技术方案：治疗与属于冠状病毒科的巢状病毒目的病毒有关的疾病的方法，所述方法包括给予需要所述治疗的受试者治疗有效量的黄芩苷和/或其药学可接受的衍生物或盐。

检索结果分析：

（1）检索结果

检索得到的有效 X 类对比文件如下：“推荐防治 SARS 中药介绍”，中国中医药报，2003 年 6 月 18 日；“防治 SARS 中药的研究线索”，肖培根等，中国中药杂志，第 28 卷第 6 期，第 481－483 页，2003 年 6 月 30 日。

（2）典型检索思路分析

a. 非专利数据库典型检索思路分析

在 CNKI 数据库中检索思路：

摘要＝SARS and 全文＝黄芩苷

在上述检索过程中，在摘要中锁定 SARS，进一步在全文中检索黄芩苷，检索比较全面。如果在摘要中关注 SARS，在全文中检索黄芩，但未表达黄芩苷，得到的对比文件一般仅能评价权利要求 1 的创造性。如果在题名中关注 SARS，在全文中检索黄芩苷，更贴近权利要求中活性成分的表达，进一步缩小了文献范围，但有可能漏检。

总结：

本案例的制药用途涉及敏感主题，即 2003 年集中爆发的“非典”。对于此种情况，应充分考虑现有技术对该主题的关注的集中情况，比如文献分布和公开年代。本案例的检索过程中，如果能够将SARS出现的特殊年限与检索过程联系起来，缩小文献阅读量则大有裨益。SARS相关文献基本在2003年之后才出现，特别是专利文献更是如此，因此，在专利文献数据库中检索时并不容易获得合适的对比文件，此时应重点考虑非专利数据库。由于SARS属于严重公共安全事件，爆发后社会各阶层的关注度都相当高，而报纸属于能够快速向公众传达信息的载体，因此不能忽视CNKI系列数据库中的“中国重要报纸全文数据库”的检索。因此，在涉及社会关注度较高的技术主题时，比如突发公共安全事件，审查员应充分考虑预期对比文件的分布和公开年代，并将这种认识结合到检索策略中，这样才有利于快速、准确地获取对比文件。另外，在非专利文献数据库中检索时，检索结果还会受到其他因素影响，需要引起审查员注意，比如：检索入口的选择、关键词扩展程度，关键词与检索入口的组配、浏览文献的仔细程度等。

三、制药用途领域专利申请的检索策略和检索技巧

（1）药物活性成分检索，使用关键词、分类号对活性成分进行充分的表达，如药物活性成分的商品名、正名、异名、化学名、分类号、CAS登记号等，找到相关的文件。由于药物化合物通常会公开至少一种用途，因此如果检索结果不多的话，可以对文献进行浏览。

（2）如果用药物的活性成分进行检索时发现相关文件量很大，说明该活性成分被广泛研究，此时可以结合用途来检索。对于用途检索要素的表达，可以用关键词和分类号，例如：IPC分类表中A61P小类对各种医药用途进行了细分，表达也很准确；MC中对于活性物质的用途也有较好的分类，在B14（药物活性）的类目下根据药物的不同用途进行了详细的分类，因此MC的使用也可以使检索更高效、准确。在使用时应当注意，MC的分类规则在不断改变，但是德温特公司没有对以前的文献重新进行标引，例如药物活性类目在1994年以前是B12，1994年后为B14，此时应注意MC的指引。

（3）对于用途检索要素表达时要进行充分的扩展，包括其同义词、机理、药理；病名包括上下位概念的表达；作用机理包括病因（如病毒引起的疾病）、药物的功能（如钙拮抗剂）等。

（4）包含给药途径、给药方案、给药剂量和给药对象等与使用方式有关的特征进行限定，应当首先考虑这些特征对其权利要求是否具有限定作用，即是否对制药过程具有限定作用，仅仅体现在用药过程中的区别特征对权利要求不具有限定作用。因此，如果能够确定这些特征不具有限定作用，则检索时不考虑这些特征。如果不能确定是否具有限定作用，则在检索时应当考虑此特征，当检索不到构成X、Y的对比文件时，可以去掉该特征进行检索。

第四章　高分子领域专利检索策略

第一节　高分子组合物领域

一、高分子组合物领域专利申请特点简介

高分子组合物涉及的领域跨度较大，纵向上既涉及聚合物合金、聚合物基复合材料、填充改性聚合物等上游原材料，又涉及涂料、油墨、黏合剂等下游工业品，横向上既涉及石油化工、建筑、汽车等传统工业，又涉及光电、军工、航空航天等高科技产业。然而，以检索的角度，仍可以归纳出高分子组合物的如下主要特点。

1. 申请人的特点

高分子组合物领域的专利申请人以国内外企业、国内高校以及科研院所为主。其中，国内外企业的专利申请占本领域专利申请的绝大多数。通常而言，企业申请人在各自领域具有一定的技术积累，在技术发展线路上呈现出较为清晰的技术脉络，且由于企业因行业竞争而具有较强的知识产权保护意识，表现在专利申请上就会提出一系列技术相似的专利申请。而对于国内高校及科研院所，其关注的焦点通常在于发明本身的学术价值，因而这类申请人往往会在期刊、学位论文等载体上公开发表可能与发明相关的研究成果。鉴于申请人的上述特点，在检索时可以有针对性地采取适宜的检索策略。

2. 权利要求的特点

包含物理—化学参数的组合物权利要求，多常见于一些国外大型企业的专利申请，以及一些涉及行业质量标准的专利申请。涉及的物理—化学参数包括具有通用性的各种参数，例如熔体流动指数、特性黏度、透气性、针入度等。一些情况下，该参数还可能是申请人自己定义的，并不具有通用性。审查员在检索时，需要充分考虑该参数对组合物的组成和结构是否具有限定作用。

组合物权利要求中还包括一些以方法特征进行限定的权利要求，所述方法特征主要包括原料配方、制备方法等。其中，对于以制备方法限定的组合物权利要求，与物理—化学参数限定的组合物权利要求类似，需要特别关注该方法对组合物的组成和结构是否具有限定作用。

在高分子组合物领域，经常会遇到主题名称（也可能是权利要求其他部分）带有用途限定的权利要求，例如“用于制造高透高刚性烟用包装膜的聚丙烯树脂组合物”。对这类权利要求，确定该用途限定是否具有限定作用是进行检索和审查的难点。

存在这样一些组合物权利要求，其发明的关键之处往往在于其所使用的某些特殊组分。其中的特殊组分可能是具有明确化学命名和/或明确化学结构的具体化合物，也可能虽是较为上位的化合物命名或以通式表示，但在说明书中具体给出了相对应的下位的具体化合物。对于这类权利要求，从某种意义上来说，该特殊组分的特殊性也恰恰赋予了利用

其进行检索的高效性。

二、高分子组合物领域典型检索案例的检索分析总结

【案例 4－1－1】

待检索技术方案：一种纸板吸塑油，其特征在于：按重量份比的配方如下，SBS 100；石油树脂 50～170；溶剂 200～550；所选用的 SBS 按质量比要符合 S∶B＝4∶6。

检索结果分析：

（1）检索结果

表 4－1－1 案例 4－1－1 的检索要素表

	关键词	分类号
要素 1	苯乙烯，丁二烯，丁苯，SBS，嵌段，styrene，butadiene	C08L 25/10 C08L 57/02
要素 2	石油树脂，增粘树脂 petroleum resin?,	C08L 57/02
要素 3	粘合剂，胶粘剂，吸塑油，吸塑，纸塑，复膜，胶黏剂，黏合剂，胶，adhesive?，binder，gelatin?，glue	FT：4J004/AA02，4J004/AA07
要素 4	纸板、纸	

注：采用“吸塑油”作为关键词，很难检索到相关文献

（2）典型检索思路分析

a. 在 CNKI 中采用关键词进行检索

检索思路评析：

首先，在 CNKI 数据库中针对主要检索要素 1～3 进行较为全面的检索：（SBS＋苯乙烯＋丁苯）＊（胶＋粘合剂＋胶粘剂）＊（纸膜＋复膜）－摘要；石油树脂＊溶剂－全文。获得 X 类文献：张建英，“溶液型 SBS 压敏胶粘剂的研制”，中国胶粘剂，第 7 卷第 1 期，第 23－26 页，1998 年。其次，考虑到技术方案在文字上并不存在诸如胶、粘合剂或胶粘剂之类的表述，为避免漏检，仅利用要素 1 和 2 进行要点检索：石油树脂－全文；SBS－摘要。获得 X 类文献：蒋裕平，“一种新型的 SBS 装饰胶”，中山大学学报论丛，2002 年，第 22 卷，第 3 期，第 240－242 页；张建英，“溶液型 SBS 压敏胶粘剂的研制”，中国胶粘剂，第 7 卷第 1 期，第 23－26 页，1998 年。

此检索思路的缺点是：

在 CNKI 数据库中利用关键词进行检索时，需要注意对检索入口的组合使用。例如，在本案中，由于石油树脂很可能仅出现在全文中，如果仅以摘要为检索入口可能导致漏检；此外，在体现全部检索要素的全面检索未获得合适对比文件时，还可能需要省略部分次要检索要素，进行要点检索，以避免漏检。

b. 在 CNABS 中采用关键词或关键词与分类号的组合进行检索

检索思路评析：

首先，在 CNABS 数据库中利用发明人和该发明人所属企业进行追踪检索，未发现合适对比文件。其次，仅利用关键词“石油 * 树脂”、“（SBS + 苯 * 烯）”、“粘合剂 + 胶粘剂 + 胶黏剂 + 黏合剂”进行检索，获得 Y 类文献：CN1074496A 和 CN1453325A。此外，利用 IC 分类号“C08L02510 + C08L009/06 + C09J10906 + C09J12510 + C09J15302”、“C08L05702 + C09J15702”，并结合关键词“苯乙烯 * 丁二烯 + 苯乙烯 * 异戊二烯 + SBS + SIS + 丁苯 + 苯乙烯 *（弹性体 + 橡胶）”、“石油树脂 + 萜烯树脂 +（增粘 + 增黏）*（剂 + 树脂）”和“溶剂 + 甲苯”，进行组合检索，检索到 A 类对比文件：CN1055377A 和 CN1049172A。

此检索思路的缺点是：

本案中作为检索要素之一的石油树脂很可能出现在全文中，因而与在 CNKI 中进行全文检索相比，采用 CNABS（主要收录摘要、权利要求书信息）进行检索时，检索结果并不理想。并且，如果省略该检索要素进行检索，又需要仔细核对检索结果中每篇文献的全文内容，文献浏览量较大。

c. 在 DWPI/SIPOABS 数据库中利用关键词或关键词与分类号的组合进行检索

首先，在 DWPI/SIPOABS 数据库中仅利用关键词“SBS”、“PETROLEUM RESIN”、“GLUE、ADHESIVE”、“CARDBOARD”进行检索，检索到 Y 类文献：JP 特开昭 63 – 278989A 和 A 类文献：WO0014170A1。其次，利用 IC 分类号“C08L25/10 OR C08L9/00 OR C08L53/02 OR C09J125/10 OR C09J109/06 OR C09J153/02）/IC”、“C09J7/IC”，并结合关键词“PETROLEUM RESIN”进行组合检索，获得 Y 类文献：JP 特开平 5 – 179218A 和 JP 特开平 9 – 286965A。此外，根据数据库的检索特点，利用 FT 分类号“4J004/AA02 AND 4J004/AA07”和关键词“SBS OR STYRENE OR BUTADIENE”，进行组合检索，获得 Y 类文献：JP 特开昭 63 – 278989A。

此检索思路的缺点是：

DWPI 和 SIPOABS 数据库中虽然检索手段丰富，但与在 CNABS 中检索类似，由于检索要素 2“石油树脂”主要出现在全文信息中，因而在 DWPI/SIPOABS（也主要收录文摘信息）中进行检索时，检索结果也不太理想。

总结：

经过本案例的检索策略的分析可知，作为这种组合物权利要求，关键词检索是最为常用的检索方式，尤其是对于那些采用了具体物质，而不是用某种通式或功能性的描写来限定组分的权利要求。

对于用某种通式或功能性的描写来限定组分的权利要求，首先可以尝试利用其下位的物质的关键词进行检索，若无法通过关键词检索到合适的对比文件，则可以主要通过表征用途的分类号和表征主要组成物质的分类号进行检索。此外，应用目前互联网上的搜索系统如 Google、Baidu 等进行关键词的检索，也是一种有效的方式。

【案例 4 – 1 – 2】

待检索技术方案：一种聚碳酸酯/ABS 复合材料，包括以下组分和重量份数：A. 聚碳酸酯：40~90 重量份；B. ABS：5~50 重量份；C. 极性化 SDS：5~30 重量份；其中所述的 ABS 指的是结构单元中含有聚丙烯腈、聚苯乙烯、聚丁二烯链段的三元共聚物，所述的极性化 SDS，是一种四嵌段共聚物，其包含 SDSP 的结构，其中 S 代表聚苯乙烯嵌段，D 代表聚丁二烯嵌段或聚异戊二烯嵌段，P 代表极性嵌段，该极性嵌段由乙烯基砒啶或其衍生物的极性单体聚合得到。

检索结果分析：

（1）检索结果

检索得到的有效 X 文献如下：

“PC /ABS/SBS-g-DABPA 共混体系研究”，周立明等，工程塑料应用，第 34 卷第 7 期，第 25－27 页，2006 年；

有效的 Y 类文献如下：

CN1086827A；CN101085859A；CN1676539A；CN1605600A；CN101070367A；CN1141337C；CN1454911A；CN1789332A；CN1580126A；CN101024720A；CN1280595A；US3567798A；“ABS/改性 PE/PC 塑料合金的研制”，刘树清等，黑龙江石油化工，第 2 期，第 17－20 页；“极性化 SBS/PS 共混改性热塑性弹性体制备及性能研究”，李娜等，中国塑料，第 21 卷第 11 期，第 48－52 页；“高流动性 PC /ABS 合金形成过程中的相形态演变与性能研究”，于建等，塑料，第 36 卷第 6 期，第 1－4 页；“极性化 SBS 与 PVC 的抗冲改性”，徐建波等，高分子材料科学与工程，第 21 卷第 3 期，第 196－200 页；“Properties of acrylonitrile-butadiene-styrene/polycarbonate blends with styrene-butadiene-styrene block copolymer”，Munir tasdemir，Journal of Applied Polymer Science，Vol. 93，Issue 6，2521－2527；CN1740229A；CN101113235A；EP1118639A2；CN1400248A；JP 平 3－273062A；EP0902046A2；CN101230188A；CN101096447A；“极性 TPE 改性塑料研究”，周燎原，四川大学硕士学位论文；CN1611547A；US4172862A；CN1298427A；EP1340794A2；“苯乙烯－丁二烯－苯乙烯－甲基丙烯酸酯嵌段共聚物的合成与表征”，肖哲等，化工进展，第 25 卷第 8 期，第 938－941 页；CN101205345A；“Effect of Styrene － Isoprene － Styrene Addition on the Recycled Polycarbonate/Acrylonitrile － Butadiene － Styrene Polymer Blends”，Munir tasdemir，et al.，Journal of Applied Polymer Science，Vol. 101，Issue 1，559－566；“极性化苯乙烯－丁二烯－苯乙烯嵌段共聚物的热氧化稳定性”，邬智勇，合成橡胶工业，第 30 卷第 5 期，第 331－333 页；CN101128542A；CN101029168A；“相容剂对 PC/ABS 共混体系性能影响的研究”，郑红娟，四川大学硕士学位论文；CN101003670A；US2002/0115789A1；“新型弹性体极性化 SBS 增韧尼龙 6 的研究”，夏金魁等，高分子材料科学与工程，第 22 卷第 5 期，第 236－239 页；CN101173089A；CN1749290A；CN1490354A；CN1490354A；US4218544A；CN101255272A；CN101113232A。

（2）典型检索思路分析

a. 在 CNABS 中采用关键词或关键词与分类号的组合进行检索

检索思路评析：

由于技术方案主要涉及 3 个组分，所以进行块检索，其中相容剂的结构特殊，将其作为第一检索要素。另外，对于其中的聚合物成分，即 PC 和 ABS，分类号 C08L69/00 和

C08L55/02 较为精确。因此，以“极性化 SDS”、“PC”和“ABS”作为基本检索要素，对基本检索要素“极性化 SDS”采用关键词“乙烯基吡啶＋乙烯吡啶”、“极性”、“嵌段＊苯乙烯”和分类号 C08L53/02（乙烯基芳族单体和共轭二烯的接枝聚合物的组合物）进行表达，对基本检索要素“PC”采用关键词“碳酸酯”、分类号 C08L69/00 进行表达，对基本检索要素“ABS”采用“苯乙烯＊丙烯腈＊二烯”、“ABS”和分类号 C08L55/02 进行表达，检索到对比文件。

还有一种检索思路，是将组合物作为一个整体，以 C08L101/00（未指明的高分子化合物的组合物）进行表达，并将相容剂的结构特征“嵌段”进行表达，二者相“与”，也检索到了对比文件。

此检索思路的缺陷有：

作为本案中关键组分的“极性 SDS”，该技术特征并没有与其对应的 IPC 分类号，因而只能对其使用关键词进行表达。然而，CNABS 数据库的检索是在著录项目以及摘要、权利要求中进行的，使用作为“极性 SDS”改性成分的“乙烯基吡啶＋乙烯吡啶”作为关键词，因所述关键词信息较为具体，一般不会出现在 CNABS 的检索范围之内，因而检索时容易遗漏对比文件，而采用“极性”、“嵌段＊苯乙烯”和分类号“C08L53/02”进行表达，噪声又较大。

b. 在 CNTXT 中采用关键词进行全文检索

检索思路评析：

通过采用 CNABS 数据库进行检索发现，采用关键词“乙烯基吡啶＋乙烯吡啶”、“极性”、“嵌段＊苯乙烯”和分类号“C08L53/02”进行检索噪声相对较大，很多检索结果中根本没有体现采用极性嵌段共聚物进行增容这一技术内容。注意到技术方案中对“极性 SDS”中的嵌段部分进行了限定“S 代表聚苯乙烯嵌段，D 代表聚丁二烯（B）嵌段或聚异戊二烯（I）嵌段”，而且通过说明书记载的内容也可以确定，所述极性 SDS 实际上是通过对 SBS 或 SIS 进行极性改性，即接枝极性共聚单体而获得的，因此，尝试以“SBS”、“SIS”替代上述检索中使用的“嵌段＊苯乙烯”和分类号“C08L53/02”，以具体表达检索要素“极性 SDS”中的“SDS”部分，之后仅以关键词的组合进行检索。鉴于 CNTXT 数据库提供了较为强大的全文检索功能，可以避免如 CNABS 等摘要数据库中因数据采编范围而带来的局限，因此选择 CNTXT 数据库进行检索，使用“SBS”、“SIS”与其他关键词，如“乙烯基吡啶＋乙烯吡啶”等，组合进行全文检索。检索时，选择性地利用同在算符或词频算符，均检索到了合适的对比文件，检索效率相对较高。

此检索思路的缺点是：

利用 CNTXT 进行全文检索时，因主要使用关键词进行检索，因而关键词的选用将决定检索结果的可信度和效率，如果选取的关键词过于下位、过于具体，则漏检的几率较大；但是，如果选取的关键词过于上位，或者将检索要素所涵盖的下位关键词一一选用，噪声又会非常大，浏览量剧增。

c. 在 CNKI 中采用关键词进行全文检索

检索思路评析：

考虑到本申请申请人之一为研究型单位，这类研究型单位的一部分研究成果因职称评定等种种因素，通常会以中文学术论文的形式进行发表，因而在预检索时在 CNKI 数据库中分别以作者或作者单位为入口，并结合关键词对发明人或申请人在该领域的技术进展进行了追踪检索，但未检索到合适的对比文件。需要注意的是，以作者单位为检索入口时，单位名称的表述变化可能对检索结果产生一定影响，由于 CNKI 数据库中并不能将所述关键词进行智能关联，因而如果仅检索目前的名称，必然会造成漏检。

其次，由于本发明的聚碳酸酯/ABS 复合材料，其组成相对明确，便于提炼检索要素和表达出较为精确的关键词，同时 CNKI 数据库的一个重要功能就是可以利用关键词进行全文检索，因而采用精确关键词在 CNKI 数据库中进行精确的全文检索，也是在中文非专利文献检索时的不二选择，并且经过检索确实也获得了一些较为合适的对比文件，检索效率相对较高。需要注意的是，与 CNTXT 全文检索类似，利用 CNKI 数据库进行全文检索是否切实能够实现高效，与关键词的选择密切相关。如果选择的关键词过于上位，在全文检索时将造成大量噪声，失去了全文检索的意义；而如果选择的关键词不具有公知性或其表达有所遗漏，又会导致漏检的风险。例如，此次检索中，对于检索要素“SDS”，该术语在本领域并不常用，然而仅使用“SDS”作为该检索要素的关键词进行检索，漏检几率很大，因而根据对本申请说明书的认真理解后，对“SDS”还表达出“SBS”、“SIS”等关键词，检索就较为充分。

此外，在未检索到 X 文献的情况下，确定了本发明的关键在于组分“极性化 SDS”之后，在 CNKI 数据库中重点对涉及极性 SDS 增容的现有技术进行了详细追踪，进而检索到可以与其他文献结合评述创造性的中文非专利文献。

此检索思路的缺点是：与 CNTXT 数据库类似，在 CNKI 数据库中进行全文检索时，检索结果受关键词的选择影响较大。这也提醒注意，在诸如 CNTXT 和 CNKI 之类的全文数据库中检索时，通常在初始检索时使用的关键词可能并不是最合适的关键词，最好能够随着检索和对本发明了解的深入对所用关键词有所调整。

d. 在 DWPI/SIPOABS 中采用关键词或关键词与分类号的组合进行检索

检索思路评析：

针对请求保护的组合物，确定了其基本检索要素是“极性化 SDS”、“PC”和“ABS”。与在 CNABS 数据库中检索较为类似，检索时结合所述检索要素的关键词和分类号（可与 CNABS 检索时相同）进行块检索。需要注意的是，通过对说明书的理解可知，本发明的关键组分就是 C 组分极性化 SDS。然而，SDS 是属于上位的嵌段聚合物，且并不属于在本领域公知公用的术语，因此在检索时如何较好较全面地表达 SDS 是问题关键所在。检索过程中，大部分人采用的表述 SDS 的关键词为：VINYLPYRIDINE，BLOCK，STYRENE，BUTADIENE 等。其中对于相应的关键词进行一定程度的扩展，例如 + PYRIDINE + 和其他 A，B 组分的分类号结合检索出了对比文件。同时，在对“极性 SDS”进行表达时还使用了 EC 分类号 C08L53/00B（涉及改性嵌段共聚物）、C08L53/02B（涉及改性的乙烯芳族单体和共轭二烯共聚物）、C08F297/04P（乙烯基芳族单体、共轭二烯与极性单体的聚合），与检索要素“极性 SDS”非常相关，采用该 EC 分类号进行检索时，也获得了对比文件。

此检索思路的缺陷有：

在DWPI/SIPOABS中进行检索时，需要使用英文关键词，因而能否对检索要素对应的英文关键词进行充分扩展，以及“?”、“+”等运算符是否使用合理，都会对检索结果产生较大影响。例如，“极性SDS”中的乙烯基吡啶部分如果仅用“VINYLPYRIDINE”表述，将会漏掉大量涉及乙烯基吡啶衍生物的相关文献。此外，DWPI/SIPOABS数据库其特色就在于可以利用EC分类号、FT分类号、MC分类号进行检索，这些分类号在某些领域相对于IPC分类号其分类更为准确，因而如果仅使用IC分类号，没有对相应的EC分类号、FT分类号、MC分类号进行筛选和扩展，也可能漏检对比文件，而且浏览量相对较大，效率低下。

e. 在CA及其他数据库中进行检索

检索思路评析：

本发明的复合材料涉及3个组分，即聚碳酸酯、ABS和极性SDS，其中聚碳酸酯和ABS的命名通用性很高，而作为本发明的关键组分的极性SDS，其是用乙烯基吡啶单体接枝SDS而得到，接枝所使用的乙烯基吡啶单体是比较特殊的乙烯基单体，其具有特定的CAS登记号，因此考虑在CA数据库（包括CA on CD和CA WEB edition）中利用关键词“polycarbonate”、“ABS”与乙烯基吡啶的CAS登记号组合进行检索。在获取乙烯基吡啶的CAS登记号时，途径至少有两个：通过Baidu或Google检索网页输入“乙烯基吡啶CAS”进行查询，或者在CA中通过查询本申请相关物质信息，从中获取乙烯基吡啶的CAS登记号。

另外，Google Scholar和ISI Web of Knowledge也都是检索外文非专利（也涉及部分外文专利文献）的利器，可以考虑在所述数据库中根据数据库的特点进行有特色的检索。其中，Google Scholar涉及海量中外文非专利文献信息（包括部分美国专利文献信息），在该数据库中可以利用精确关键词，如“polycarbonate”、“ABS”、“vinyl pyridine”，进行高效检索，并且该数据库提供对检索结果的相关度进行自动排序的功能，便于优先浏览较为相关的文献。ISI Web of Knowledge则不但涉及外文非专利文献信息，还涉及大量外文专利文献信息，在该数据库中也可以使用上述精确关键词进行较为全面的检索。

此检索思路的缺陷有：

CA数据库中，并非每篇涉及乙烯基吡啶的文献都给出了CAS登记号，并且本发明中乙烯基吡啶是极性SDS的原料，而极性SDS中乙烯基吡啶已不再是以单体形式存在，因而在CA中可能存在仅针对乙烯基吡啶接枝共聚物单独给出CAS登记号的情形，且由于立体化学、末端基团、构型构象等结构因素，同一类接枝共聚物可能存在多个不同的CAS登记号的情形，凡此种种，无法保证使用CAS登记号进行检索不会漏检。Google Scholar和ISI Web of Knowledge中，检索结果对关键词的依赖性较高，如果所使用的关键词并非公知公用的术语，检索效率也会大打折扣。

总结：

综上，因此本申请最优的检索思路是：

首先是确定基本检索要素。请求保护一种聚碳酸酯/ABS复合材料，其是由聚碳酸酯、ABS和极性化SDS组成。通过仔细阅读本申请可以发现，该发明的关键在于所述极性化 SDS 组分，其在所述复合材料中起到相容剂的作用。根据以上信息，可以很明确地确定出的基本检索要素，即，聚碳酸酯、ABS 和极性化 SDS。

其次是基本检索要素的表达。考虑到所述检索要素在本领域的常用命名形式，可以使用“聚碳酸酯”、“碳酸酯聚合物”、“polycarbonate”、“丙烯腈－丁二烯－苯乙烯”、“ABS”、“acrylonitrile-butadiene-styrene”分别作为中文和英文关键词，同时，通过查对分类员给出的 IPC 分类号可知，聚碳酸酯和 ABS 分别对应非常准确的 IPC 分类号：C08L69/00 和 C08L55/02，其中 C08L55/02 恰恰准确对应于 ABS。对于基本检索要素“极性 SDS”的表达，是检索的关键所在。考虑到“极性”一词是由乙烯基吡啶接枝改性后所赋予的性能，同时乙烯基吡啶，还具有“乙烯吡啶”这一命名，因此对于该技术特征可以以“极性”、“乙烯基吡啶”、“乙烯吡啶”等关键词进行较为全面的表达；而对于“SDS”，该术语在本领域并非公知公用，用其直接作为关键词显然不太合适，因而选择使用 SBS、SIS 进行具体表达。此外，在 IPC、EC、FT、MC 等分类中找寻是否存在较为准确的分类号。经过查对，发现 EC 分类号 C08L53/00B（涉及改性嵌段共聚物）、C08L53/02B（涉及改性的乙烯芳族单体和共轭二烯共聚物）、C08F297/04P（乙烯基芳族单体、共轭二烯与极性单体的聚合）可以较为准确地表达检索要素“极性 SDS”。

再次是数据库的选择，考虑到本申请申请人是国内大型企业及其下属研究院，首先在 CNABS 数据库中进行预检索，追踪申请人在该领域的技术沿革，同时在 CNKI 数据库中以发明人（即作者）为入口，追踪发明人的学术文章是否涉及本发明的相关内容。进行上述预检索之后，鉴于上述 EC 分类号分类相对关键词更为准确，可以先在 DWPI/SIPOABS 数据库中利用精确关键词“polycarbonate”、“ABS”、精确 IPC 分类号 C08L69/00 和 C08L55/02 与所述 EC 分类号组合进行检索。之后，可以以精确关键词进行全文检索，即在 CNTXT 数据库中以较为精确的关键词（如“聚碳酸酯”、“ABS”、“乙烯基吡啶”、“乙烯吡啶”等）进行全文检索，或在 CNKI 数据库中以相应的关键词进行组合检索，或在 Google Scholar 和 ISI Web of Knowledge 中以相应的英文关键词进行组合检索。此外，鉴于极性 SDS 的制备中使用了特殊原料乙烯基吡啶接枝单体，可以考虑在 CA 中利用该原料的 CAS 号与上述精确的英文关键词组合进行检索。最后，即是进行常规的块检索，即采用关键词（包括扩展关键词在内）和分类号分别在 CNABS 和 DWPI/SIPOABS 中进行组合检索。

为了避免遗漏外文非专利文献，还可以在 Google Scholar 和 ISI WEB of Knowledge 数据库中利用精确的英文关键词进行组合检索。

三、高分子组合物领域专利申请的检索策略和检索技巧

通过上述高分子组合物领域典型案例的深入分析，并结合高分子组合物的特点，我们认为，对于高分子组合物领域专利申请的检索，从检索策略和检索技巧方面，要关注以下几点。

（1）正如本节开篇部分所言，高分子组合物涉及的领域相当庞杂，因而对于检索数据库的使用顺序不能一概而论。不过，检索数据库的选用大致应当遵循如下原则：首先应在适宜的数据库中进行精确检索以确保检索效率，然后在必要的数据库中进行全面检索以

避免漏检。在此原则下，可以根据个案案情对检索数据库进行具体选择。

下面仅以上述典型案例 4－1－2 为例，进行建议性说明。

a. 考虑到申请人之一是科研院所，首先选用 CNABS 和 CNKI 数据库进行追踪检索；

b. 鉴于 EC 分类号分类相对关键词更为准确，选用 DWPI/SIPOABS 数据库中利用精确关键词和精确分类号进行组合检索；

c. 采用精确关键词在 CNTXT 数据库或在 CNKI 数据库中以精确关键词进行组合检索，或者在 Google Scholar 和 ISI Web of Knowledge 中以相应的英文关键词进行组合检索，或者鉴于极性 SDS 的制备中使用了特殊原料乙烯基吡啶接枝单体，在 CA 中利用该原料的 CAS 号与上述精确的英文关键词组合进行检索；

d. 在 CNABS 和 DWPI/SIPOABS 中进行常规的块检索；

e. 为了避免遗漏外文非专利文献，在 Google Scholar 和 ISI WEB of Knowledge 数据库中利用精确的英文关键词进行组合检索。

（2）对于高分子组合物，一般都是进行常规块检索。通常情况下，作为检索要素的组分都是比较上位的化学命名或是采用通式表示，此时如果用关键词和分类号对该检索要素进行表达后进行块检索，检索结果的噪声非常大，浏览量也不小。出于检索的时间成本考虑，在进行常规块检索之前，可以关注一下说明书中对于该组分所具体列举或具体使用的下位具体化合物，然后根据该具体化合物的化学命名、商品名、牌号等信息，表达出关键词，在 CNTXT、CNKI、Google Patents 中进行精确的全文检索；或者根据该具体化合物的化学结构或 CAS 登记号，分别在 STN、ISI Web of Knowledge 中进行化学结构检索，或在 CA 中利用 CAS 登记号或 CAS 登记号与关键词的组合进行检索。

（3）对于申请人为高校和研究院所的，可以先在 CNKI 中追踪发明人发表的文章。对于申请人为企业的，可以预先在 CPRS 中以 IN 字段或在 DWPI 中以 CPY 字段查询申请人的技术沿革。

（4）对于包含特殊组分的高分子组合物，与优先对说明书列举的具体化合物进行的检索类似，可以根据该特殊组分的化学命名、商品名、牌号、化学结构、CAS 登记号等信息，进行相应的特色检索。一些情况下，某些特殊组分还具有特定的分类号，如 ABS 准确对应于 IPC 分类号 C08L55/02、HIPS（high impact polystyrene）准确对应于 MC 分类号，利用这些分类号进行检索也会起到事半功倍的效果。

（5）对于物理—化学参数限定的高分子组合物，由于物理—化学参数通常不会出现在文摘信息中，如果采用 CNABS、DWPI/SIPOABS 等摘要数据库进行检索，检索结果难尽如人意，并且如果该参数在文献中出现频率较高，在全文数据库中进行检索时，检索结果的浏览量又将非常大。而 FT 分类表对于物质的一些性能给出了相应的分类号，如，4J246/GC55 对应于含硅聚合物的导电性，如果检索主题涉及导电硅橡胶组合物，该 FT 分类号就极为相关。此外，FT 分类表对于用途限定或方法限定的高分子组合物同样具有较好的检索使用价值。

（6）检索过程中，对于中文关键词和英文关键词的选取和扩展是非常重要的一环。在初始检索时，所使用的关键词主要来自于申请本身以及自身的积累，为了扩展或获取更为准确的关键词，除了查询纸本词典外，可以充分利用互联网资源，如在线词典等，进行扩充和完善。并且，由于检索是一个动态的过程，随着检索的深入，还需要将检索中遇到的适宜关键词反馈至初始检索式中再进行检索，以避免初始检索时关键词较为片面而导致的漏检。

（7）检索实践中，除检索有效X/Y对比文件外，还涉及对公知常识的检索，诸如百度百科、维基百科等互联网资源以及读秀、超星等数据库均是较为理想的检索资源。

第二节　聚合方法领域

一、聚合方法领域专利申请特点简介

聚合方法包括高分子化合物的聚合方法、化学处理方法、化学分析方法等。聚合方法权利要求的组成要素包括，起始物质、目的产物、操作步骤、工艺条件以及所采用的专用设备等。对于聚合方法权利要求的检索，一直以来都是高分子领域的检索难点之一。经过统计分析和研究发现，涉及聚合方法的发明专利申请常见的有以下两种类型。

（1）第一独立权利要求为产品权利要求，同时在权利要求书中也涉及方法的独立权利要求。对于该类型的发明专利申请，往往申请人合成了一种新的高分子聚合物，同时对它的制备方法进行保护。发明相对于现有技术的改进可能仅在于高分子聚合物结构或组成上的改进，其制备方法为本领域常用的制备方法；也可能同时在于高分子聚合物的结构或组成和制备方法的改进上。对于此种专利申请的检索，应在充分理解发明和了解现有技术的基础上，辨明发明相对于现有技术的改进之处所在，然后在对高分子产品权利要求进行充分检索的基础上，再制订对方法权利要求的检索策略。

（2）第一独立权利要求为方法独立权利要求。对于该类型的发明专利申请，发明相对于现有技术的改进通常在于方法本身的改进，因此通常应根据方法本身的改进制订相应的检索策略。

由于第一种情况，在进行产品的检索过程中，对于制备方法也就获得了相关的对比文件，因此本部分内容主要针对第二种情况，也就是第一独立权利要求为方法独立权利要求的情况进行分析和总结。

二、聚合方法领域典型检索案例的检索分析总结

【案例4-2-1】

待检索技术方案：一种用于从含溶剂的聚氨酯水分散体或水溶液制备不含溶剂或者低溶剂含量的聚氨酯水分散体的方法，该方法包括借助闪蒸从含溶剂的聚氨酯水分散体或水溶液中去除有机溶剂或有机溶剂混合物。

检索结果分析：

检索涉及的数据库、检索平台和检索工具有：WPI、EPODOC、CNPAT、CNKI等。

检索得到的有效X文献如下：

CN1298419 A；CN1140726A；胡孝勇，张心亚，陈焕钦："聚氨酯预聚物中游离TDI

的分离方法”，粘接，2004 年第 5 期。

（1）检索要素的提取和检索式的表达

表 4－2－1　检索要素表

检索要素		聚氨酯	溶　剂	去　除	闪　　蒸
关键词	中文	聚氨酯	溶剂 水分散体	去除 脱除	闪蒸、平衡蒸馏、减压蒸馏、真空蒸馏
	英文	Polyurethane	Solvent w free		Flash w evaporation、equilibrium w distillation、vacuum w distillation
申请人		申请人名称			

关键词的适当扩充：

中文：（a）聚氨酯、聚异氰酸酯、聚氨基甲酸酯（高分子、聚合物）；（b）闪蒸、闪急蒸发、平衡蒸馏（蒸馏、蒸发、减压蒸）；（c）溶剂、丙酮、去除、除去；（d）水分散、溶液。

英文：（a）polyurethane, polyaminoester, polyisocyanate（polymer）；（b）Flash distillat +/ Flash Evaporat +/ Flash vaporizat +（distillat +/ Evaporat +/ vaporizat +, decompress（ion）, reduced pressure, pressure reduction）；（c）solvent, acetone, remov +；（d）dispersion, solution。

分类号分析和确定：

C08J3/02、C08J3/07（高分子分散体（液）、高分子溶液）、C08G 18/08～18/00（异氰酸酯类聚合物）、B01D3/06（急骤蒸馏）。

（2）检索过程

a. 首先通过发明人/申请人为入口，进行检索。

b. 由于闪蒸有明确的分类号，因此通过分类号结合分类号进行检索。

在 CNPAT 中：

（001）　F IC B01D00306 <hits: 53>

（002）　F IC C08J003 <hits: 2589>

（003）　J 1 * 2 <hits: 0>

（004）　F KW 聚氨酯 + 聚异氰酸酯 + 聚氨基甲酸酯 <hits: 7167>

（005）　J 1 * 4 <hits: 1> 结果：CN1298419 A（X 类文献）

在 EPODOC 中：

（001）　4349　B01D3/06/IC/EC

（002）　118546　OR POLYURETHANE?, POLYAMINOESTER?, POLYISOCYANATE?

（003）　111753　C08J3/IC/EC

（004）　0　AND 1, 2, 3

（005）　0　1 AND 2

在 EWP 族数据库（WPI、EPODOC、PAJ）中：

（001）　162725　C08J3/IC/EC

(002) 298653 OR POLYURETHANE?, POLYAMINOESTER?, POLYISOCYANATE?

(003) 5658 B01D3/06/IC/EC

(004) 4 AND 1, 2, 3

检索结果：CN1298419A（X）、CN1347335A、CN1311706A、US5084134A（后3篇均提及聚氨酯溶液有机溶剂的提取，但没有提及采用闪蒸的方法）。

c. 利用关键词的检索：

在CNPAT中全文检索：

（闪蒸 or 闪急蒸发 or 平衡蒸馏）and（聚氨酯 or 聚异氰酸酯 or 聚氨基甲酸酯）and（水溶液 or 水分散）and（去除 or 除去）and 溶剂 < hits：86 >

将上述结果结合分类号C08J、B01D；二次检索，得到相关文献：CN1140726A。

在CNKI中关键词全文检索：

聚氨酯（KW）and 闪蒸（text）and 溶剂（text）

结果：胡孝勇，张心亚，陈焕钦："聚氨酯预聚物中游离TDI的分离方法"，粘接，2004年第5期（X类文献）。

总结：

本案例检索的关键在于对技术方案（技术内容）的理解，如闪蒸、聚氨酯水分散体，以及检索过程对于上述关键词进行扩展检索的必要。使用关键词进行检索时，关键词的扩展能力对于检索结果影响很大，因此有必要根据分类表中相应的分类号协同检索，以弥补由于基础技术知识的不足，导致的关键词同义词的遗漏问题。此外，较多情况下，除专利文摘类数据库外，还可在全文数据库中进行检索，以避免不同数据库对于关键词编译不一致导致的漏检问题。

三、聚合方法领域专利申请的检索策略和检索技巧

对于聚合方法领域的专利申请，根据上述案例的分析和以往经验的积累，有以下检索策略和技巧供参考。

(1) 关键词仍然是重要的检索入口。对于方法权利要求，重要的关键词包括所制备的产品的名称、商品名、俗称，所使用的重要的原料的名称、商品名、俗称，制备过程中的关键的设备、步骤名称等。但是如果仅仅使用关键词的话，对于技术领域的熟知程度要求较高，需要具有较强的关键词扩展能力。因此运用关键词进行检索时，重点在于关键词的相应扩展，可通过查阅本领域的相关文献、查阅科技词典等方式拓展中英文关键词。此外，S系统中的语义检索也是较好的手段之一。

(2) 充分利用各种专利分类系统中对于相应方法特征的分类号进行检索，从而快速准确检索到相关文献，而且有利于避免关键词选取的偏差和数据库对于文献编译过程不准确所造成的漏检。

(3) 除专利文摘类数据库外，还可在全文数据库中进行检索，以避免不同数据库对于关键词编译不一致导致的漏检问题。

(4) 在数据库的选择中，优先在DWPI、SIPOABS、CNABS、CNTXT等数据库中进行。此外，也可考虑CA、Google等检索途径。但是对于国内科研机构、高校的申请，建议首先在CNKI等非专利数据库中进行检索（对于高校的申请，收集有国外的非专利文献

的数据库也是必检数据库），一方面，有可能直接获得相关的对比文件，另一方面，也可以了解相关领域的现有技术，为进一步的检索提供思路。

（5）对于国内外大型企业的涉及聚合方法的发明专利申请，可通过对申请人、发明人以及同族审查过程的追踪检索，获得一些有用的信息，以期对检索有所帮助。

（6）对于国内的高校申请，以发明人为入口，通过在CNKI中作为作者、导师、第一导师等进行检索，从而获得有用的信息乃至直接获得对比文件。

第三节　聚合物领域

一、聚合物领域专利申请特点简介

材料是现代文明的三大支柱之一，而聚合物材料（高分子化合物）作为最重要的工程材料，由于其具有种类多、密度小、强度大、加工容易、耐腐蚀性好等特点，广泛用于塑料、纤维、橡胶、涂料、黏合剂等领域。近年来，新聚合物材料领域的专利申请量呈稳定平稳的态势。

高分子化合物领域特点的根本在于高分子物质特殊结构，其具有高分子量、分子量以及分子尺寸的多分散性、物质结构的多样性和不确定性等，高分子聚合物结构复杂而且多层次，相应高分子性能多种多样。由于聚合物（高分子化合物）是通过一种或多种分子或分子团以共价键结合而成的具有多个重复单元的大分子，因此其对应的分子结构相对复杂。表征高分子化合物基本结构和/或组成的特征有重复单元的名称或结构式、重复单元的排列（如无规共聚、嵌段共聚、交替共聚等）等要素。因此，掌握如何对具有具体结构和/或组成的聚合物进行检索也十分重要。

聚合物组合物领域，尤其是当发明相对于现有技术的改进在于聚合物改性时，申请人通常会在权利要求中限定熔融指数、特定温度下的黏度等参数。对于这类申请需要注意的是，由于现有技术文献中不一定记载该参数，或者是对该参数的测试说明在全文中而没有体现在可检索的文摘中，这时就给检索带来困难，即使对比文件中所制备或使用的起始原料与本申请中相同，也有可能检索不到。因此，对于这类参数限定的权利要求，也应当引起重视。

聚合物领域的专利申请，除了在说明书中会仔细说明该聚合物的用途以及专门撰写用途权利要求以外，在对聚合物本身的产品权利要求的主题名称中都带有用途限定，例如："一种用于防雨材料的聚乙烯膜"。因此，在检索中如何对用途限定的聚合物权利要求进行检索是一个难点。

二、聚合物领域典型检索案例的检索分析总结

【案例4-3-1】

待检索技术方案：一种β-1，4-葡聚糖-6，2，3-硫酸酯，其特征在于其分子式为：$(C_6H_9O_3)_n(SO_3H)_m$，其中$n=3\sim30$，$m=7.5\sim90$；其结构式如下：

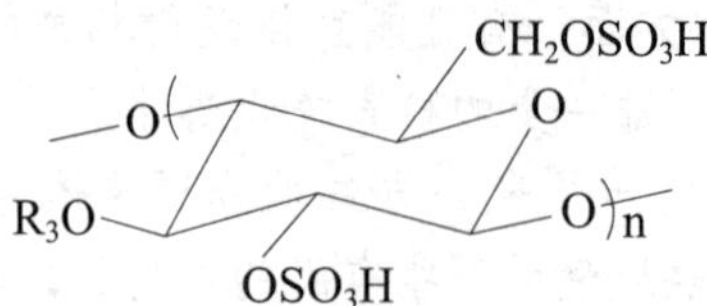

R_3=SO_3H或H n=3~30

检索结果分析：

（1）检索结果

有效的对比文件：

X 类文献为：CN1206717A；WO2005117912A1；EP0230023A1；WO2006017726A1；US4021544A；EP0649854A1；WO9422885A。

（2）典型检索思路分析

a. 关键词

考虑到权利要求为产品权利要求，且用分子式以及结构式进行限定，因此结合该产品的制备方法特征确定检索要素并进行检索。检索要素的确定及表达见表4-3-1。

表4-3-1 案例4-3-1的检索要素表

基本要素	葡聚糖硫酸酯	离子液
关键词	葡聚糖，硫酸酯，纤维素，酯化，磺化，硫，glucan+，sulfat+，cellulose，ester	离子液，离子液体，离子溶剂，绿色溶剂，均相，ion?? w liquid，homogeneous
IC/EC	C08B37/02，C08B37/00M3，A61K31/716，A61P17/00	

检索过程如下：

CNKI：发明人

葡聚糖*抗凝剂

纤维素*抗凝剂

离子溶剂*酯化

绿色溶剂*酯化

离子溶剂*磺化

绿色溶剂*磺化

CNPAT：

(001) F IN 发明人 <hits：464>

(002) F KW 葡聚糖 <hits：605>

(003) J 1*2 <hits：2>

(004) F KW 葡聚糖+纤维素 <hits：9142>

(005) J 1*4 <hits：7>

(006) F KW 葡聚糖*硫酸酯 <hits：16>

(007) F KW 葡聚糖*硫 <hits：69>

(008)　F KW（离子 + 绿色）*（溶剂 + 液体）* 纤维素 <hits: 221>
(009)　F KW 硫 + 酯化 + 磺化 <hits: 51471>
(010)　J 8 * 9 <hits: 48>
(011)　F KW 离子液 + 离子溶剂 + 绿色溶剂 <hits: 450>
(012)　F KW 纤维素 + 葡聚糖 <hits: 9142>
(013)　J 11 * 12 <hits: 17>
(014)　J 9 * 11 <hits: 88>

首先以发明人为入口，结合关键词，未检索到合适对比文件；然后进行 X 类对比文件的检索（检索式 006～007），得到 CN1206717A；接着检索 Y 类对比文件（检索式 008～014），检索式 008～010 的检索结果与主题偏差较大，调整检索式（检索式 011～014），得到 CN1206717A。

WPI、EPODOC、PAJ 检索：

以关键词为入口进行检索，未找到 X、Y 类对比文件。

b. 关键词 +（EC、IC、FT、MC）

检索结果如下：

WO2003/046014A：使用 SO_3 – 吡啶作为磺化剂（Archives of Biochemistry and Biophysics, 95, 36 – 41, 1961; Tetrahedron Letters, 29, 7, 803 – 806, 1988; J Chem. Soc. Perkin trans. 1, 157, 1995 中均有公开）。

US4814437A, US4740594A, US4755379A, FR2772382A（同族 US6646120A）：公开了用二氯甲烷作溶剂用氯磺酸处理制备 CMDS（羟甲基葡聚糖硫酸酯），DMDBS 型的分子（葡聚糖硫酸酯简称为 DS），与本案例中的结构式存在差异。

US4855416A：通过使用甲酰胺作为溶剂，使用 SO_3 与甲酰胺的络合物对葡聚糖进行 O – 磺化制得 DS 盐，具体为钠盐，具有抗凝血剂作用，分子量 2000～100 万。

FR97 15702A：使用 SO_3 – 胺（DMF、吡啶、三乙胺）来磺化多糖。

c. STN 结构化

对于本申请，在 CAplus 数据库中没有对权利要求请求保护的产物进行 CAS 登记号标引，仅给出了主要原料的 CAS 登记号：纤维素（9004 – 34 – 6）以及 3 种硫酸酯化剂：浓硫酸（7664 – 93 – 9）、氯磺酸（7790 – 94 – 5）和三氧化硫（7446 – 11 – 9）。以纤维素和硫酸酯化剂为入口进行检索，结果有 2201 篇文献；用硫酸酯的关键词作进一步限定后，结果仍然有 616 文献。用原料为入口进行检索，结果太多，无法快速获得结果。相应的检索过程如下：

```
=> fil reg
=> s 9004-34-6
L1          1 9004-34-6
                (9004-34-6/RN)

=> s 7664-93-9 or 7790-94-5 or 7446-11-9
            1 7664-93-9
                (7664-93-9/RN)
```

```
                    1 7790 - 94 - 5
                        (7790 - 94 - 5/RN)
                    1 7446 - 11 - 9
                        (7446 - 11 - 9/RN)
L2                  3 7664 - 93 - 9 OR 7790 - 94 - 5 OR 7446 - 11 - 9
=> fil caplus
=> s l1 and l2
            123077 L1
            162988 L2
L3            2201 L1 AND L2

=> s sulfate
            647306 SULFATE
            113915 SULFATES
            704472 SULFATE
                        (SULFATE OR SULFATES)
             16653 SULPHATE
              2204 SULPHATES
             17960 SULPHATE
                        (SULPHATE OR SULPHATES)
L4          716309 SULFATE
                        (SULFATE OR SULPHATE)

=> s l3 and l4
L5             616 L3 AND L4
```

由于在 STN 中用关键词进行检索与在 WPI、EPODOC 中的相应检索相似，没有再进行相应的尝试。考虑到本申请请求保护的化合物的结构式比较特别，能够体现发明的特征，因此利用结构检索对本专利进行了检索，其过程和结果如下。

```
                 CH2—OSO3H
                /
               C
             /   \
            C     O
            |     |
首先以结构  G1—C     C—O
             \   /
               C
               |
             OSO3H
             Any role
```

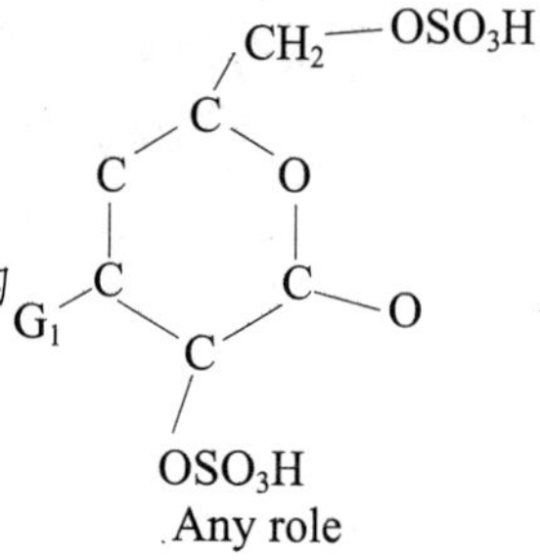

为入口进行检索，其中 G1 定义为 H 或 OSO_3H：

```
=>
Uploading C:\stnweb\Queries\2006100353206 - 2. str

L13       STRUCTURE UPLOADED
```

= > s l13 sss ful

L14　　　1353 SEA SSS FUL L13

= > fil Hcaplus

= > s l14

L15　　　535 L14（检索结果太多）

= > s cellulose or dextran　　（用纤维素或葡聚糖（没有扩展充分）作进一步限定）

419561 CELLULOSE

4893 CELLULOSES

420128 CELLULOSE

(CELLULOSE OR CELLULOSES)

44880 DEXTRAN

4537 DEXTRANS

45821 DEXTRAN

(DEXTRAN OR DEXTRANS)

L16　　460852 CELLULOSE OR DEXTRAN

= > s l15 and l16

L17　　　44 L15 AND L16

其中对比文件 WO2005117912A1 公开了硫酸化的葡聚糖，并且公开了相应的分子量范围，以及至少一个羟基能够被硫酸酯化，在该对比文件中葡聚糖作为抗凝血剂使用，可以结合公知常识评述权利要求创造性。对比文件 EP0230023A1 和 WO2006017726A1 也分别公开了硫酸化的葡聚糖以及硫酸化的多糖，但是没有公开权利要求限定的具体结构式和相应参数，但是都可以单篇结合公知常识评述权利要求创造性。

上述检索结构不理想，单用上述结构检索噪声太大，而结合关键词进行限定又难以扩展完全，因而对于结构作了进一步调整，检索过程和结果如下。

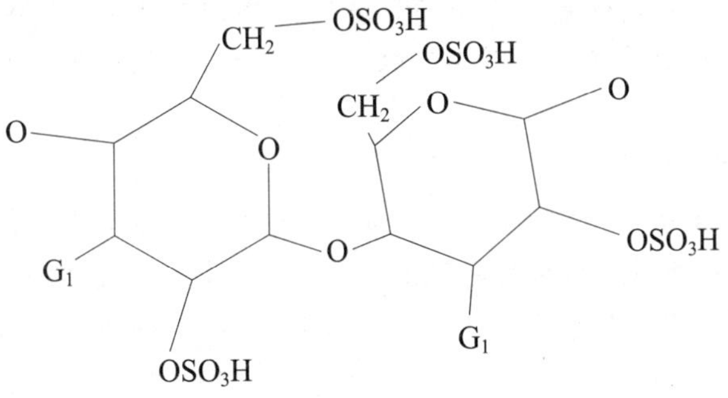

Any role

= > fil reg

= >

Uploading C：\stnweb\Queries\2006100353206 – 3. str

```
L3        STRUCTURE UPLOADED
SEARCH TIME: 00.00.01

L4             251 SEA SSS FUL L3
=> fil caplus
=> s l4
L7             59 L4
```

其中：EP0649854A1（第37页）、US4021544（第3栏）、WO9422885A（第2页）能破坏本申请权利要求的新颖性。

结构式检索体会：结构检索一般放在CAS登记号检索之后，通常在无法获得合适的CAS登记号或者利用CAS登记号无法获得合适检索结果的情况下使用，并且需要满足结构式能够体现发明的特征要求，否则效率低，并且可能出现漏检。

很明显，采用STN结构化检索得到的结果最好，但从检索过程看，STN结构化检索的结果与选择的结构化方式有很大关系，不同的结构化检索得到结果并不相同，因此熟悉STN聚合物检索数据库、选择合适的结构化检索策略至关重要。另外，STN检索没有检索到CN1206717A原因在于采用结构化检索中，直接检索的是 $-OSO_3H$ 基团的硫酸化葡聚糖，因此，对应的CN1206717A的盐形式的对比文件没有检索到。

总结：

（1）两种检索策略的比较

关键词检索：从点的角度出发，直接从反应单体、产物结构、产物名称确定较为准确的关键词。

特点：工作量较小，命中率较高，但容易漏检。

关键词+（IC、EC、MC、FT）：从面的角度出发，关键词较为全面。

特点：检索较为全面，但工作量较大，对于类似本案例的发明，一般难以确定准确的EC、MC、FT分类号。

STN结构化检索：

特点：检索全面、简单快捷，但费用较高，且对STN熟练程度要求较高。

另外，由于本申请重复单元没有相应的CAS登记号，因此无法采用CA、STN的CAS登记号检索方式。

（2）较为理想的检索策略

以反应单体、产物结构、产物名称为入口进行检索，通过简单组合，可在较短的时间内得到较为理想的检索结果（注：这种策略虽然能够高效率的获得有效结果，但是也会因为对关键词的表征不全而漏掉一部分其他的、可能存在的XY类文献，所以如果不能通过此手段获得影响通篇新颖性、创造性的对比文件，则应当辅助其他手段进行进一步的检索）。

通过对上述两件关于高分子化合物的案例的检索的分析，可以发现，对于结构明晰、制备过程中采用的原料或者单体确定的产品权利要求的检索，通过关键词和CA登记号检索是最优路线。若单独通过分类号进行检索，由于所获得文献众多，导致阅读量增大，因此很少单独采用该方法，往往是仅仅作为分析之用。但是毫无疑问，所有检索方式中，关键词检索也是最容易漏检的，一方面，确定关键词时，不同的审查员往往选取不同的关键词，另一方面，对于同一关键词，往往也会产生多种不同的表达方式。

【案例4-3-2】

待检索技术方案：一种聚甲基乙撑-环己撑碳酸酯材料，其化学结构如（I）式：

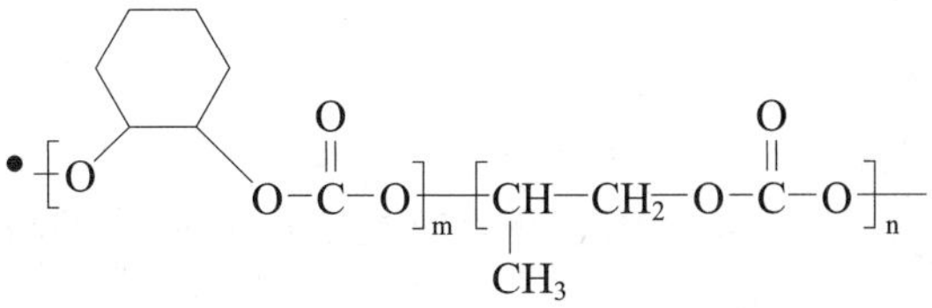

$$\cdot\left[O\!-\!C_6H_{10}\!-\!O-\overset{O}{\overset{\|}{C}}-O\right]_m\left[\underset{CH_3}{\underset{|}{CH}}-CH_2-O-\overset{O}{\overset{\|}{C}}-O\right]_n$$

(I)

检索结果分析：

（1）检索结果概况

有效对比文件：

X类文件为：CN1436803A；CN1408440A；CN1408543A；CN1412221A；US4783445A；US4853462A；US4851507A；US4833036A；US6713593B2；US4763715A；US4943677A；US4975525A；EP321207A1；李国法等：“二氧化碳与环氧化合物的三元共聚物的合成与性能研究”，2005年全国高分子学术论文报告会论文摘要集，2005年10月13日。

（2）典型检索思路分析

a. 关键词检索

关键词：环氧丙烷、环氧环己烷、二氧化碳、氧化环己烯、碳酸酯、氧化丙烯、propylene w oxide、epoxy w propane、cyclohexene w oxide、epoxy w cyclohexane、carbon w dioxide、carbonate 等。

CNPAT 中主要检索式：

(075) F KW 二氧化碳 <hits: 6297 >

(076) F KW 环氧环己烷 <hits: 37 >

(077) F KW 环氧丙烷 <hits: 735 >

(078) J 75 * 76 * 77 <hits: 6 >

也用英文关键词在 EPOQUE 中检索，获得的对比文件有：CN1408440A、CN1408543A、CN1328098A、CN1436803A、US4851507A、US4833036A、US6713593B2。

在 CNKI 中还获得以下文献：

李国法等：“二氧化碳与环氧化合物的三元共聚物的合成与性能研究”，2005年全国高分子学术论文报告会论文摘要集，2005年10月13日。

b. 关键词+（EC、IC、FT、MC）检索

关键词：环氧丙烷、氧化环己烯、甲基乙撑、环氧环己烷、环己撑、环氧、氧化、二氧化碳、碳酸酯、氧化丙烯、共聚、propylene w oxide、epoxy w propane、epoxy、cyclohexene w oxide、epoxy w cyclohexane、carbon w dioxide、carbonate 等。

EC: C08G64/02B

IC: C08G64/34, C08G64/32, C08G64/20, C08G64/18, C08G64/02

MC: A05-E06+

FT：4J002/CG00，4J002/CG01，4J029/HC07 …

获得的对比文件有：CN1408440A、CN1408543A、CN1328098A、CN1436803A、US4851507A、US4833036A、US6713593B2、US4763715A、US4943677A；较仅用关键词多了两篇 US4763715A 和 US4943677A。

c. 关键词 + CA 登记号检索

检索：CA 登记号检索，首先通过分子式或本案例的公开号找到 CA 登记号：119727 - 39 - 8，然后在 CA 中检索。

关键词：环氧环己烷、二氧化碳、环氧丙烷、carbon w dioxide、propylene w oxide、cyclohexene w oxide。

对比文件：CN1408440A、CN1408543A、CN1328098A、CN1436803A、CN1412221A、US4851507A、US4833036A、US4975525A，李国法等："二氧化碳与环氧化合物的三元共聚物的合成与性能研究"，2005 年全国高分子学术论文报告会论文摘要集，2005 年 10 月 13 日。

d. STN 结构化检索

反应原料检索：

L1：O

L2：CH_3 O

L3：O = C = O

L4：Screen 2067（均聚物或者共聚物）

L5：S L1 AND L2 AND L3 AND L4 EXA FUL

L6：S L5 AND PY <2006

通过检索式 L6 获得 27 篇对比文件，除第一篇时间不能用以外，其余 26 篇均可使用。

文献号：

CN1436803A；CN1412221A；CN1408543A；CN1408440A；CN1328098A；US4975525A；US4851507A；US4853462A；EP321207A1；US4833036A；US4789727A；US4783445A

聚合物分子式检索：

L1：O O-C(=O)-O—CH(CH_3)—CH_2—O-C(=O)-O

L2：SCREEN 2068

L3：S L1 AND L2 SSS FUL

未检索到任何结果。

由于该碳酸酯的结构式不具有特殊性和明显性，并且对于该化合的结构式存在着不同的表达和标引方式，因而在 STN 中直接进行结构检索并不是首选，并且检索结果很大程度上依赖于对于该结构的标引情况，容易出现漏检。

总结：

（1）4种检索策略的比较

关键词检索：从点的角度出发，直接从反应单体、结构、产物确定较为准确的关键词。

特点：工作量较小，命中率较高，但容易漏检。

关键词+（IC、EC、MC、FT）检索：从面的角度出发，比单用关键词要全面。

特点：检索较为全面，但工作量较大，对于类似本案例的发明，一般难以确定准确的EC、MC、FT号。

CA登记号+关键词检索：从点的角度出发，关键词的选择与第一类相近。

特点：工作量较小，命中率较高，采用CA时容易漏检（数据库以年划分，存在漏编CA登记号），相应采用STN系统的CAplus具有更准确、全面的检索结果。

STN结构化检索：从聚合物重复单元或原料结构出发进行结构化检索。

特点：简单、快捷，命中率很高。但需要注意的是，首先，由于STN检索费用较高，因此虽然其能够快速、全面得到相关文献，但在可以采用其他数据库检索时，不建议直接采用STN进行聚合物检索；其次，对于聚合物STN检索时，聚合物结构化选择需要较好的经验积累，对审查员要求比较高。

（2）较为理想的检索策略

a. 以反应单体、产物结构、产物名称为入口进行检索，通过简单组合，可在较短的时间内得到较为理想的检索式；就该案例而言，优选以反应单体为入口进行检索。

b. 以CA登记号为入口进行检索，然后根据需要决定是否采取a方式检索。

对于本类型的发明，尽管上述两种检索方式均较为理想，但由于CA登记号具有唯一性，如果现有技术中确实存在发明所要求保护的聚合物，利用CA登记号进行检索就能够直接找到破坏所要求保护的技术方案的新颖性的对比文件，因此，检索时最好首选CA登记号进行检索，然后根据需要选择以a方式进行进一步检索。

c. 充分利用STN系统对于结构复杂化合物表征简单方便，以及数据库信息完整、准确进行结构化检索，可以很方便得到最全面的对比文件。

【案例4-3-3】

待检索技术方案：一种用于去除聚氯化铝中不溶物质的加速沉降型絮凝剂，其特征在于：外观为白色颗粒或粉末状固体，阳离子度85%，分子量为500万~1200万，0.5‰的水溶液黏度超过1000MPa. s，溶解时间小于1h。

检索结果分析：

（1）检索结果

检索涉及的数据库、检索平台和检索工具有：DWPI、SIPOABS、CNABS、CNTXT、CNKI、CA、STN、ISI Web of Knowledge等。有效对比文件中共有11篇中文专利、4篇中文非专利，其中E类对比文件1篇，X类对比文件9篇，Y类对比文件5篇。有效对比文件如下：

E类文件为：CN101786646A。

X类文件为：CN101260174A；CN101538343A；CN101372524A；CN1583811A；

CN101186672A；CN1202144A；“新型絮凝剂P（AM-DMC-VTMS）的反相乳液聚合及其脱色性能研究”，尚宏周等，现代化工，第28卷第6期，第52-55页；“高阳离子度有机絮凝剂的合成”，化工技术与开发，第33卷第1期，第7-9页；“阳离子型聚丙烯酰胺的疏水改性及其应用研究”，尚宏周，中国博士学位论文全文数据库·工程科技Ⅰ辑，第5期，第49-62页。

Y类文件为：“低温引发制备高阳离子度絮凝剂”，王春晓等，化工时刊，第22卷第3期，第34-37页；CN101041707A；CN1231650A；CN101613435A；CN101618937A。

（2）典型检索思路分析

技术方案涉及一种典型的参数限定的高分子絮凝剂，仅通过该絮凝剂的用途、形态、阳离子度、分子量、黏度和溶解性等参数进行限定，而没有涉及絮凝剂的结构和/组成。对于此参数限定的权利要求，用于检索的检索要素有以下3种。第一种：主题相关的关键词和分类号，包括“絮凝剂”、“阳离子聚合物”、“C02F1/52”等；第二种：与限定该絮凝剂的参数相关的关键词，如“阳离子度”、“分子量”、“黏度”等；第三种：与该絮凝剂结构/组成相关的关键词：如“丙烯酰胺”、“甲基丙烯酰氧乙基三甲基氯化铵”、“尿素”和“有机硅乙烯基三甲基硅烷”等。在各个数据库中进行检索的关键在于上述主要检索要素的表达方式和组合方式，以下我们将分别以数据库的方式对该参数限定的高分子聚合物的检索思路进行评析。

a. 在CNABS中采用关键词或关键词与分类号的组合进行检索

检索思路评析：

对于此种参数限定的权利要求，在CNABS中有两种典型的检索思路，第一种思路是从主题+参数入手，选择与参数相关的关键词如“阳离子度”、“分子量”、“黏度”等和与主题相关的关键词/分类号相“与”检索；第二种是从原料入手，根据说明书（如实施例等）中提供的该絮凝剂的制备原料，选取与原料相关的关键词，例如“丙烯酰胺”、“甲基丙烯酰氧乙基三甲基氯化铵”、“尿素”和“有机硅乙烯基三甲基硅烷”等进行检索。

对于第一种检索思路，以“絮凝剂”、“聚氯化铝”、“阳离子度”、“分子量”或“黏度”等作为基本检索要素，对于“絮凝剂”采用“絮凝”、“沉降”进行表达。采用全要素检索的方法，即将各个基本检索要素之间相“与”但不能检索到合适的对比文件；而以部分检索要素检索的方法，即将“絮凝剂”、“阳离子度”和“分子量”扩展表达后相“与”，或者“絮凝剂”、“阳离子度”和“黏度”扩展表达后相“与”均可以检索到对比文件。

该检索思路的缺点是：由于CNABS是摘要数据库，所述的参数往往不会出现在权利要求中，而通常出现于说明书中，因而以全要素检索进行检索时或以部分检索要素进行检索时，容易产生漏检。

该检索思路的优点是：可以直接检索得到技术领域相同和公开了相同参数的对比文件，在评述新颖性和创造性时，可以直接进行评述，而不需要进行推定。

对于第二种检索思路，是以反应原料“丙烯酰胺”、“甲基丙烯酰氧乙基三甲基氯化铵”、“尿素”、“有机硅乙烯基三甲氧基硅烷”作为基本检索要素，对于“丙烯酰胺”采用“丙烯酰胺”和“AM”进行表达，对于“甲基丙烯酰氧乙基三甲基氯化铵”采用

“甲基丙烯酰氧乙基三甲基氯化铵”、“甲基丙烯酸乙酯三甲基氯化铵”、“氯化铵”、“阳离子单体”等进行表达，对于“有机硅乙烯基三甲氧基硅烷”采用“有机硅”、“硅烷”进行表达，检索到对比文件。

该检索思路的缺点是：由于技术方案并没有限定其结构和/或组成，只限定了为絮凝剂以及相应参数，因而容易漏掉一些不含有这些组分，但满足权利要求所限定的参数的那些对比文件。

该检索思路的优点是：由于检索到的对比文件制备原料与本申请相同，在推定产物的参数时，易于说理。

若采用原料“丙烯酰胺”和参数“阳离子度”、“分子量”扩展表达后相“与”检索，也能得到对比文件；但需要说明的是，由于 CNABS 是摘要数据库，没有对说明书进行标引，而很多情况下，权利要求中对高分子聚合物仅采用原料限定或仅采用参数限定，因此在 CNABS 数据库中采用参数和原料相“与”检索的检索效果不是很好。

b. 在 CNTXT 中采用关键词进行全文检索

由于 CNTXT 数据库对全文进行标引，可以使用仅出现在说明书（如实施例）中的关键词进行检索，因此在 CNABS 摘要数据库中进行全要素检索或较多检索要素相“与”检索，以及原料和参数相“与”检索时容易产生的漏检状况在 CNTXT 数据库中可以有效地避免，对于本案例，在 CNTXT 数据库中高效的检索方式正是在 CNABS 数据库中检索效果不好的主题、原料和参数相“与”的检索方式：典型检索式“絮凝剂 and 丙烯酰胺 and 阳离子度”可以命中较多对比文件；而且在 S 系统的 CNTXT 数据库中具有丰富的逻辑算法，可以使用例如 nW、nD、P、S、L 等逻辑算符，检索时可灵活使用上述逻辑算符，甚至可以结合部分较为准确的分类号进一步限定检索范围，从而提高检索效率。

此检索思路的缺点是：利用 CNTXT 进行全文检索时，因主要使用关键词进行检索，因而关键词的表达决定着检索的结果和效率，如果选取的关键词过于下位、过于具体，则漏检的几率较大；但是，如果选取的关键词过于上位，或者将检索要素所涵盖的下位关键词一一选用，噪声又会非常大，浏览量剧增。

c. 在 CNKI 中采用关键词进行全文检索

检索思路评析：

通过初步检索可知虽然本申请为企业申请，但发明人中包括高校和企业两部分研究人员，因此很明显是高校和企业合作项目，基于国内大专院校老师的研究课题通常在非专利期刊上发表学术文章，因此对非专利期刊进行检索是必要的。CNKI 有两个主要的检索平台，一个是中国学术期刊网，另一个就是 S 系统下的 CJFD 检索平台，这两个检索平台特点比较鲜明，中国学术期刊网上可以进行作者检索，但关键词检索方式比较单一，也可以进行全文检索，而 CJFD 检索平台的关键词检索方式比较丰富，无论全文还是摘要检索均可以使用“?，+”等截词符以及“w，s”等逻辑算符，并且还可以对“%”等进行检索。基于此，我们的检索思路推荐为：在中国学术期刊网上对作者进行追踪，在 CJFD 中使用关键词进行检索。

在 CNKI 数据库中检索时首先以作者为入口对发明人进行检索，了解发明人在该领域的技术进展，但未检索到合适的对比文件。需要注意的是，有时该方法会检索到一些发表时间晚于本申请的文献，虽然时间上不能作为对比文件，但是其参考文献中往往有一些内容非常相关的文献，能够通过追踪检索得到有用的对比文件。

之后，选择了利用关键词进行摘要或全文检索。由于本申请属于包含性能、参数特征的产品权利要求，在独立权利要求中采用多种参数限定主题“絮凝剂”，但并没有体现该产品的具体组成/结构，而中文非专利文献中一般更多的可检索内容是原料或具体的产品化合物，因此如果仅仅按照权利要求中的参数限定进行检索，势必会造成一些技术方案实质相同文献的漏检。考虑到《指南》中关于包含性能、参数、用途或制备方法等特征的产品权利要求推定新颖性的原则，实际检索时应将参数表达和原料表达作为块检索中的独立检索块，分别或结合使用，既可以获得较高的检索效率，又可以有效避免漏检，更加准确地命中合适的对比文件。如本申请中在主题絮凝剂范围内，进一步限定原料块“丙烯酰胺 AND 甲基丙烯酰氧乙基三甲基氯化铵 AND 乙烯基三甲氧基硅烷”或结合块限定“阳离子度 AND 丙烯酸铵”，都有效地检索到了 X 类文献。

当摘要检索时，CJFD 与 CNABS 的检索要素没有明显不同，检索思路也基本相同，但明显的 CJFD 中摘要信息较少，而关键词也不会对参数进行标引，因此在 CJFD 中摘要检索的重点推荐检索方式是“原料 + 主题”检索；当全文检索时，与 CNTXT 类似，推荐的检索思路是“主题 + 原料 + 参数”检索。但需要注意的是：非专利期刊中聚合物的原料很多情况下只写聚合物的组成原料，其他引发、辅助原料经常省略，在本申请中，如果使用尿素在 CDFJ 中进行检索则不能获得对比文件“新型絮凝剂 P（AM-DMC-VTMS）的反相乳液聚合及其脱色性能研究”。此外，参数限定的产品权利要求的检索中，检索要素的确定需要对技术方案进行一些必要的理解和分析，如虽然权利要求中限定了絮凝剂的用途为“去除聚氯化铝中不溶物质”，将“聚氯化铝”也作为关键词之一进行检索，但事实上该用途限定并没有隐含产品具有某种特定的结构或组成，在进行上述分析后可知，“聚氯化铝”不应是该技术方案的必要检索要素，因此限定该技术特征的检索可能会造成漏检。

该检索思路的优点是：CNKI 数据库中的文献大部分包括参考文献部分，因此给我们提供了非常好的追踪检索和关键词扩展的平台。

此检索思路的缺点是：对于关键词的依赖性较强，因此对于提炼或扩展关键词的要求较高，需要在检索过程中不断调整。

c. 在 DWPI/SIPOABS 中采用关键词或关键词与分类号的组合进行检索

检索思路评析：

针对请求保护的组合物，确定了其基本检索要素也是主题“絮凝剂”、原料“丙烯酰胺等”和参数“阳离子度等”。但在共同检索时，与在 CNABS 数据库中不同的是：都采用“主题 + 原料”的检索思路，而舍弃了参数表达这一检索思路，表述主题的关键词为：“flocculant”、“Coagulant”和“cationic”，并进行一定程度的扩展，例如扩展为“flocculat +”、“cation +”等，也可用分类号对主题进行了表达，如“C02F1/00，C02F1/52，C02F1/54，C02F1/56”等；采用的表述原料的关键词为：“acrylamide”、“trimethyl w ammonium w chloride”、“quaternary w ammonium”等，或对用途进行表达，如“polyaluminium w chloride”等，但正如上文中所述，该用途并没有隐含产品具有某种特定的结构或组成，使用其作为检索要素会造成严重漏检。

此检索思路的缺陷有：在 DWPI/SIPOABS 中进行检索时，需要使用英文关键词，因而能否对检索要素对应的英文关键词进行合适的表达，以及“?”、“+”等截词符，

"w"、"s"等逻辑算符是否使用合理，都会对检索结果产生较大影响。例如在检索中，如果絮凝剂仅采用"flocculant"，而没有扩展到"flocculat +"，则会漏掉CN101613435等对比文件，但如果扩展过大，则会使噪声增多，对浏览造成障碍。

d. 在CA及其他数据库中进行检索

检索思路评析：

本发明的沉降剂的制备方法中涉及3个组分：丙烯酰胺（79-06-1）、甲基丙烯酰氧乙基三甲基氯化铵（5039-78-1）、乙烯基三甲氧基硅烷（2768-02-7），考虑到上述3种成分的英文名称非常长，而且形式多变，也没有通用的英文简称，而CAS登记号是一种物质的唯一数字标识，不会因为物质名称的拼写或简写方式的不同而发生改变，因此考虑在CA数据库（包括CA on CD和CA WEB edition）以及STN on the web中利用CAS登记号79-06-1、5039-78-1、2768-02-7进行检索，均可以获得一篇相同的对比文件："新型絮凝剂P（AM-DMC-VTMS）的反相乳液聚合及其脱色性能研究，尚宏周等，现代化工，第28卷第6期，第52-55页，2008年6月"。

当然，Google Scholar和ISI也都是检索外文文献的常用数据库，但是由于其通常是通过化学物质名称在大量文献中进行检索，当英文名称较复杂而且没有通用的英文简称时，检索效率将会大打折扣。

此检索思路的缺陷有：CA数据库中，并不是文献中的所有物质都进行了CAS登记号标引，像本申请就只标引了上述物质反应以后产物的CAS登记号，而未标引反应原料的CAS登记号，利用上述的检索思路也是无法检索到本申请的，从而无法保证使用CAS登记号进行检索不会漏检。而STN数据库中物质的CAS登记号，分为两种标引情况：登记号RN和组分登记号CRN，为了准确起见，一般情况下会进行CRN的检索，但是由于标引的缺陷，只能检索到本申请，此时，不宜放弃检索，要再进行RN的检索，以得到对比文件。而Google Scholar和ISI中，检索结果对关键词的依赖性较高，如果所使用的关键词并非公用的术语，检索效率也会大打折扣。

总结：

综上，本申请最优的检索思路是：

（1）通过申请人/发明人入口进行检索，由于对比文件的权利要求中很可能采用原料限定，而相应的参数限定位于说明书中，因此需要对说明书内容进行一定的关注。

（2）确定基本检索要素。请求保护一种用于去除聚氯化铝中不溶物质的加速沉降型絮凝剂，其特征部分采用参数限定，没有涉及结构/组成。因此检索要素确定分为以下3个部分：①主题相关的关键词和分类号，包括"絮凝剂"等；②与限定该絮凝剂的参数相关的关键词，如"阳离子度"、"分子量"、"黏度"等；③与该絮凝剂结构/组成相关的关键词：如"丙烯酰胺"、"甲基丙烯酰氧乙基三甲基氯化铵"、"尿素"和"有机硅乙烯基三甲基硅烷"等。

（3）基本检索要素的表达。对于主题"絮凝剂"，主要中英文关键词表达方式有："絮凝"、"沉降"、"阳离子聚合物"、"助凝"、"混凝"、"flocculant"、"flocculat +"、"coagulant?"、"cation +"等，分类号则可以采用"C02F1/00，C02F1/52，C02F1/54，C02F1/56"等。对于参数要素，仅阳离子度具有较明显的检索意义，其中英文表达方式为："阳离子度"、"cation + w degree"、"degree 2w cation +"；原料检索要素是检索的关键，本案例中具体涉及的原料：丙烯酰胺和尿素，其表达方式比较单一，这里不再进行列举，基本上就是本领域常规的表达方式；而甲基丙烯酰氧乙基三甲基氯化铵的表达方式就比较丰富，除了其自身的中英文表达外，还需要考虑其上位表达和相似物表达，如："季铵盐"、"溴化铵"等；当在CA、STN等中进行检索时，原料还可以用其CAS号进行表达。

(4) 数据库的选择。本申请申请人是国内企业，但发明人中包括高校和企业两部分研究人员，因此很明显是高校和企业合作项目，基于国内大专院校老师的研究通常在非专利期刊上发表学术文章，因此，首选的数据库应该包括：CNABS、CNTXT、CNKI和DWPI/SIPOABS。

(5) 不同数据库下检索式的构造。由于本案例是采用参数限定的高分子聚合物，因此，根据此类专利申请的特点结合各数据库的特色推荐以下检索方式：在CNABS或DWPI/SIPOABS中，重点使用：主题和参数相"与"检索，或原料检索；慎重使用参数和原料相"与"检索；CNTXT可以作为CNABS的有效补充，当在CNABS数据库中使用上述方式难以找到有效X/Y对比文件时，可以在CNTXT数据库中使用主题、参数和原料相"与"或全原料相"与"的检索方式，可以有效地避免浏览量过大，同时也不易漏检；鉴于发明人是大专院校老师，也需要对非专利文献进行有效检索，这里推荐在中国学术期刊网中使用作者追踪的方式；而S系统中的CJFD由于可以使用"?、+"等截词符以及"w、s"等逻辑算符，因此关键词检索更推荐在CJFD中进行；也可以在Google Scholar和ISI Web of Knowledge中以相应的英文关键词进行组合检索非专利文献。此外，考虑此高分子聚合物涉及的原料单体，可以在CA或STN中利用该原料的CAS号与主题精确的英文关键词组合进行检索。

三、聚合物领域专利申请的检索策略和检索技巧

通过上述聚合物领域典型案例的深入分析，总结出对于聚合物领域专利申请的检索，从检索策略和检索技巧方面，要关注以下几点。

对于聚合物领域专利申请，基于聚合物本身具有的结构/组成特点，对聚合物权利要求检索常常采用以下检索方式：CAS登记号、关键词、关键词+分类号、STN结构化检索。

由于聚合物结构一般较为复杂，因此采用STN结构化检索是一种最简单有效、且全面的检索方式，特别是对于难以用关键词表征的结构复杂的聚合物，STN检索的效果越明显；但需要注意的是，STN结构化检索规则要求比较复杂，且费用极高，因此需要必须非常熟悉STN检索的使用技巧；另外，对于结构相对简单的聚合物，可能会出现检索量过大，难以筛选的困难。

在对聚合物检索时，如果能够查到聚合物各主体结构单元的CAS登记号或制备该聚合物的原料的CAS登记号，通过CAS登记号在CA中进行检索，或在STN中进行检索不仅检索快捷，且比较全面。

对于聚合物领域专利申请，对于物质名称比较确定，分类领域比较准确的案卷，还可以通过关键词，或关键词结合分类号的方式进行检索，其是一种比较常规，并且比较通用的检索方式；但需要注意关键词选取的扩展，以及不同分类号（IC、EC、FI、MC等）的

选择。

对于聚合物专利申请，由于一些结构的关键词表述不一定都在权利要求中有体现，故使用全文库进行检索是必要的，虽然浏览量比较大，但这也是检索聚合物的一个需要考虑的方法。

对于聚合物专利申请的检索，虽然可以对组分用分类号进行表达，但效果通常不好。但如果只用关键词进行检索，噪声又比较大，可以使用对用途用分类号进行全方位的全面表达，甚至要对相似用途的分类号进行表达，然后结合组分的关键词表达。此时要注意，如果限定了用途后仍然检索不到合适的对比文件，要尝试删除用途进行检索，因为用途有时并没有导致产品的结构和/或组成的改变。

聚合物专利申请的检索，要重视对检索到的相关文献进行深度阅读，阅读比较相关文献的背景技术中提到的文献，特别是检索到的比较相关的文献是美国专利时，其背景技术中提到的相关文献往往很有参考价值。

对于聚合物专利申请在拆分聚合物结构，构建检索式时要考虑使用各种算符，例如同在算符，比如涉及聚合物不同结构单元时，基本在同一段落中出现，此时可以采用同在算符“P”对检索要素进行限定，以减少浏览量。

对于国内高校的有关聚合物的申请，应重视非专利文献的使用，因为此类申请，申请人一般会在期刊上发表论文，若论文的公开日早于专利申请的申请日，则可直接作为对比文件使用，即使不能作为对比文件使用，在其引证的文献中，也往往是与专利申请密切相关的文献，通过追踪上述文献也往往能够检索到合适的对比文件；另外应该注意英文非专利数据库的使用，因为英文关键词用词比较规范，若基本检索要素提炼得当，并找到合适的英文关键词，则采用英文非专利数据库进行检索，往往可以事半功倍。

第五章 化工领域专利检索策略

化工领域主要是指化学工业以及其他过程工业（如石油炼制、冶金工业、印染工业等）生产过程中有关化学过程与物理过程的技术领域。化工领域的专利申请主要涵盖分离过程、混合过程、吸附催化、化工装置、废水处理等，主要涉及的IPC分类号有B01D、B01F、B01J、C02F、C10G等。

相对其他化学各分支领域，化工领域更偏重于在产业的实际应用、生产成本的节约。针对化工领域专利申请的检索策略也具有自身特色。本章将选择化工领域具有代表性的催化剂组合物、化工装置和设备、废水处理工艺这三个技术主题，通过对典型案例的深入分析，对化工领域专利申请不同技术主题的检索策略进行总结。

第一节 催化剂组合物领域

一、催化剂组合物领域专利申请特点简介

催化剂被誉为“现代化学工业的心脏”，化学工业的品种和规模的巨大增长无不借助催化剂，现代化的化工和石油加工过程约90%是催化过程。催化剂的用途可以分为三大方面：① 汽车尾气净化；② 矿物燃料加工；③ 化学品制造。近年来，催化剂组合物领域的专利申请量呈稳步增长的态势。从检索的角度出发，通过统计分析和研究，总结出催化剂组合物领域专利申请有以下几个特点：

（1）催化剂组合物领域的专利申请人主要分为以下几类：国内外大型石油石化公司、国内高等院校和科研机构以及其他研究机构。对于国内外大型石油石化公司，典型的有埃克森美孚化学专利公司、国际壳牌研究有限公司、法国石油公司、巴斯夫公司、住友化学株式会社、三井化学株式会社、新日本石油株式会社、中国石油化工集团、中国石油天然气有限公司等；这类申请人在各自的催化领域里具有长期技术上的积累，并且在催化剂的研究和相关专利申请上都具有一定的延续性。而国内高等院校和中科院系统与上述国内外大型石油石化公司则不同，大多致力于催化剂的基础研究，主要研究方向是新催化材料、新催化方法等。

（2）基于催化剂组合物领域专利申请的申请人多是成熟的大型公司或研究机构的特点，专利申请撰写的都比较规范，例如，背景技术列的很详细，给出了很多相关的已有的专利申请信息，同时实施例的数目比较多，很多给出了对比例，对比试验效果。

（3）催化剂必然是用于某种特定的用途，该领域的专利申请的说明书中一般详细描述了用途以及应用效果，例如提高活性、转化率、选择性等，同时说明书中对催化剂的各种参数进行了表征，有些明确给出了表征方法。

（4）对于汽车排气净化、矿物燃料加工领域的催化剂，一般没有完全创新的催化剂，

一般都是在原有的催化剂的基础上进行的改进，例如助剂的改变、载体的改变、制备方法的改进等。对于化学品制造领域，大多数也是对已有催化剂的改进，少部分是完全开拓性的全新催化剂种类。

针对催化剂组合物领域专利申请的特点，在检索中存在以下特点：

（1）催化剂类组合物领域的专利申请，除了在说明书中仔细说明该催化剂的用途以及专门撰写用途权利要求以外，在催化剂组合物的产品权利要求的主题名称中大都带有用途限定，例如："一种用于催化甲醇氧化为甲醛的催化剂"。一方面，在检索中如果首先考虑用途特征，将有助于获得相应的能够评述创造性的现有技术，但却有可能遗漏具有相同结构和/或组成而用途不同的催化剂；另一方面，在检索中如果仅考虑催化剂本身的结构和/或组成，则会导致检索结果数量太大，不利于筛选与之相关的现有技术，因此，在检索中如何对用途限定的催化剂组合物权利要求进行检索是一个难点。

（2）在催化剂组合物领域，申请人通常会在权利要求中限定载体的晶相、比表面积等参数，尤其是当发明相对于现有技术的改进在于催化剂的载体材料时。对于这类申请需要注意的是，由于现有技术全文尤其是摘要中不一定记载该参数，这就给检索带来困难。即使对比文件记载了此参数，但如何检索此参数，也存在困难。

（3）对于用制备方法限定的催化剂组合物产品权利要求，一般情况下，制备方法会导致产品的结构和/或组成的改变，但对于检索得到的对比文件中，采用了相似的制备方法，此对比文件是否能影响权利要求的新颖性或创造性，在判断中也存在难点。

（4）催化剂组合物的权利要求中涉及的组分比较多，制备方法的步骤也比较多，如果用全要素进行检索，得到的相关对比文件比较少，如何调整检索策略，构建合适的检索式，这是检索中的一难点。

二、催化剂组合物领域典型检索案例的检索分析总结

【案例5-1-1】

待检索技术方案：燃料基材的加氢精制方法，其中，在氢的存在下，使含有含氧化合物、烯烃以及正构烷烃的燃料基材与包括含有二氧化硅氧化锆的载体以及在该载体上负载的周期表第VIII族金属的加氢精制催化剂相接触。

检索结果分析：

（1）检索结果

检索得到的有效X类对比文件如下：

EP0532117A1；US4522939A；US4594468A；EP1088879A1；CN1200140A；CN1125960A；CN1500133A；CN1539928A；CN1608121A；CN1688674A；FR2792946A1；US20030057135A1；US20040245147A1；US4500417A；US6077419A；US6787022B1；WO9941333A1。

（2）典型检索思路分析

a. 在CNABS中采用关键词，或者关键词与分类号共同检索。

在采用CNABS数据库检索到对比文件的检索过程中，其基本检索要素是"费托"、"加氢"以及"氧化锆"，对基本检索要素"费托"和"氧化锆"采用关键词进行表达，对基本检索要素"加氢"，可以采用关键词进行表达，也可以采用分类号（C10G45/62：

使用含铂族金属或其化合物催化剂，正构烷烃的选择性加氢处理过程）进行表达，但是将上述三个基本检索要素进行全要素检索后（检索式：（费 S 托）AND（氧化锆 OR ZrO）AND（加氢 OR C10G45/62/IC）），没有检索到合适的对比文件。这时对检索思路进行动态调整，考虑到“氧化锆”不一定出现在摘要以及权利要求中，因此对基本检索要素“氧化锆”进行删减，将检索式调整为：（费 S 托）AND（加氢 OR C10G45/62/IC）结果检索到了合适的对比文件 CN1125960A 和 CN1688674A。

此检索思路的缺点有：该检索思路是通过删减基本检索要素“氧化锆”后检索到对比文件的，这样做的结果就是增大了浏览的难度，因为“氧化锆”没有出现在摘要以及权利要求中，这样需要浏览全文才能选取出合适的对比文件；另外采用分类号对“加氢”进行表达，需要选取出相对更为精确的分类号，即 C10G45/62（使用含铂族金属或其化合物催化剂，正构烷烃的选择性加氢处理过程）；而且采用 CNABS 数据库检索到的对比文件（CN1125960A 和 CN1688674A），虽然能够评述待检索技术方案的创造性，但是由于没有直接公开氧化锆和二氧化硅的混合物作为载体，载体中还存在其他组分，若申请人在意见陈述书中陈述的理由得当，例如采用只有氧化锆和氧化硅这两种组分组成的载体得到的催化剂，通过对比例，来阐述取得了预料不到的技术效果，比如对同样的费托合成油进行加氢精制后，其产品的各项指标要明显好于采用其他催化剂（载体中含有其他组分的催化剂）制得的产品，则上述对比文件（CN1125960A 和 CN1688674A）均不能作为对比文件继续使用。

b. 在 DWPI 中采用关键词或关键词与分类号的组合进行检索。

考虑到本申请是外国申请人申请，而且 DWPI 数据库的摘要相对更贴近发明的核心内容，因此选取 DWPI 数据库进行检索，检索时，在 DWPI 中采用关键词或关键词与分类号的组合对基本检索要素进行表达，然后进行检索。在该数据库中进行检索时，难点是如何对基本检索要素进行表达，比如对于基本检索要素“加氢”，若采用关键词对该基本检索要素进行表达，很难将该基本检索要素表达全面，很容易造成漏检，若采用小组甚至一个大组分类号进行表达，也很容易造成漏检，因为大组 C10G45、C10G47、C10G49 均是涉及燃料油加氢领域，因此综合考虑到漏检以及效率，将基本检索要素“加氢”扩展到上述三个大组，表达为“C10G4 +”对于基本检索要素“费托”和“氧化锆”，首先涉及“费托合成”的分类号均是有关费托合成反应，若采用该分类号进行限定，则检出的基本全是有关费托合成反应的文献，因此对于基本检索要素“费托”直接采用关键词进行表达，即“FISCHER 1W TROPSCH”；对于基本检索要素“氧化锆”，由于催化剂领域的分类号分类规则复杂，很难直接采用分类号将催化剂的组成表达清楚，因此对于基本检索要素“氧化锆”也是直接采用关键词进行表达，即“ZrO OR ZIRCONIA”将上述表达后的三个基本检索要素在 DWPI 中进行全要素检索（检索式为：C10G4 +/IC AND（FISCHER 1W TROPSCH）AND（ZrO OR ZIRCONIA）），命中文献 34 篇，其中就有可以评述待检索技术方案新颖性和创造性的对比文件 EP0532117A1，该对比文件中的载体为氧化硅氧化铝，氧化锆作为黏结剂的一种选择，但是如果申请人依据实施例将待检索技术方案修改为载体仅有氧化硅氧化锆组成，则此时该文献就不再可用。进一步对该对比文件进行追踪，例如参考该对比文件中提到的其他文件，则可以检索到另外两篇更为接近的对比文件，即 US4522939A 和 US4594468A，这两篇对比文件中明确公开了载体选择氧化硅－氧化锆这种组合，载体上同样负载了 Pt，并且处理的原料也是费托合成油，其沸程范围也与本申请文件中所记载的沸程范围部分重叠或落入本申请文件中所记载的沸程范围内，因此即使申请人依据实施例对上述待检索技术方案进行修改，上述两篇对比文件仍可评述修改后权利要求的新颖性。

在检索过程中，如果与上文提及的检索要素的表达存在差异，检索结果也会存在较大不同。比如，对基本检索要素"加氢"采用关键词进行表达，即"加氢"、"异构"、"加氢转化"、"加氢裂解"等，虽然检索到了一些相关对比文件，但由于权利要求限定的是燃料基材，这些对比文件公开的是沸点很高的不能用作燃料基材的费托合成产物，若申请人针对此区别进行争辩，而且陈述理由得当，比如从机理上分析，对不同沸程的费托合成油在加氢时，其条件和催化剂均存在很大不同，本领域技术人员不会有动机采用高沸点费托合成油加氢时的技术方案，来对低沸点费托合成油进行加氢精制，则该对比文件不能继续使用；另外如果采用小组分类号 C10G45/62（使用含铂族金属或其化合物催化剂，正构烷烃的选择性加氢处理过程）对基本检索要素"加氢"进行表达，也能快速的检索到一些相关对比文件，但是该对比文件所采用原料同样也不是待检索技术方案所限定的燃料基材。

（3）无效的检索思路

假如对本发明理解不够透彻，没有把握本发明的核心内容，就会导致检索方向发生偏差：

a. 如果仅认识到了本申请与费托合成密切相关，并将费托合成作为检索要素之一，可能导致最终检索到对比文件是关于费托合成的，而不是对费托合成产物的后续处理，不能作为 XY 对比文件使用。

b. 如果没有将费托合成产品作为基本检索要素之一，其将检索的重点放到了检索加氢精制催化剂上，即使检索到了采用与本申请相同催化剂进行加氢精制的对比文件，但由于其处理的原料与本申请不同，也不能作为 XY 对比文件使用。

总结：

综上，本案例推荐的检索思路是：

首先是确定基本检索要素。通过仔细研读本申请，发现本申请的核心内容是对"含有含氧化合物、烯烃以及正构烷烃的燃料基材（说明书中主要针对的是费托合成产物）进行加氢"，因此根据上述内容可以提炼出两个基本检索要素，即"含有含氧化合物、烯烃以及正构烷烃的燃料基材"和"加氢"，如果对加氢精制领域了解的话，可以直接发现应将本申请的载体成分之一，即"氧化锆"，作为基本检索要素之一，若对该领域不是很了解，通过简单的预检索，也能够发现在加氢精制领域，采用"氧化锆"作为催化剂载体成分的现有技术非常少，因此此时也应该调整检索策略，将"氧化锆"作为基本检索要素之一，另外由于"含有含氧化合物、烯烃以及正构烷烃的燃料基材"很难表达，通读本申请说明书可以发现，本申请主要针对的是"费托合成油的加氢"，因此可以将"费托合成油"作为基本检索要素之一。通过熟读本申请以及通过了解现有技术，应提炼出三个最重要的基本检索要素"加氢"，"费托合成油"以及"氧化锆"。

其次是基本检索要素的表达。对于基本检索要素"加氢"，若采用关键词对该基本检索要素进行表达，很难将该基本检索要素表达全面，很容易造成漏检，若采用小组甚至一个大组分类号进行表达，也很容易造成漏检，因为大组 C10G45、C10G47、C10G49 均是涉及燃料油加氢领域，因此综合考虑到漏检以及效率，将基本检索要素“加氢”扩展到上述三个大组，对于基本检索要素“费托”和“氧化锆”，首先涉及“费托合成”的分类号均是有关费托合成反应，若采用该分类号进行限定，则检出的均是有关费托合成反应的文献，因此对于基本检索要素“费托”直接采用关键词进行表达，对于基本检索要素“氧化锆”，由于催化剂领域的分类号分类规则复杂，很难直接采用分类号将催化剂的组成表达清楚，因此对于基本检索要素“氧化锆”也是直接采用关键词进行表达。

再次是数据库的选择。考虑到本申请是外国申请人申请，而且加氢精制领域国外的技术相比国内要发达，因此应首选 DWPI 摘要库进行检索，对基本检索要素“加氢”采用分类号“C10G4 +”进行表达，对“费托”和“氧化锆”采用关键词进行表达，则检索到了非常合适的对比文件。若在 DWPI 摘要库中没有检索到合适的对比文件或者对比文件很牵强时，应该选取 CNTXT 数据库进行检索，因为若在中文摘要库中进行检索，检索要素限定的少了，噪声大浏览困难，限定的多了，很容易漏检，而选择 CNTXT 数据库，可以充分的对基本检索要素进行表达，能够最大限度地防止漏检。

最后，要特别关注对初步检索到的相关文献的追踪和深度阅读，获取有用的信息，得到更相关的对比文件。在本案中，通过对检索到的相关对比文件的深度阅读，得到两篇对比文件 US4522939A 和 US4594468A，这两篇对比文件中明确公开了载体选择氧化硅 - 氧化锆这种组合，即公开了本申请的发明点，载体上同样负载了 Pt，并且处理的原料也是费托合成油，其沸程范围也与本申请文件中所记载的沸程范围部分重叠或落入本申请文件中所记载的沸程范围内。因此即使申请人依据实施例对待检索技术方案进行修改，上述两篇对比文件仍可评述修改后技术方案的新颖性。

【案例 5 -1 -2】

待检索技术方案：一种用于制备间苯二甲腈的催化剂，由硅胶或 Al_2O_3 作载体和活性组分组成，活性组分包括主活性物质和辅助活性物质，主活性物质为 V_2O_5、MoO_3 和 CrO_3 的组合，其原子比为：V∶Mo∶Cr = 1∶0.15 ~0.95∶0.15 ~0.9 ，辅助活性物质为 Ni 和 P 的氧化物与 Na、K、Cs 中的至少一种氧化物的组合，其原子比为 V∶Ni∶P∶Na、K 或 Cs = 1∶0.005 ~0.7∶0.004 ~0.6∶0.003 ~0.2；活性组分含量为 1.05% ~28% ；所述主活性物质和辅助活性物质的比例为 1∶0.2 ~1.2。

检索结果分析：

（1）检索结果

检索得到的有效 X 类对比文件如下：

CN1424144A；CN1401632A；CN1500774A；CN1657519A；CN1803285A；CN101265213A；CN1193007A；CN1490313A；US2006/0199730A；JP9165361A。

（2）典型检索思路分析

下面结合数据库的选择、关键词的提取，分类号的查询与选择、技术领域特点等方面来分析本次的检索结果和检索思路，分为预检索、检索思路与过程两个阶段进行分析：

a. 预检索阶段

先在 CNABS 中进行预检索，分别输入申请人、发明人、关键词“间苯二甲腈”，浏览得到的结果以进一步了解现有技术。本申请从技术主题上属于催化剂组合物，各组分明确，这种将烷烃氨氧化成腈的催化剂研究文献很多，发明点在于六种元素。

b. 检索思路与过程

关于将烷烃氨氧化成腈的催化剂的中文研究文献很多，因此首先选择中文库进行检索，考虑到待检索技术方案中的组分种类较多，先在CNTXT中用关键词检索，检索式为：间苯二甲腈 AND 钒 AND 载体 AND 钼 AND 钠 AND 磷 AND 镍 AND 铬，通过阅读发现检索到两篇对比文件：CN1500774A和CN 1657519A均为可以作为X类文献评述待检索技术方案的创造性，另外的收获是发现陈金华等人在此方面的研究较多，因此接下来在CNABS数据库结合该发明人和关键词继续进行检索，检索式为：（（NI OR 镍）AND（V OR 钒）AND（MO OR 钼）AND（CR OR 铬）AND（“P” OR 磷）AND（NA OR K OR CS OR 钠 OR 钾 OR 铯 OR 碱土金属 OR 碱金属））AND（陈金华 /IN），浏览得到文献CN1490313A，可以用来评述待检索技术方案的新颖性或创造性。

以上均是通过关键词进行检索，此时转变检索策略，加入分类号进行检索，由于上述三篇相关对比文件的分类号涉及C07C255或C07C253，因此通过查询确定C07C255/28（含有连接除氰基以外的碳架的氰基、氨基和双键氧原子）为最合适的分类号，在CNABS中进行检索（检索式为：/IC C07C255/28），浏览得文献CN1401632A，该文献公开的是邻苯二甲腈的制备，容易想到用于制备间苯二甲腈，可以评述待检索技术方案的创造性。将分类号C07C255/28扩展到大组C07C255并结合关键词作进一步检索，检索式为：（C07C253 /IC）AND（（NI OR 镍）AND（V OR 钒）AND（MO OR 钼）AND（CR OR 铬）AND（“P” OR 磷）AND（NA OR K OR CS OR 钠 OR 钾 OR 铯 OR 碱土金属 OR 碱金属）），返回结果164篇，通过浏览得到文献CN1803285A，该文献可以评述待检索技术方案的创造性，是较为合适的X类文献，且实施例1公开了“间二甲苯”制备“间苯二甲腈”。

接下来在SIPOABS数据库中，结合分类号与关键词共同检索，检索式为（（NICKEL OR“NI”）AND（PHOSPHORUS OR“P”）AND（VANADIUM OR“V”）AND（CHROMIUM OR“CR”）AND（MOLYBDENUM OR“MO”））AND（C07C253 /IC/EC），返回345篇结果，浏览得到文献US2006199730A和JP9165361A，均可以用来评述待检索技术方案。最后通过非专利数据库CJFD补充检索，检索式为：（NI OR 镍）AND（V OR 钒）AND（MO OR 钼）AND（CR OR 铬）AND（“P” OR 磷）AND（NA OR K OR CS OR 钠 OR 钾 OR 铯 OR 碱土金属 OR 碱金属），返回157篇结果，经过浏览，没有找到合适的对比文件。

由于Pantentics根据语义扩展和排序检索，不需要准确的关键词，其对检索组合物有独特的优势，实际上对于本案，通过Pantentics输入公开号，可迅速检索到CN1424144A，其组成和制备方法与本申请几乎相同，虽然用途为制备3－氰基吡啶，与待检索技术方案的用途不同，但其原理都是利用氨氧化反应，因此可以评述待检索技术方案的创造性。

总结：

本案例涉及一种用于制备间苯二甲腈的催化剂及其制备方法和用途，属于催化剂组合物领域，其技术方案并不复杂，并且有多个数值范围的限定。因此本案的检索主要涉及数据库入口及关键词和分类号的选择。

通过下面的推荐检索模式对本案总结如下：

（1）预检索

对本案而言预检索的意义不仅在于更好地理解发明，对现有技术有一个大概的了解以进一步把握其发明点，更在于从宏观上预测数据库选择的优先次序。由于本案原理简单，组分明确，对关键词的提取相对容易，提取关键词后需要根据预检索得到的有关信息确定数据库选择排序，数据库选择合适可直接影响检索质量和效率的改善。

（2）适时调整检索策略

就本案而言，在用关键词检索的基础上，通过分类号查询，找到合适的分类号，通过分类号检索到更合适的对比文件。

就本案而言，分类员给出的分类号 B01J27/199 并不是很准确，如果通过直接或间接用分类号 B01J27/199 进行检索，将很难获得有效的 XY 类对比文件。如果在检索的过程中能适时地将分类号调整为 C07C255/28，返回 CNABS 重新检索即可得到 X 类对比文件 CN 1401632A。

（3）关于申请人、发明人方面

对于本案而言，虽然通过申请人和发明人为入口不能直接检索到 XY 类对比文件，但是如果未对申请人、发明人检索，在检索策略调整方面就可能稍显逊色，例如关注关键词的扩展而未考虑分类号，以及过多关注用途的限定而未能重点考虑催化剂组分和含量等。

三、催化剂组合物领域专利申请的检索策略和检索技巧

通过上述催化剂组合物领域典型案例的深入分析，总结出对于催化剂组合物领域专利申请，在检索策略和检索技巧上需要关注以下几个方面：

（1）对于催化剂组合物专利申请，涉及的组分比较多，如果同时输入这些组分，容易导致漏检，此时要通过适当的预检索，确定体现出发明点的组分，例如案例 2-5-1 中体现出发明点的组分是氧化锆，而 VIII 族金属和氧化硅载体是加氢中最常使用的组分，故在构建检索式时一定要考虑氧化锆，而可以暂时不考虑 VIII 族金属和氧化硅。如果催化剂组合物中相对于现有技术的改进点在组分的含量，还需要在构建检索式时对含量这一检索要素进行表达。

（2）对于催化剂组合物专利申请，同样由于组分比较多，而这些组分不一定都在现有技术的权利要求和/或摘要中有体现，故使用全文数据库进行检索是必要的，虽然浏览量比较大，但这是检索催化剂组合物所必需的。

（3）对于催化剂组合物专利申请的检索，虽然可以对组分用分类号进行表达，但效果通常不好。而如果只用关键词进行检索，噪声又比较大，可以使用分类号对用途进行全方位表达，甚至要对相似用途的分类号进行表达，然后结合组分的关键词进行检索。此时要注意，如果限定了用途后仍然检索不到合适的对比文件，要尝试删除用途进行检索，因为用途有时并没有导致产品的结构和/或组成的改变。

（4）在对于催化剂组合物专利申请的检索，基于国内外大型石油石化公司对催化剂研究的延续性及大公司对竞争对手的关注，以及催化剂专利申请多是改进型发明，要重视对检索到的相关文献进行深度阅读，阅读比较相关的对比文件的背景技术中提到的相关文件，特别是上述相关文件是美国专利时，其背景技术中提到的相关文献往往很有参考价值。

（5）对于催化剂组合物专利申请，由于涉及的组分比较多，在构建检索式时要考虑使用各种算符，例如同在算符，比如涉及催化剂组成时，因为载体的组成基本在同一段落中出现，此时可以采用同在算符“P”对检索要素进行限定，又比如，对于检索要素“fischer tropsch”，上述两个单词在文献中一般是接连出现，因此可以采用同在算符“w”进行限定，以减少浏览的文献数量。

（6）对于国内高等院校的有关催化剂的申请，应重视非专利文献的使用，因为此类申请，申请人一般会在期刊上发表论文，若论文的公开日早于专利申请的申请日，则可直接作为对比文件使用，即使不能作为对比文件使用，在其引证的文献中，也往往是与专利申请密切相关的文献，通过追踪上述文献也往往能够检索到合适的对比文件；另外应该注意英文非专利数据库的使用，因为在上述数据库中英文关键词用词比较规范，若基本检索要素提炼得当，并找到合适的英文关键词，则采用英文非专利数据库进行检索，往往可以事半功倍。

（7）对于催化剂领域专利申请的检索，虽然要检索的数据库很多，但也有一定的规律和顺序可循，具体如下：应首先到 CNABS 数据库中用关键词、分类号、申请人进行检索，以及到 CNKI、ISI Web Of Knowledge、Google Schoolar 中用关键词或分子式进行检索，还要到 CA 中用关键词、分子式和 CAS 登记号进行检索；其次到 S 系统中的专利数据库中进行检索；如果还没有检索到合适的对比文件，还应到 Google Patent 以及 Patentics 等数据库中进行检索。

（8）对于检索要素的表达，检索催化剂参数时，可以用参数这一关键词进行检索，也可以将检索要素扩展到参数的测试方法或表征方法，同时还要考虑从原理、效果、所解决的技术问题等方面对检索要素进行表达。

（9）对于催化剂制备方法的权利要求，先到中文专利数据库或 CNKI 中进行检索检索，对催化剂的制备方法类的权利要求中的实质内容进行概括提炼，进而找出合适的检索要素。催化剂的制备方法类的权利要求限定的内容比较具体，除了限定制备方法包括的主要步骤，申请人通常会将各步骤中所用到的设备以及操作条件也限定在权利要求中。对于这类权利要求，应进行初步的检索，识别出制备方法中区别于普通现有技术可能带来创造性的技术手段，然后重点对此类检索要素进行表达，并用此类检索要素进行检索。例如：催化剂的制备方法中通常都包括载体的制备，活性组分或改性组分的负载，成型，焙烧等步骤，权利要求中可能会限定负载方法、成型方法、焙烧的条件与温度、时间等一系列特征，如果将这些技术特征均作为检索要素，很难检索到合适的对比文件，此时的调整方式是：提炼出权利要求中区别于一般现有技术的特征，例如通常对于用于 CO 催化氧化的贵金属负载的二氧化钛催化剂，焙烧气氛为惰性气体，温度在 200～400℃之间，而某一申请文件中用于 CO 催化氧化的贵金属负载的二氧化钛催化剂的制备方法中，焙烧气氛选择还原性气体，温度 600℃。如果审查员通过初步检索得知上述信息，就可以直接选择焙烧气氛和温度作为基本的检索要素，减少或不使用其他检索要素，会大大提高检索效率。

（10）对于用用途限定的产品权利要求，对用途这一检索要素进行表达时，注重用相似用途的分类号或关键词进行表达，因为很多相似用途的作用机理是相同或相似的，可以用此类文献来评述权利要求的创造性。

第二节 化工装置和设备领域

一、化工装置和设备领域专利申请特点简介

化工生产操作中，除反应器内是化学反应外，还有其他各种物理操作，物理操作起到为化学反应准备必要的反应条件以及进一步将粗产品提纯的作用，这些物理操作主要涉及分离和混合，在不同的化工生产过程中，分离和混合的机理以及所使用的设备和方法都是类似的，分离所涉及的IPC分类号主要为B01D，混合所涉及的IPC分类号主要为B01F。

从检索的角度出发，通过统计分析和研究，总结出化工装置和设备领域的专利申请有以下几个特点：

（1）化工装置和设备领域专利申请数量近年来迅猛增长，反映了化工装置和设备发明创造活动非常活跃。以占据化工设备数量最多的领域——分离（国际专利分类号为B01D）为例，选择SIPOABS数据库，统计B01D分类号下共有1 205 215篇专利文献（截至2011年2月25日），其中，日本专利335 202篇，占27.8%，通过以上统计可知，化工装置和设备领域专利申请总量较大，且日本专利申请数量在化工分离领域占绝对多数。

（2）化工装置和设备领域专利申请涵盖范围非常广泛，例如涉及空气清洁器、烟气脱硫、精馏塔、过滤器、纯化产物、压滤机等，对于审查员所掌握的专业知识要求较高。

（3）化工装置和设备领域是一个传统的领域，已经发展了很多年，故目前的专利申请中，对于装置和设备的改进点往往比较细。

基于对上述化工装置和设备领域专利申请特点的分析，在化工装置和设备领域的检索中存在如下特点：

（1）分类号选取困难。根据IPC分类规则，当发明主题涉及一种设备时，分类在设备的分类位置上；当设备分类位置不存在时，分类在设备执行的方法的分类位置上；当该执行方法分类位置不存在时，分类在设备所制造的产品的分类位置上。因此，由于分类位置的不确定性导致在检索时较难选取准确的分类号。

（2）关键词表达困难。比如：① 化工设备不仅仅包括设备中的各个部件，同时也包括各个部件之间的连接关系，因此很难采用关键词对连接关系进行表达；② 化工设备部件本身的名称非常常规，很难对检索范围进行有效限定，例如在化工装置中常出现的“塔”、“口”、“筒”、“槽”、“喷嘴”等对检索没有实际意义；③ 对于相同的部件，不同的技术人员有不同的理解和表达，甚至相差较远，关键词的选取难以做到准确和全面。

（3）在化工装置和设备中，关键词涉及一些反应作用机理的词，例如萃取、吸收、蒸馏等，如果用这些词进行检索，检索结果的噪声会非常大。

二、化工装置和设备领域典型检索案例的检索分析总结

【案例5-2-1】

待检索技术方案：一种往复式液压底部刮泥机，其特征在于，包括：依次相连的动力装置（1）、杠杆动力传输系统（2）和刮泥装置（3）；其中动力装置（1），用于输出动力；杠杆动力传输系统（2），用于将动力装置（1）输出的动力传输给刮泥装置（3）；刮泥装置（3），受杠杆动力传输系统的牵引，在池体底部往复运动，去除污泥。

检索结果分析：

（1）检索结果

检索得到的有效R类对比文件如下：

CN201524456U

检索得到的有效X类对比文件如下：

CN101152608A；CN201175598Y；JP2002219499A；JP11137912A；GB2226507A。

（2）典型检索思路分析

本案例涉及一种刮泥机，属于装置、设备，申请人为国内公司，其存在重复授权的实用新型的可能性非常大，因此，首先要以申请人、发明人为入口进行检索，在命中的4篇结果中，检出同一申请人的有效R类文献CN201524456U。

查找分类表，得到分类号B01D 21/18（用于沉降槽的刮板或传动机构的结构）可见，该案例分类号非常准确，首先以该分类号为入口进行检索，检索表达式如下：

CNABS? B01D21/18/ic

* * SS 1: Results 69

浏览该69篇专利文献，得到有效X类文献CN101152608A和CN201175598Y；其公开的刮泥机与本申请非常相似，经过特征对比，均能够评述此技术方案的创造性。

另外，在DWPI和SIPOABS的联合虚拟数据库VEN中通过分类号B01D21/18和关键词的组合或单独使用关键词也能够检索到有效X类文献JP2002219499A、JP11137912A和GB2226507A。

具体检索过程如下：

VEN?　/TI (Scraper? s sludge?) or (mud s scraper?)

** SS 1: Results 770

VEN?　(Lever + or guid + or transfer + or connect + or link +) and blade?

** SS 2: Results 266547

VEN?　1 and 2

** SS 3: Results 56　　　检索结果：JP2002219499 A

VEN?　b01d21/18/ec/ic or b01d21/20/ec/ic

** SS 4: Results 3584

VEN?　pressure

** SS 5: Results 3007523

VEN? 4 and 5

** SS 6: Results 164 检索结果: JP11137912A

VEN? b01d21/18/ic

** SS 7: Results 3118

VEN? LEVER

** SS 8: Results 661310

VEN? 7 and 8

** SS 9: Results 38 检索结果: GB2226507A

另外，如果对FT分类表比较熟悉，可以知道，4D059/BE34/FT对于本案来说是比较准确的分类号，它的含义是：机械脱水或压缩处理中的刮除沉积材料的方法。X类文献JP2002219499A可以采用该分类号通过以下的检索式检索到：

VEN? 4D059/BE34/FT

** SS 1: Results 242 检索结果: JP2002219499 A

下面从数据库、分类号、申请人等方面来分析本次的检索结果和检索思路：

数据库：本案例涉及一种刮泥机，属于装置、设备，在数据库的选择上，应当将主要的检索方向集中在专利数据库的检索上，并且在CNABS、DWPI和SIPOABS中均能检索到有效X类文献。

分类号：就本案例而言，分类员给出的分类号B01D21/18（用于沉降槽的刮板或传动机构的结构）非常准确，在检出有效X类文献的结果中，直接或间接用分类号B01D21/18就能够检出CN101152608A、CN201175598Y、JP11137912A和GB2226507A，另外，采用FT分类号4D059/BE34（机械脱水或压缩处理中的刮除沉积材料的方法）也能够检出JP2002219499A。

申请人：要提高对于装置、设备类申请存在实用新型的预期和敏感度，本案例以申请人为入口即能检索到R类文献。

总结：

本案例涉及一种刮泥机，根据其主题属于设备、装置类，对于该类型的权利要求，检索应当集中在专利文献中，检索的数据库主要有DWPI、SIPOABS和CNABS，检索手段应当从申请人、发明人、分类号和关键词入手进行检索。推荐的检索模式如下：a. 首先用申请人、发明人检索是否存在重复授权的实用新型；b. 确定分类员给出的分类号是否准确，如不准确需要进行扩展或改变，采用分类号或分类号加关键词在CNABS中进行检索，在没有检索到有效对比文件的情况下，要结合关键词进行补充检索；c. 查看该分类号在EC或FT中是否具有更加准确的分类，采用分类号或分类号加关键词在DWPI、SIPOABS进行检索，在没有检索到有效对比文件的情况下，要结合关键词进行补充检索；d. 在仍没有检索到有效对比文件的情况下，如本案在日本研究比较活跃，要在日本专利数据库中进行检索。

【案例5-2-2】

待检索技术方案：一种污碱液回收装置，包括有污碱液存贮罐及清碱液存贮罐，污碱液存贮罐及清碱液存贮罐上分别设有进液口、出液口及杂质排放口，其特征在于：所述的污碱液存贮罐与清碱液存贮罐之间设有过滤机构及构成过滤机构清洗的反冲洗机构，过滤机构与反冲洗机构、污碱液存贮罐及清碱液存贮罐之间通过管道连接，且过滤机构与污碱液存贮罐之间设有过滤回路，所述的污碱液存贮罐、清碱液存贮罐、过滤机构及反冲洗机构上分别设有控制阀，其各管道上设有泵体，所述污碱液存贮罐的进液口处设有试剂添加罐，该试剂添加罐与污碱液存贮罐通过管道连通。

检索结果分析：

（1）检索结果

检索得到的有效 R 类对比文件如下：

CN201519520U。

检索得到的有效 X 类对比文件如下：CN1843586A；CN2877835Y；CN101327938A；JP 特开 2001－225057A。

（2）典型检索思路分析

下面结合数据库的选择、关键词的提取、分类号的查询与选择、技术领域特点等方面来分析本次的检索结果和检索思路：

进入 S 系统的检索准备子系统，查看本申请同族信息，语义检索推荐关键词，语义检索推荐专利文献等标签栏，浏览可以得到有效 R 类文献 CN201519520U。

进入 CNABS 数据库，输入检索式：

B01D/ic and 洗涤 and（废液 or 碱液）and（循环 or 回收），

得到 54 各结果，浏览文献得到：有效 X 类文献 CN1843586A，

继续输入检索式：

1	CNABS	3284	（C01D or B01D36）/ic
2	CNABS	258838	回收 or 循环 or 回路
3	CNABS	170122	过滤
4	CNABS	629	1 and 2 and 3

通过浏览得到以下有效 X 类文件：CN101327938A；调整检索式，输入碱液、回收、过滤，通过浏览得到 CN2877835Y；

在 VEN 数据库中，用 FT 分类号 4D066/FA02（采用反冲洗法清洁过滤体），通过检索得到有效 X 类对比文件：JP 特开 2001－225057A。

总结：

通过下面推荐的检索模式对本案例总结如下：

（1）预检索

通过对现有技术中碱液回收的了解，更准确了解碱液回收行业，从废碱液回收行业的专利文献中可以更好的把握分类号，对本案例而言，主分类号比较准确，但是分类号 C01D1/00 涉及一般碱金属的氢氧化物的过滤方法，碱液一般是指碳酸钠、氢氧化钠的溶液等，因此，选取 C01D1/00 作为补充，才能做到检索全面。

利用 S 系统进行检索，能更快捷地了解本领域的现有技术，因为 S 系统的检索准备就是为了方便审查员了解与本申请最相关的信息，检索准备提供了本领域重要申请人、本申

请人其他申请公开、本申请的同族信息、语义检索推荐专利文献、语义检索推荐关键词等。

（2）适时调整检索策略

对本案例而言，选择合适的分类号，也能够快速检索到有效X/Y类对比文件，例如通过查询FT分类表，找到分类号4D066/FA02（采用反冲洗法清洁过滤体），在SIPOABS数据库中检索，可以得到一篇有效X类文件JP特开2001－225057A。

（3）对用途限定的考虑

就本案例而言，污碱液对回收装置的各部件的结构不会产生影响，只会要求部件是耐碱性的材质而已，因此，在采用碱液的限定未检索到有效对比文件的情况下，需取消对“碱液”相关检索要素的检索。对于本案例，选择合适的分类号结合关键词，会一次检索出多篇X/Y类文献，例如（C01d or B01D36）/ic，结合“回收 or 循环 or 回路”以及“过滤”。

【案例5－2－3】

待检索技术方案：一种气动脱硫单元并联组合结构，其特征在于：包括设有开孔的上封板和下封板，开孔呈等间隔均匀排列，上下封板相对应的开孔内设有含锥罩的气动脱硫单元。

检索结果分析：

（1）检索结果

检索得到的有效X类对比文件：CN2386872Y。

（2）典型检索思路分析

a. 本案例的申请人为国内的研究院所，考虑到科研院所一般都有自己的技术储备，故先以申请人和发明人为入口进行检索得到有效X类对比文件CN2386872Y。

此思路优势是容易想到，并且针对部分国内的申请也是比较直接、高效的，但是该思路的不足在于在外文库中检索时，发明人或申请人英文名字表达必须与数据库要求一致（如在CA中），国内的名称用外文表达进行检索时很容易产生较大的噪声，单纯使用申请人和发明人检索时结果往往不理想，还需要与关键词、分类号等联合使用。

b. 本案例要求保护化工操作单元的产品，其中涉及组件之间的连接关系、位置等特征很难用关键词准确、完整地将检索要素表达出来，因而分类号是很好的一个检索途径。对于本案例，采用了准确的分类号（B01D53/00：废气的化学或生物净化）在CNPAT数据库中进行检索，在加上一个关键词得到有效的对比文件。如下所示：

1　　F KW 板 * 孔 <hits: 201562>

2　　F IC B01D053 <hits: 13363>

3　　J 18 * 19 <hits: 934>

4　　F KW 脱硫 <hits: 8097>

5　　J 20 * 21 <hits: 268>（得到有效X类对比文件CN2386872Y）

此思路的优势在于针对分类号比较准确的申请检索时比较快捷、命中率高。但是对于分类号不准确的情况，此时还需要提炼适当的关键词进行检索或者寻找更合适的分类体系中的分类号进行检索。化工设备操作单元的分类号有时无法体现出申请的发明点，此时，需要结合其他手段联合检索。

c. 如具有丰富的本申请所属领域的现有技术知识，则通过提炼出关键词“气动”、“脱硫”、“气动脱硫”、“除尘单元”输入CNPAT进行检索得到有效X类对比文件CN2386872Y；

此思路优势在于得到的检索结果噪声小，对检索工具要求不高，适应性广。但是此思路对审查员要求较高，需要审查员了解和掌握现有技术和本申请的特点，尤其是需要深入地理解申请的技术方案，全面掌握本领域惯用的表达和书写方式，如果思路不合适甚至关键词表达不合适都可能导致漏检。

d. 首先，以申请人或发明人为入口在CNPAT数据库中检索，根据检索的结果及时调整检索策略，如下所示：

(002) F KW 并联 <hits: 42895>
(003) F KW 净化单元+脱硫单元+脱氮单元 <hits: 250>
(004) J 2 * 3 <hits: 9>
(005) F PA 北京华宇融通电力科技开发有限公司 <hits: 1>
(006) F IC B01D05378 <hits: 2391>
(009) F IC B01D05350 <hits: 1540>
(010) F KW 气动 <hits: 15715>
(011) F KW 除尘单元 <hits: 83>
(012) J 10 * 11 <hits: 2>（得到有效X类对比文件CN2386872Y）

该思路的优势在于漏检的可能性较小。但是，其不足之处在于需要根据检索的结果不断调整检索思路，检索耗时较长。

通过以上几个典型的检索思路分析可以看出，在检索之前对技术方案做深入、全面理解是选择合适的检索思路的基石。能够很快检索到有效对比文件的原因是对本申请的技术方案把握准确，提炼出准确的关键词；而采用分类号检索也是考虑到该分类号涉及了本申请的发明点。

总结：

本案例要求保护一种气动脱硫单元并联组合结构，对于此类案件的检索一般情况下建议按以下几个步骤进行：

（1）首先应充分理解发明

操作单元本身的结构和/或组成很难准确地用文字表达出来，而对发明的理解有助于检索关键词扩展或者寻找到合适的分类号，故在检索前应对发明做充分的理解，这可以通过预检索、全面了解背景技术等方法来实现。如果没有对本申请和相关的对比文件进行深刻理解和把握，即使检索到了合适的对比文件，也可能由于技术方案的理解而漏检，故首先要理解发明才是检索策略中的关键。

（2）对发明人或申请人的发表的相关专利文献或非专利进行检索

有时候上述文献的背景技术或者所引用的参考文献都可能作为本申请的对比文件。

（3）利用分类体系

不仅要利用本申请的IPC分类号，而且要使用相关的UC、EC、FI、FT等分类体系，需要平时对上述分类体系的特点和优势以及相关部分分类多做积累。

（4）利用关键词

不仅包括使用关键词检索，还包括使用关键词与分类号相结合的检索，以及关键词与发明人、申请人之间的结合。需要审查员对申请所属领域相关知识及其在书面和口头上的表达相当熟练。在以上步骤中需要根据实际的案例适时地调整检索策略。

三、化工装置和设备领域专利申请的检索策略和检索技巧

通过上述化工装置和设备领域典型案例的深入分析，总结出对于该领域专利申请，在检索策略和检索技巧上需要关注以下几个方面：

（1）对于一些化工装置和设备，体现其机理或作用原理的词不一定在权利要求中出现，应充分阅读相关现有技术，理解其技术内容，并将机理或作用原理作为检索要素提取出来。

（2）对于一些化工装置和设备，在用体现其机理的分类号例如 B01D、B01F 无法检索到合适对比文件的情况下，要考虑选择一些体现其用途的分类号进行表达，例如一些气固分离分离装置用在炼钢领域，从炼钢的分类号入手也能检索到相关的装置和设备。

（3）集中在专利文献中检索，首选专利文献库，检索的数据库主要有 DWPI、SIPOABS 和 CNABS，未检索到合适对比文件的情况下，可以尝试使用 Patentics 数据库。

（4）注意 R 类文献。特别要注意用申请人、发明人检索是否存在重复授权的实用新型专利。

（5）在检索中分类号优于关键词。总体而言，在化工设备领域关键词难选取，分类号比关键词检索效率高。

（6）一般情况下，除了使用 IPC 分类号进行检索外，还需要查看主分类号在 EC 或 FI-Fterm 中是否具有更加准确的分类。核实确定分类员给出的分类号是否准确，检索时应当注意对分类号进行扩展，特别需要提醒的是，选择合适的分类号不仅仅是考虑技术方案本身，还可以通过阅读现有技术，对现有技术文献进行统计分析，甚至是深入理解技术原理来确定分类号。采用分类号或分类号加关键词检索，没有检索到合适对比文件的情况下，要用关键词的组合进行补充检索。

（7）对用途限定的考虑。对主题为设备的产品权利要求，要牢牢把握住用途特征是否隐含了要求保护的产品具有某种特定结构和/或组成这一原则。

（8）快速浏览附图。当对该类的案件进行检索时，结果往往在 1000 篇左右就无需进一步缩小范围，此时可以充分利用 S 系统的概要浏览，快速浏览附图。

（9）充分利用 S 系统检索。利用 S 系统可以更快捷地了解本领域的现有技术，S 系统的检索准备就是为了方便审查员了解与本申请最相关的信息，检索准备提供了本领域重要申请人、本申请人其他申请公开、本申请的同族信息、语义检索推荐专利文献、语义检索推荐关键词等。S 系统还可以将附图和文字分别显示，极大地方便了检索与浏览设备类的文件。

（10）因为化工装置和设备所涉及的部件非常多，很多部件是常规的，例如入口、喷嘴等，此时要甄别出设备的发明点是什么，然后重点对此发明点进行全面表达，减少其他

检索要素的使用。

第三节　废水处理工艺领域

一、废水处理工艺领域专利申请特点简介

废水处理是指通过一系列水处理设备将被污染的工业废水或河水进行净化处理，以达到国家规定的水质标准。或者说，废水处理是通过物理、化学、物化或生物手段，去除废水中一些对生产、生活不需要的物质的过程，是为了适用于特定的用途而对废水进行的沉降、过滤、混凝、絮凝，以及缓蚀、阻垢等水质调理的过程。废水处理工艺专利申请所涉及的 IPC 分类号一般为 C02F。通过对废水处理领域专利申请的分析研究，总结出其申请主要呈现以下几方面的特点：

（1）专利申请现状。近 20 年来，随着工业的迅速发展和人们环保意识的提高，使得人们对废水处理越来越重视，与此同时，废水处理领域的专利申请量激增。但总体看来，日本在该领域的技术仍然占据了绝对优势的地位。在 SIPOABS 数据库中（截至 2010 年 12 月 27 日），C02F 分类号下共有 390 379 篇专利文献，其中日本专利 120 265 篇，占 30.8%，美国专利占 9.8%，中国专利占 10.1%，欧洲和韩国专利各占 3.8%。在 DWPI 数据库中进行的相关统计（截至 2010 年 12 月 27 日）结果表明：C02F 分类号下共有 186 618 篇专利文献，其中日本专利 94 945 篇，占 50.9%，其次为美国（16.2%）、中国（15.7%）、欧洲（8.5%）和韩国（8.1%）。

（2）技术内容特点。废水处理方法的技术内容涉及多个领域，例如涉及微生物的生物处理，涉及过滤、吸附、蒸发、蒸馏的物理处理，涉及氧化－还原反应的化学处理等。随着对清洁环境标准的提高，目前一些对污水进行处理的先进技术不断得到开发，例如非热等离子体技术、紫外线技术、电磁污水处理技术、电化合物方法及电的污水处理技术等，也逐渐开始申请专利。

针对以上废水处理领域专利申请的特点，在检索中存在以下难点：

（1）废水处理领域的日本申请人比较多，故日本专利文献数据库是废水处理领域非常重要的一个检索资源。比较好的检索日本专利的途径是使用 FI-Fterm 分类体系，但对中国的审查员而言，对此分类体系的分类规则不是很了解，导致运用中存在困难，同时由于语言的问题，对检索到的日文对比文件的事实认定也存在一些困难。

（2）对于废水处理工艺，涉及多个领域，涉及的技术内容比较多，既涉及装置，又涉及生物和化学，故确定合适的检索要素比较困难，因为要准确提炼出发明点，必须对所有相关的技术内容都有深入的理解。

（3）废水处理领域的个人申请也比较多，个人申请的专利中存在一些不规范的表述方式和词语的用法，导致提取关键词时比较困难。即使对于撰写规范的专利申请，例如污水、污泥、厌氧等关键词就算提取出来，用这些词进行检索的噪声也会很大。

（4）新兴的废水处理技术不断出现，对审查员理解发明和检索提出了挑战。

二、废水处理工艺领域典型检索案例的检索分析总结

【案例5－3－1】

待检索的技术方案：芬顿、类芬顿体系强化剂的使用方法，其特征在于芬顿、类芬顿体系强化剂按以下步骤使用：向被处理水体中加入芬顿、类芬顿体系强化剂、被强化药剂和过氧化氢，然后均匀搅拌反应，即完成对芬顿或类芬顿体系的强化处理，芬顿、类芬顿体系强化剂选自抗坏血酸、亚硫酸钠、亚硫酸锂、亚硫酸钾、亚硫酸镁、亚硫酸钙、盐酸羟胺、高氯酸羟胺、硫酸羟胺、联氨、N，N－二乙基羟胺、碳酰肼、胺基乙醇胺、羟胺溶液或氮四取代苯二胺。

检索结果分析：

（1）检索结果

检索得到的有效X类对比文件为：US4311598A。

（2）典型检索思路分析

对此待检索技术方案，首先提取的检索要素是芬顿、强化剂、过氧化氢。由于被强化剂和过氧化氢构成了芬顿反应，因此对芬顿反应可以用“fenton”和“芬顿”分别进行表达，没有找到合适的分类号表达方式。对强化剂，不清楚其具体在芬顿体系中起到什么样的作用，因此也没有找到合适的分类号表达方式，只能用所涉及的具体强化剂例如坏血酸等进行表达。在此基础上构建初步检索式如下：

..fi CNABS

43 （芬顿 or fenton） and （过氧化氢 or H2O2） and （抗坏血酸 or 亚硫酸钠）

用其他的强化剂关键词扩展，检索得到的结果中大多都是芬顿反应的文献，抗坏血酸等物质与芬顿反应没有相应关系，也无法判定是否起到了强化的作用。因此在S系统下的摘要数据库CNABS、DWPI和SIPOABS中都没有检索到合适的对比文件。

针对上述检索结果，从以下三个方面进行了检索策略的调整：

a. 加强对发明的进一步理解：在CNABS和CNKI中检索芬顿、强化剂的含义，芬顿和类芬顿反应就是Fe^{2+}或Cu^{2+}与过氧化氢反应，生成具有强氧化能力的羟基自由基，能够氧化降解废水中的污染物，同时Fe^{2+}被氧化成Fe^{3+}，芬顿反应的实质是对污染物的氧化作用。强化剂的作用是将Fe^{3+}重新还原成Fe^{2+}，使得成Fe^{2+}可以继续与过氧化氢反应生成羟基自由基，加快了芬顿反应速率，因此本发明中的强化剂实质上就是一种还原剂。

b. 检索要素的进一步全面表达：基于以上对发明的理解，对强化剂用“reduce”（还原）表达，对芬顿用氧化反应以及相关的分类号C02F1/72（氧化法处理废水）表达，同时寻找更合适的分类号对芬顿进行表达，发现除了IPC分类号外，有较准确的EC分类号：C02F1/72C（用过氧化物氧化法处理废水）。

c. 检索式构造的调整：基于以上分析，对不同检索要素用and算符，对于同一检索要素的不同表达方式，用or算符，根据文献量的多少以及对对比文件的筛选结果，调整检索式的构造和数据库的选择，最后调整的最佳检索式为：

..fi SIPOABS

3 C02F1/72C/ec and （ascorbic w acid）

在 SIPOABS 中，用 EC 分类号 C02F1/72C，结合关键词“ascorbic acid”（抗坏血酸），就能检索到对比文件 US4311598A。此检索思路的缺陷有：由于技术方案中涉及的强化剂的种类有很多，将这些关键词一一与分类号相与进行检索，过程较为复杂，而且容易遗漏对比文件。另外一个比较好的检索式是，在 SIPOABS 中，用该 EC 分类号，结合关键词“reduce”，也可以检索到该对比文件，且避免了对很多具体的强化剂分别进行表达，检索式如下：

..fi SIPOABS

116　C02F1/72C/ec and reduce

总结：

从该案例中可以得到如下启示：

（1）基于对发明的透彻理解，才能准确、迅速检索到合适的对比文件，例如如果没有理解强化剂的作用，没有理解芬顿涉及氧化反应，就不会找到合适的表达方式“reduce”（还原）和合适的分类号 C02F1/72C。

（2）在用熟悉的 IPC 分类号没有检索到合适对比文件的情况下，要尝试使用其他的分类体系例如 EC、UC 等进行表达。

【案例 5-3-2】

待检索技术方案：一种用于治理水污染的垂直流构造湿地系统，其特征在于由三个湿地池逐级降低 5～10cm 相联而成，形成梯级结构，布水管布置形成第一级池下行水流，后两级池都是上行水流；系统基质组成从底层往上层分别为：塑料瓶、碎石或粗沙、砂壤。

检索结果分析：

（1）检索结果

检索得到的两篇有效 Y 类对比文件，分别为：

对比文件 1：“复合垂直流构建湿地微生物类群多样性及其活性研究”，周巧红，中国优秀博士学位论文全文数据库，2006 年 11 月 5 日；

对比文件 2：“Reedbeds for greywater treatment-case study in Santa Elena-Monteverde”，Costa Rica，Central America，第 56-61 页，2004 年 12 月 31 日。

（2）典型检索思路分析

本案是高校申请，因此优先在 CNKI 以及外网检索。理解发明后发现其最大发明点为选用了废塑料瓶作为一种湿地基质，从而达到以废治废，降低成本的目的。

CNKI 中检索过程为：

全文：湿地 AND 上行 AND 下行 AND 垂直 AND 布水管

命中 127 篇结果，找到对比文件 1，其为类似逐级降低式的湿地结构，然而对比文件 1 没有公开废塑料瓶作为湿地基质。

因此调整检索策略，提取发明点“塑料瓶”作为检索要素。由于该词较为具体，可扩展的关键词不多，且由于涉及湿地废水处理的分类号较为复杂，根据湿地中基质的不同，分类号 C02F 中如 C02F1/00、C02F3/00、C02F9/00 等多个分类号都有可能涉及，因此没有特别合适的分类号。在此基础上构建的检索式如下：

..fi CNABS 129 塑料 and 湿地

..fi CNTXT 229 塑料 and 湿地 and 基质

..fi SIPOABS 4 wetland and (bottle or plastic +)

对于用废塑料瓶作为湿地基质的发明点，在S系统下的专利摘要数据库和专利全文库中作了非常全面的检索。没有检索到该发明点，即没有检到以废塑料瓶作为湿地的基质的对比文件。

转向GOOGLE中进行检索，Google上 输入“wetland and bottle”，通过翻阅得“I Dreamt of Africa, but Awoke to Find Myself in Costa Rica”，一篇类似工作报告的文章。通过阅读该报告，得知Monteverde Institute（一研究所）与发明点相关。进入Elsevier学术期刊全文数据库高级检索中：全文检索“wetland（湿地）”AND作者单位（Affiliation）“Monteverde Institute”得到对比文件2，其提到（参见第60页左栏第30～33行）：美国的“Monteverde Institute”正在进行利用废塑料瓶作为一种便宜的人工湿地基质的研究，其可以降低人工湿地的成本。对比文件1和对比文件2结合可以评述待检索技术方案的创造性。

总结：

(1) 初步检索后，在未检索到合适对比文件的情况下，要及时、合理地调整检索策略，针对发明点着重进行检索。

(2) 对于新兴的一些水处理技术，可以尝试使用外网资源，并对初步得到的信息进行有效的追踪。

【案例5-3-3】

待检索技术方案：一种曝气分离净化溶解在废水中的弱酸性（如硫化氢）有害气体的方法，其特征是：在pH=5.3～7.0的弱酸性条件下，采用空气或其他气体曝气吹脱循环水或废水中的硫化氢类弱酸性有害气体。

检索结果分析：

(1) 检索结果

检索得到的有效X对比文件为：JP昭52-151252A。

(2) 典型检索思路分析

对于此待检索技术方案，首先提取的检索要素为“硫化氢”、“曝气”，对上述检索要素进行关键词和分类号扩展后，得到分类号B01D 53/52（硫化氢废气的化学或生物净化），和分类号C02F 1/74（用空气氧化法处理废水）。在此基础上构建初步检索式：

..fi CNABS

10 （硫化氢 or H2S or B01D53/52/IC) and C02F1/74/IC

检索到的文献中有涉及通过充入空气实现废水中硫化氢气体去除的技术手段，但并未涉及pH值是弱酸性条件。因此将“pH”作为进一步的检索要素，构建检索式：

..fi CNABS

266 (硫化氢 or H2S or B01D53/52/ic) and (曝气 or 氧气 or 空气 or O2 or C02F1/74/IC) and (pH or 酸性)

仍然没有发现合适的对比文件。在此基础上，继续调整检索策略。考虑到本案属于废水处理领域中技术改进发明，日本水处理领域技术比较先进，且日本在技术改进方面的发明比较多，因此，调整选择合适的FT分类号。查阅FT分类表发现在字符主题码4D037下有多个相关的分类位置，分别为4D037/AB13：分离硫化物，4D037/BA23：以脱气为主要处理类型，4D037/BB05：主要处理工艺及方法为曝气、散气、汽提。FT通过分离对象、处理类型、分离方法等不同的侧面对工艺进行分类，而上述三个分类位置都与本申请高度相关，因此首先选择仅用上述三个FT分类号进行检索，检索过程如下：

..fi SIPOABS

66　/FT 4D037/AB13 AND 4D037/BA23 AND 4D037/BB05，得到X类对比文件JP昭52－151252A。

总结：

通过对水处理领域技术优势国家的了解，调整选择了FT分类号进行检索，充分利用了FT分类号分类精确、冗余信息多的优势，属于在水处理领域非常适用的检索策略。FT善于从一个发明的多个层面、多个侧面进行分类，这些分类没有主副之分，有时可以为一个发明提供几十甚至上百个FT分类号。对于该案例，FT分类号4D037/AB13：分离硫化物；4D037/BA23：以脱气为主要处理类型；4D037/BB05：主要处理工艺及方法为曝气、散气、汽提，从去除对象、处理类型以及分离方法对文献进行分类，这些分类位置可以很好地充当关键词，只要把这些相关的FT分类号相“与”，就可以得到与该案例高度相关的对比文件。类似地，由于FT分类号经常对一些组合工艺中的各个工艺分别进行分类，水处理领域中经常遇到的组合工艺处理废水的申请就可以利用不同工艺的FT分类号相“与”来得到对比文件。

三、废水处理工艺领域专利申请的检索策略和检索技巧

废水处理领域专利申请的权利要求中，所涉及的技术内容比较多，通常涉及处理工艺步骤、所使用的处理剂和所使用的装置，故一般要先通过预检索，确定发明的改进点，针对改进点的不同，采取不同的检索策略，具体如下：

（1）改进点在于所使用的处理剂，例如缓蚀阻垢剂、絮凝剂、吸附剂等，由于该类权利要求中化合物组分的表达方式多种多样，利用关键词往往很难将检索要素表达全面，因此应首选在CA或者STN中通过各组分的CAS登记号来进行检索，往往可以提高检索效率。

（2）改进点在于工艺的选择，废水处理工艺具有步骤多、较为复杂的特点，首先需要通过预检索现有技术，找出众多工艺步骤中相对于现有技术的发明点，作为重要的检索要素进行表达，推荐在非专利库中以主题为入口检索主要工艺步骤，或利用CNTXT等全文库进行检索，也可以使用读秀或超星等数据资源，利用全文检索入口，找到相关工艺手册对公知常识进行核实和确认。

（3）改进点在于装置，如过滤装置、膜装置等，此类装置的特点是紧密结合工艺，根据结合工艺的具体效果进行设计和改进，而不像机械领域的装置发明点偏重对细小部件如螺钉等的改进。因此仍然需要通过预检索，确定装置与工艺之间的关系，找到装置相对现有技术的发明点。由于装置的技术特征较多，用关键词较难表达，推荐用分类号对检索要素进行表达。由于废水领域的IPC分类号并不是十分准确和实用，而EC、FI/FT分类号则对装置类有很详细和准确的分类，因此应充分熟悉各类分类体系的使用方法。且水处

理领域涉及分离、生物、化学等多个领域，在检索要素的表达中，除了考虑C02F下的分类号外，必要时还要扩展到其他领域，例如扩展到B01D下的分类号。

除了以上常规检索策略外，还有如下检索技巧：

（1）鉴于日本水处理技术比较先进以及FI-Fterm分类精确、冗余信息多的特点，对于废水处理领域的检索，优选用此分类体系下的分类号进行检索。

（2）如果在常用的数据库中检索不到合适的对比文件，可以尝试使用其他一些专利数据库进行检索，例如Patentics数据库进行检索。对于一些新兴的水处理技术的检索，可以尝试使用互联网免费资源例如Google Scholar进行检索。

（3）鉴于水处理领域涉及的领域比较多，例如会涉及化工单元操作、化学和生物等领域，所以对于检索要素的表达，可以扩展到其他领域，作为必要的补充，正是基于这一特点，特别要重视对多个领域的技术内容的把握，才能准确提炼发明点。

（4）水处理领域也是一种传统的领域，很多工艺方法已经有很多年的历史，很多工艺甚至在教科书中存在，故要重视超星、读秀等数据资源的使用。

（5）水处理领域的申请中，一般会涉及用途以及处理对象，如果带上用途和处理对象后检索不到合适的对比文件，应将机理相同的相似用途或组分类似的相似处理对象选择为检索要素，用来检索可以评述创造性的对比文件。

（6）对于用途限定的装置类权利要求，应考虑是否对装置本身具有限定作用。如果限定了用途后仍然检索不到合适的对比文件，要尝试删除用途进行检索，因为用途有时并没有导致装置的结构和/或组成的改变。

（7）废水处理工艺领域的专利申请检索中，所提取的检索要素一般为：涉及的化合物、工艺条件、设备、处理对象、工艺类型（例如厌氧、好氧等）。另外，在对比文件的解读上，由于所述的工艺、装置往往涉及多个工艺步骤和多个具体装置的串联配合，有时，每个单独的工艺步骤和单独的装置都在多个对比文件中公开，但多个对比文件结合不一定必然能评述权利要求的创造性，要看现有技术中整体是否给出了技术启示，以及多个工艺和多个装置组合后的效果是否是可以预料的。

第六章　无机化学领域专利检索策略

无机化学领域涵盖了无机化合物、无机组合物、合金以及相关制备工艺等多个方面，既包括了水泥、玻璃、陶瓷等传统学科，又包括了纳米材料、特种材料等新兴技术，在检索工作中，常存在因检索要素选择困难而降低了检索效率的问题。因此，有必要对该领域申请的特点进行分析，以获得具有参考价值的检索参考资料。

在 IPC 国际专利分类表中，无机领域的专利申请主要集中在 C01B、C01F、C01G、C03B、C03C、C04B、C22B、C22C、C22F、C23C、C23F、C23G 共 12 个小类。

第一节　无机化合物及其制备方法领域

一、无机化合物及其制备方法领域专利申请特点简介

无机化合物及其制备方法的分类号主要集中在 C01B、C01F、C01G，其涉及的主要技术领域有无机纳米材料、卤水的深加工、稀土矿物的处理及深加工、氮氢的制备与储存等，其申请人大多为科研院校、国内高新技术企业，其具体特点如下：

1. 无机化合物及其制备方法的技术进步迅速，前瞻性较强

无机化合物领域的覆盖面极广，其技术进步速度也非常迅速，造成了该领域的专利申请中存在着大量的前沿新技术，这也对该领域的检索提出了更高的要求，在实际检索过程中，必须客观、深入地了解该领域的背景技术和发展水平，准确把握技术方案的发明点，才能提炼出更为精确的检索要素，有效提高检索的全面性、准确性、有效性。此外，由于无机化合物领域专利申请的前瞻性较强，使得该领域的专利申请人构成也较复杂，包括了国内外传统材料生产企业、高新材料企业、国内高校、研究院所等，根据申请人的不同使用不同的检索入口也是该领域常用的检索手段。

2. 无机化合物领域技术内容丰富，涉及交叉学科多

目前无机化合物领域专利申请的主要热点集中在对现有材料进行进一步改进，以获得成本更为低廉，性能更为优异的新材料。在材料结构改性过程中，往往涉及高分子改性剂、有机改性剂等，而在材料性能改进过程中，更是涉及声、光、电、磁等多个领域，这要求在检索过程中进行更为全面的检索要素的扩展。

3. 无机化合物领域部分专利申请的撰写语言不规范，关键词扩展困难

由于无机化合物领域专利申请的很大一部分来自于国内企业，其撰写语言更加生产化、应用化，并非常见的科技词汇，例如氯化镁主要是起到防火的作用，在实际检索过程中就要将检索要素“氯化镁”扩展为：“阻燃”、“防火”、“滞火”、“耐火”、“滞燃”等等，关键词和分类号扩展的全面性有一定难度。

4. 无机化合物领域专利申请中的方法权利要求较为复杂，撰写冗长

由于无机化合物领域专利申请中存在着大量的方法权利要求，其中包括了多个复杂的

生产工艺流程，因此，造成权利要求技术方案的技术特征多，撰写冗长的特点。这就要求在实际检索过程中，更加准确地分析出技术方案的整体思路，并把握住其中的发明点，才能提高检索效率。

二、无机化合物及其制备方法领域典型检索案例的检索分析总结

【案例6-1-1】

待检索技术方案：一种掺杂金属离子纳米氧化铋的制备方法，其特征在于，包括以下步骤：

（1）溶解步骤：将铋盐化合物溶于有机溶剂中，待溶解后将铁盐、镍盐溶解于其中；

（2）微波辐射步骤：在装有微波发射元件的仪器中进行，反应时间为3-60分钟，反应功率为180-900瓦；

（3）洗涤步骤：将步骤2）所得产物用水和无水乙醇分别洗涤；

（4）干燥步骤：干燥温度为60-100℃；

（5）焙烧步骤：焙烧温度为500-700℃，焙烧时间为2-4小时。

检索结果分析：

（1）检索结果概况

检索到的有效Y类对比文件如下：

Y1：“Sb_2S_3、Co_3S_4和Bi_2O_3的微波合成及性能研究”，苏晓晖，中国优秀硕士学位论文全文数据库，基础科学辑，2007年第5期，2007年11月15日；

Y2-1：“Photocatalytic hydrogen production using transition metal ions-doped r-Bi_2O_3 semiconductor particles”，K. Gurunathan，International Journal of Hydrogen Energy，Vol. 29，933-940，2004；

Y2-2：“Synthesis，structure and properties of doped Bi_2O_3”，V. Fruth et al.，Journal of the European Ceramic Society，Vol. 26，3011-3016，2006；

Y2-3：“Doped gamma-Bi_2O_3：synthesis of microcrystalline samples and crystal chemical analysis of structural data”，Poleti D et al.，ZEITSCHRIFT FUR KRISTALLOGRAPHIE，Vol. 222，59-72；

Y2-4：“Visble light assisted hydrogen production using undoped/doped gamma-Bi_2O_3 semiconductor powders”，Gurunathan，K et al.，17th International Conference on Efficiency，Costs，Optimization，Simulation and Environmental Impact of Energy and Process Systems（ECOS 2004），日期：JUL. 07-09，2004 Guanajuato MEXICO；

来源出版物：Energy-Efficient，Cost-Effective and Environmentally-Sustainable Systems and Processes，Vol. 1-3，页：1447-1457，出版年：2004

Y2-5：US200701384591A1

Y2-6：CN101074162A

（2）典型检索思路分析

案例6-1-1是国内大学申请，首先选择发明人为入口在CNPAT数据库中进行检索，以作者为入口在CNKI数据库中进行检索，未检索到最为相关的对比文件Y1。然后，调

整检索策略，通过以下几种方式得到对比文件 Y1：

a. 在 CNKI 的子数据库博士和硕士论文数据库中，分别以导师为入口，对发明人进行检索得到对比文件 Y1；

b. 通过在 CNKI 中以作者为入口对发明人进行检索，然后进一步以主题为入口对“Bi_2O_3”进行检索得到对比文件 Y1；

c. 利用发明人为入口在 CNPAT 中检索得到与本申请技术内容相关的文献 CN101177302A，然后以该文献的发明人为入口在 CNKI 数据库中进行检索得到对比文件 Y1；

d. 在 BAIDU 中初步检索发现其中的一个发明人为导师，然后在 CNKI 的博士/硕士论文数据库中以该发明人为入口检索得到对比文件 Y1。

在检索到对比文件 Y1 的基础上，通过分析发现其和待检索技术方案的主要差别为待检索技术方案在 Bi_2O_3 中掺杂了金属离子铁和镍，此时转变检索策略，通过分析上述区别，确定所要解决的问题是“提高半导体光催化活性”，此时重点检索其他文献是否给出了通过掺杂金属离子铁和镍以解决上述技术问题的技术启示，可以通过以下几种方式得到最为相关的能够与对比文件 Y1 结合评价待检索技术方案创造性的对比文件 Y2－1 以及其他能够与对比文件 Y1 结合评价待检索技术方案创造性的对比文件：

a. 在 ISI WEB OF KNOWLEDGE 数据库中通过关键词限定找到对比文件 Y2－1 以及对比文件 Y2－2，Y2－3，Y2－4；

b. 在 CA on Web 中通过关键词和 CAS 登记号找到对比文件 Y2－1；

c. 在 STN 数据库中关键词和 CAS 登记号找到对比文件 Y2－1；

d. 在 Goolge Scholar 中通过关键词找到对比文件 Y2－1；

e. 在 CNABS 和中文专利全文数据库中通过关键词检索到对比文件 Y2－6；

f. 在 SIPOABS 数据库中通过关键词和分类号找到对比文件 Y2－5。

数据库的分析：

分析检索过程，均充分利用了不同数据库的特点检索到了相关的对比文件，具体分析如下：

a. 对于 CNKI 中的“博硕士论文”子数据库，利用其特有的“导师”入口可以直接检索到对比文件 Y1；

b. ISI WEB OF KNOWLEDGE 数据库收录了大量的外文非专利期刊，其检索词标引准确，通过关键词可以直接检索到对比文件 Y2－1，具体检索过程如下：

关键词：（bismuth oxide or Bi2O3） and doped and （nickel or ni）

题名：Bi2O3 and doped

关键词：Bismuth oxide and dop * and Ni and Fe；

c. 由于本技术方案使用具体的化合物，所以利用 CA on Web 数据库可以准确快速的检索到用来结合的对比文件 Y2－2，具体检索过程为，首先找到 Bi_2O_3 的 CAS 登记号，然后利用 CA on Web 数据库中 Words 字段和 RN 字段限制检索；

d. Goolge Scholar 是 Google 开发的用来检索网上学术资源的检索系统，检索界面方便快捷，利用 Goolge Scholar 可以快速检索到用来结合的对比文件 Y2－2，主要检索过程为，通过关键词限定：Bi2O3 and doping and Fe and Ni；

e. 中文专利全文数据库准确标引了中文专利权利要求书和说明书，利用该数据库可以检索到用来结合的对比文件 Y2－6，具体检索过程为，（氧化铋 or Bi2O3）and/seg 掺杂 and/seg（镍 or Ni）；

f. 在 SIPOABS 数据库中通过关键词和分类号可以检索到用来结合的对比文件 Y2－5。

检索过程分析：

通过对检索过程的分析，可以得出检索要素表为：

表 6－1－1 检索要素表

<table>
<tr><td colspan="2" rowspan="2">检索要素</td><td>检索要素 1</td><td>检索要素 2</td><td>检索要素 3</td><td>检索要素 4</td></tr>
<tr><td>氧化铋</td><td>铁，镍，过渡金属</td><td>掺杂</td><td>光催化</td></tr>
<tr><td colspan="2">关键词</td><td>氧化铋，
三氧化二铋，
Bi2O3，
Bi＊2＊O＊3，
Bi_ 2O_ 3，
Bismuth??? w??? oxide</td><td>铁，镍，
Fe，Ni，
iron，nickel，
过渡金属，
过渡族，
过渡元素</td><td>掺杂，掺入，
掺有，
Dope?，
doping，
dopant</td><td>photocataly＋，
Photo w catalyt＋，
light w induced，
photokataly＋，
Photo w kataly＋，
activator?</td></tr>
<tr><td rowspan="2">分类号</td><td>IC</td><td>C01G 29/00，
C01B 13/32，
B01J 23/18，
B01J 23/16，
B01J 23/00</td><td></td><td></td><td>B01J 23/18，
B01J 23/16，
B01J 23/00</td></tr>
<tr><td>EC</td><td>C01G 29/00B，
C01G 29/00D</td><td></td><td></td><td></td></tr>
</table>

（3）无效的检索思路

对于该技术方案，如果对于技术方案的分析理解不够深入，会导致检索思路有所偏差，检索要素的表达不够准确，从而无法检索到有效的对比文件，具体可能的原因如下：

a. 只注意检索单独影响新颖性和创造性的 X 类文件，没有仔细分析技术方案，忽略了进行两篇或多篇文献的检索结合评价创造性。

b. 只注重专利数据库的检索，没有充分合理的使用非专利数据库。

可见，通过分析未检索到 X 和 Y 类对比文件的检索思路之后发现，对于无机方法类权利要求，特别是高校作为申请人，务必检索非专利数据库，熟练掌握它们的特点，其中 CNKI 和 ISI web of knowledge 最为重要。

总结：

根据案例特点和以上分析，总结出该案例推荐的检索思路和经验总结。

（1）本案是高校申请，对于这一类型申请，首先应该以发明人为入口在 CNPAT 和 CNKI 数据库中进行追踪检索，看是否能够得到发明人发表的相关技术领域的文献或申请的专利。

（2）对于高校申请人关于纳米等新技术领域的申请，应该重点关注非专利数据库，在非专利数据库中检索到X/Y类对比文件的可能性较大。

(3) 对于方法权利要求占很大部分的国内高校申请，本案具有典型性，应该注意方法过程的关键步骤，对关键词的选择应该关注方法制备得到的产品以及方法过程的提炼(例如对于本案选择“掺杂”作为关键词)。

(4) 对于高校申请，考虑到发明人研究的连续性，一般是对以前研究成果的进一步深化和改进，当检索不到X类文献时，应该及时调整检索策略，考虑通过两篇或多篇文献来评价创造性，其中最接近现有技术可以选择发明人所发表的与本申请最为相关的文献，在确定最接近现有技术之后，判断区别特征所要解决的技术问题，然后根据所要解决的技术问题进一步检索得到用来结合评述创造性的文献。

(5) 检索用来结合评述创造性的对比文献时，要善于扩展关键词，不要拘泥于结构和/或组成特征，适当考虑功能、效果限定（对于本案，可选择“光催化”)；可以使用领域与关键词结合的方式检索得到Y2。

(6) 本案充分体现了在检索非专利文献时，有很多方式和途径，但每一个数据库和检索方法都殊途同归，各有特点，同时互有补充。ISI web of knowledge是学术研究最为常用的引文索引数据库，收录了世界范围内绝大部分的高质量学术期刊的摘要，关键词标引准确全面对于国内高校申请，该数据库属于必须检索的数据库；CA中的CAS登记号标引准确而全面，对于本案，采用CAS登记号和关键词共同限定是很好的选择；Google Scholar可进行全面检索，利用关键词检索方便快捷全面。

【案例6-1-2】

待检索技术方案：一种络合结晶法脱除硼酸中金属杂质制备高纯硼酸的方法，其特征在于原料、溶剂、络合剂和助剂的种类和用量，反应温度和干燥温度如下：

原料为工业硼酸；

溶剂在C4以下的一元醇、醚、酸或水中选取其中的一种或者两种以上；

络合剂在氨、C4以下的一元醇胺、柠檬酸、柠檬酸胺、柠檬酸碱金属盐、酒石酸、酒石酸胺、酒石酸碱金属盐、乙二胺四乙酸、乙二胺四乙酸碱金属盐、二乙氨基二硫代甲酸、二乙氨基二硫代甲酸碱金属盐、三辛胺，选取其中的一种或者两种以上；

原料与络合剂的重量配比为100:0.5~3；助剂是分子式为CxHyOz的化合物，原料与助剂的重量配比为100:0.2~1.5，其中x为0、1或2，y为0、1或2，z为1或2；

反应温度为90~120℃，干燥温度为70~110℃；

制备的工艺流程如下：

步骤1：将原料溶解于溶剂中，加热温度为90~100℃，滴加助剂，搅拌反应20~60分钟；

步骤2：向步骤1的反应溶液中加入络合剂，在反应温度90~120℃下搅拌反应3~10小时；

步骤3：将步骤2得到的溶液热过滤，冷却到近饱和，二次过滤，之后继续冷却到30℃左右重结晶，离心分离晶体和循环使用的母液；晶体真空干燥得到高纯硼酸产品。

检索结果分析：

（1）检索结果概况

检索到的有效 X 类对比文件如下：

CN101139097A；CN1818149A；CN87103625A；CN1843925A

（2）典型检索思路分析

a. 在 CNABS 中采用追踪发明人进行检索

检索思路评析：

本申请的申请人是国内高校或研究机构，考虑到发明人在相同领域的研发具有一贯性和相似性，特别是针对解决某个特定技术问题可能在不同技术方案中采用相同的技术手段，因此，在 CNABS 中追踪发明人快速准确地检索到了相关对比文件。

b. 在 CNABS 中采用关键词，或者关键词与分类号共同检索

检索思路评析：

采用此检索方案检索的过程中，其基本检索要素是“硼酸”、“提纯”和“络合”，对基本检索要素“提纯”和“络合”采用关键词进行表达，对基本检索要素“硼酸”，有采用关键词进行表达的，也有采用分类号进行表达的，将上述三个基本检索要素进行全要素检索后，可以检到合适的对比文件。

此检索思路的缺陷有：

本申请的提纯工艺在于具体的提纯试剂的改进，比较容易漏掉其说明书具体公开内容或实施例的公开内容。例如，对比文件 CN1818149A 的主题为生产高纯高清四硼酸锂晶体技术，与本申请的主题并不一致，从而导致容易遗漏上述对比文件，但是实际上该对比文件中记载了提纯工业硼酸的方法和络合除铁的工艺步骤。此外，由于具体的络合剂的种类多，提纯助剂采用通式的撰写方式导致用关键词表达时比较复杂，容易漏检。

c. 在 STN 中采用 CAS 登记号进行检索

检索思路评析：

STN 数据库标引详细层次多，采用 CAS 登记号可以进行最准确的表达，直接找到合适的对比文件。

（3）无效的检索思路

对于本案，如果对本发明理解不够透彻，没有把握本发明的核心内容，可能会导致检索方向发生偏差，漏掉对比文件说明书具体公开内容或实施例的公开内容。这其中又可以细分为以下原因：

a. 使用的数据库不合适或者漏掉对比文件说明书具体公开内容或实施例的公开内容而导致没有找到有效 X/Y 类对比文件。

b. 把重结晶也作为了重点检索要素。而重结晶是本领域常用技术手段，不需作为重点进行检索，增加了重结晶作为检索要素会导致漏检。

总结：

该技术方案具有较长的篇幅和较多的工艺参数和原料，如果将工艺和原料全部作为检索要素进行全要素检索的话，是无法检索到合适的对比文件的。因此，需要在初步检索的基础上，对技术方案中的各技术特征进行分析，找出其中体现出发明点的技术特征作为检索要素，才有可能检索到合适的对比文件。通过分析可知技术方案中“络合”是本申请

的关键，还有“特定助剂”的使用也是比较关键的，至于重结晶或其他工艺步骤都是属于本领域常用的技术手段。因此，检索时应侧重对上述两要素的检索。

在本案例中，通过不同的检索入口、检索思路得到了合适的检索结果。通过以上的分析，对于方法技术方案的检索，归纳起来有以下几条检索策略：

（1）对于高校和研究所申请应首先以发明人和申请人进行追踪检索；

（2）方法技术方案比较复杂，应仔细分析，找出合适的基本检索要素，对于本申请来说，最重要的就是络合；

（3）对于重要的检索要素应当进行合适的拓展，以络合为例，与其同级的拓展为配合，结合等，其下位拓展为具体的络合剂，其功能拓展为掩蔽、除杂、去杂、脱除；

（4）对于使用了特殊试剂或原料的方法，可以考虑借助 CA 或 STN 以其登记号结合关键词进行检索。

【案例 6-1-3】

待检索技术方案：一种双峰分布多孔炭的制备方法，其特征在于将金属化合物以及纳米粒子模板化合物加入溶有炭前驱体的溶液中，炭前驱体与金属化合物、模板化合物的质量比为 1:0.01-0.5:1-5，脱除溶剂后空气中 80-400℃固化，惰性气氛下 500-1200℃炭化 0.1-3h，碱洗或酸洗直到检测不到模板化合物和金属元素为止，烘干后制得双峰分布的多孔炭。

检索结果分析：

（1）检索结果概况

有效 Y 类对比文件如下：

有效对比文件如下：

Y1-1：“Pore structure of carbons coated on ceramic particles”，Michio Inagaki et al.，Carbon，VOL. 42，P3153-3158，2004

Y1-2：“Pore development of thermosetting phenol resin derived mesoporous carbon through a commercial nanosized template” Zhihong Tang et al.，Materials Science Engineering A，VOL. 437，公开日 2007 年 5 月 4 日。

Y2-1：CN1250024A

Y2-2：CN1541939A

Y2-3：CN1224033A

Y2-4：CN1247212A

（2）典型检索思路分析

a. 对比文件 1 的查找：由于本案是国内大学申请，所以首先选择发明人为入口在 CNPAT 数据库中进行检索，以作者为入口在 CNKI 数据库中进行检索，没有检索到本申请最为相关的对比文件，

此时通过以下方式调整策略后可得到对比文件 Y1：

检索到相关文献“硝酸镍在模板法制备中孔炭中的作用”，新型炭材料，第 24 卷第 1 期，2009 年 3 月 31 日”，通过阅读，追踪参考文献，可找到对比文件 Y1-2；

在 ISI Web of Knowledge 里通过主题“carbon”、“bi-modal”和“pore”进行检索，检

索到相关文件“Preparation of a carbon with a 2 nm pore size and of a carbon with a bi-modal pore size distribution”，但是文献公开的内容不能用来评述待检索的技术方案，继续在阅读大量相关文献的基础上，通过追踪该参考文献作者的方式，可找到合适的对比文件 Y1－1。

在 Google Scholar 里通过检索 Carbon and bimodal and MgO，获得综述性对比文件“a review of the control of pore structure in MgO-templated nanoporous carbon”，经阅读，发现引用的文献中可找到合适的对比文件 Y1－1。

b. 在检索到上述对比文件 Y1 的基础上，通过分析发现其和技术方案的主要差别为本技术方案还包含加入金属化合物作为添加剂，通过技术方案中限定的金属化合物和相应的分类号，很快查找到相关的对比文件 Y2。

通过对检索过程的分析，可以分析得出检索要素为：

表 6－1－2　检索要素表

检索要素		检索要素 1	检索要素 2	检索要素 3	检索要素 4
		碳	双峰	模板	金属化合物
关键词		碳，C，炭 Carbon，	双峰，多孔，中孔，孔，pore，bi-modal pore，Porous，mesopore，	纳米，纳米粒子，二氧化硅、氧化锌、氧化镁，SiO2，ZnO，MgO，Nano，nanoparticle，silicon dioxide，zinc oxide，magnesium oxide	金属化合物，硝酸镁，碳酸钙或碳酸镁，硝酸镍，硝酸钴，硝酸铁或氯化铁 metallic compound，magnesium nitrates，calcium carbonate，magnesium carbonate，nickel nitrate，cobalt，iron
分类号	IC	C01B31/02，C01B31/00			
	EC	C01B31/02B			

（3）无效的检索思路

a. 对于对比文件 Y1－2，可能会只注意到对比文件 Y1－2 出版时间在本申请之后，而没有留意到网络公开时间在本申请之前，从而导致漏检。

b. 没有注意很多申请的来源是来自高质量的外文非专利文献，实际上在 ISI Web of Knowledge 中以关键词/主题进行检索，能够很快检索到相关文件“Preparation of a carbon with a 2 nm pore size and of a carbon with a bi-modal pore size distribution”，虽然该篇文献的内容不适合评述本申请，但从该篇文献的名称中已清楚地给出该篇文献的作者所作的科研工作跟本申请非常相关，追踪作者发表的其他文章能够很快发现可以评述本申请创造性的文章。

总结：

根据案例特点和以上分析，总结出该案例推荐的检索思路和经验总结。

（1）本案是高校申请，尤其是对专业技术含量较高的申请，首先应该以发明人为入口在 CNABS、CNKI 和 ISI Web of Knowledge 数据库中进行追踪检索，看是否能够发现发明人相关技术领域的文献；还必须在 ISI Web of Knowledge 进一步使用关键词进行检索，找到技术领域的文献，并对领域内密切相关文献的作者进行追踪，本案最大的特点是采用追踪的方式寻找对比文件。

(2) ISI Web of Knowledge 数据库中的文献经常出现网络公开日，会比期刊出版日要早，需特别留意网络公开日是否可用。

(3) 由于 Google Scholar 具有全文检索的优点，可以直接选择技术方案中下位概念直接进行检索，也能快速高效地获得相关文献。

(4) 高校、研究院的申请还是专业技术性较高，由于对技术背景了解不足，找到的对比文件都是发明人在说明书中声称要克服的缺陷，因而不适宜用于评述本申请。检索时还应加大对专业技术的理解。

【案例 6-1-4】

待检索技术方案：一种用湿法磷酸为原料制备六偏磷酸钠的工艺，包括步骤：

a. 将硫酸加入磷矿中，与之反应，得湿法磷酸；

b. 将氢氧化钠或钠盐加入湿法磷酸中，使之反应，制得含磷酸二氢钠的料浆；

c. 过滤上述 b 步骤得到的料浆，收集清液；

d. 向清液加入氨，与之反应，制得含复合物 $NaH_2PO_4 \cdot NH_3$ 的料浆；

e. 冷却浓缩该料浆，使其中的复合物结晶；

f. 过滤浓缩料浆，收集复合物结晶；

g. 将复合物结晶加热，使其中的 NH_3 挥发，得磷酸二氢钠结晶；

h. 将磷酸二氢钠结晶聚合，得六偏磷酸钠。

检索结果分析：

(1) 检索结果概况

有效 Y 类对比文件如下：

CN1597511A 和 US 3458279A

(2) 典型检索思路分析

检索要素的确定：

此案例是一个分类号为 C01B 领域中的典型案例，方法过程冗长，根据说明书的记载，本申请的关键点在于以下几点：① 湿法磷酸的使用；② 利用氨与磷酸二氢钠复合结晶。

因此，基于上述分析，确定检索要素为：湿法磷酸，六偏磷酸钠，磷酸二氢铵，磷酸二氢钠，氨。

针对典型数据库的分析：

a. 在 CNABS 中的检索

检索时从关键词和分类号综合入手，得到了对比文件 1（CN1597511A）分类号检索在 C01 的检索过程中往往被忽略，由于 C01 的申请中，存在着大量的方法权利要求，所包含的可供检索的信息要素非常多，而 C01 的分类号一般都是物质类分类号，所包含的信息较少，但是，值得注意的是，C01 分类号虽然包含的信息不够丰富，不够细化，但是对于物质的表征还是足够准确的，因此，利用 C01 分类号检索往往能达到事半功倍的效果。本技术方案涉及的分类号主要为 C01B33/113、C01B 25/445。

通过分析上述对比文件1，进行有针对性的对比文件2的检索：

在DWPI中选取SODIUM W METAPHOSPHATE和AMMONIA为关键词，可以检索到US3458279A

在这个检索过程中，并没有利用分类号，而是充分发挥了SIPOABS数据库中关键词的准确性，直接通过关键词命中对比文件2。

b. 在Google Scholar中的检索

NaH_2PO_4 NH_3 －＞ US 3458279

Google Scholar是一个非常全面易用的搜索引擎，其纠错程度、匹配程度都非常好，利用其进行检索往往能得到意想不到的结果，本申请中，仅仅利用两个关键词就可以直接命中对比文件2。

（3）无效的检索思路

没有发现相关本技术方案的关键改进之处：利用氨与磷酸二氢钠复合结晶，使得检索结果过多，造成漏检。

总结：

（1）在无机化合物领域的检索过程中，必须重视分类号的使用以及关键词的准确选取。

（2）选取准确的关键词在DWPI中检索的重要性。

（3）Google Scholar也是一种简单、易用、高效的检索手段。

三、无机化合物及其制备方法领域专利申请的检索策略和检索技巧

通过对前述无机化合物及其制备方法领域特点的介绍和典型案例的分析，现对无机化合物及其制备方法领域的基本检索策略和检索技巧总结如下：

（1）无机化合物涉及许多前沿领域技术，例如纳米技术，应特别注意非专利数据库的检索，需要熟悉和掌握常用的非专利数据库的特点和使用方法，尤其是常用的“CNKI”和“ISI Web of Knowledge”；

（2）由于国内高校申请较多，所以应特别重视追踪检索，不能仅仅关注发明人的追踪，还应该关注发明人学术论文中的引文，以及同一课题组的其他研究人员的相关论文；

（3）CNKI数据库中有很多领域方面的综述性文章，涉及本领域的现有技术状况，发展方向等信息，能很好的补充领域技术知识，在检索时应予以充分关注；

（4）对于国内申请，方法权利要求撰写一般比较详细，所以应注意分析权利要求的技术方案，注意方法过程的关键步骤，选取关键词时注意方法所得到的产品以及过程工艺的提炼；

（5）必须检索的数据库有CNABS，CNKI，ISI Web of Knowledge，SIPOABS，DWPI；优先检索的数据库有CNABS，CNKI，ISI Web of Knowledge，具有特点需要关注的数据库有CA，Google Scholar，STN等；

（6）对于对前期研究成果进一步的改进型申请（尤其是国内高校申请），注意其前期的研究成果；

（7）应该掌握比较有特点的一类数据库的使用方法，例如“Google Scholar”，其可以进行全文检索，对于CA数据库，可以通过CA登记号检索特定化合物；

（8）对于外文非专利期刊文献，其经常会有网络公开日，一般较出版日要早，在检

索到相关文献时，要密切关注网络公开日。

总之，对于无机化合物及其制备方法权利要求的检索，由于其自身的特点，在检索时需要充分理解技术方案，提炼其相对于现有技术的发明点，找准关键词，特别注重申请人和发明人及相关引文的追踪检索和非专利的检索，才能较好和较准确的检索到相关的对比文件。

第二节　无机组合物及其制备方法领域

一、无机组合物及其制备方法领域专利申请特点简介

1. 合金及其制备方法

合金及其制备方法的分类号主要集中在C22B、C22C、C22F、C23C、C23F、C23G，其涉及的主要技术领域有钢材的成分和性能改进、合金表面处理等，其权利要求的类型主要为产品权利要求，检索的主要难点集中在合金成分的数值范围的检索，EPODOC中的ALLOYS数据库以及STN中关于组合物检索的特殊字段常常能够有效提高检索的准确性，其具体特点如下：

主要成分基本一致，但掺杂及改性成分复杂，检索过程中噪声大；

各成分含量的数值范围难于检索，容易造成漏检；

权利要求中结构、性能参数较多，检索要素难于表达。

2. 陶瓷、水泥及其制备方法

陶瓷、水泥及其制备方法的分类号主要集中在C04B，其涉及的主要技术领域有日用生活陶瓷和功能陶瓷及其生产工艺、水泥及其添加剂的生产等，其权利要求的类型主要为产品权利要求，由于陶瓷、水泥的改性往往是有机改性、高分子改性，这使得其检索的主要难点集中在交叉领域的检索要素的准确扩展和各组分数值范围的检索，其具体特点如下：

原料来源广泛，检索要素中关键词难于全面扩展；

分类号包含技术信息过少；

申请人构成复杂，背景技术的检索和追踪检索困难；

各成分含量的数值范围难于检索，容易造成漏检。

3. 玻璃及其制备方法

玻璃及其制备方法的分类号主要集中在C03B、C03C，其涉及的主要技术领域有日用生活玻璃和新性能玻璃及其生产工艺等，其权利要求的类型主要为产品权利要求，其检索的主要难点与陶瓷、水泥的检索难点基本相似，EPODOC中的SADIQ是玻璃检索的常用数据库。

二、无机组合物及其制备方法领域典型检索案例的检索分析总结

【案例6-2-1】

待检索技术方案：一种低碳高铌铬系高强度高韧性管线钢卷，其特征在于：该管线钢卷的化学成分按重量百分数计为：C=0.01~0.06、Si=0.10~0.40、Mn=1.00~1.80、

P≤0.018、S≤0.004、Ti = 0.005 ~ 0.030、Nb = 0.08 ~ 0.18、Cu≤0.30、Mo = 0.08 ~ 0.20、Cr = 0.10 ~ 0.35、Al = 0.01 ~ 0.06、N = 0.002 ~ 0.008，其余为 Fe 及不可避免的夹杂。

检索结果分析：

（1）检索结果概况

有效 X 类对比文件如下：

CN101165203A；CN101001971A；CN1599802A；CN1148634A；CN1207142A；CN1531604A；CN1366557A；CN1366557A；CN101205587A；CN101168823A；JP2008266758A；JP2008075107A；JP2006307273A；JP2001123224A；JP2006307272A；JP2000345239A；JP2000192139A；JP10140236A；CN1922337A；CN101082108A

（2）典型检索思路分析

本案是国内企业申请，首先选择申请人为入口在 CNABS 数据库中进行检索，此时没有检索到相关的对比文件；随后通过以下几种方式调整策略后得到对比文件：

a. 通过在中文全文数据库中采用关键词为入口进行检索；

b. 通过在 CNABS 数据库中以 IPC 分类号和关键词为入口进行检索。

此外，还可以以发明人为入口，结合关键词进一步限定，在 CNABS 数据库中进行检索，得到一篇对比文件；或直接在 ALLOYS 数据库中，采用成分限定和数值范围限定的方式检索得到对比文件；或在 STN 中采用成分限定和数值范围限定的方式检索得到对比文件；或在 SIPOABS 数据库中以 FT 分类号为入口，检索得到多篇日本专利作为对比文件。

表 6-2-1　检索要素表

检索要素		检索要素 1	检索要素 2	检索要素 3
		合金元素	钢管/钢卷	元素含量
关键词		C，Si，Mn，Ti，Nb，Cu，Mo，Cr，Al，N	钢，管，卷，pipe	C：0.01 - 0.06、Si：0.10 - 0.40、Mn：1.0 - 1.80、Ti：0.005 - 0.030、Nb：0.08 - 0.18、Cu≤0.30、Mo：0.08 - 0.20、Cr：0.10 - 0.35、Al：0.01 - 0.06、N：0.002 - 0.008
分类号	IC	C22C038		
	FT	4K032/AA04 4K032/AA31 4K032/AA15 4K032/AA35 4K032/AA22 4K032/AA19 4K032/AA11 4K032/AA01 4K032/AA14 4K032/BA02		

在各个数据库中的检索过程分析具体如下：

a. 在 CNABS 中采用关键词，或者关键词与分类号共同进行检索。

检索思路评析：

在采用该数据库检索的过程中，通过 IPC 分类号与关键词相结合的方式检索对比文件，其基本检索要素是“钢管”、“钢卷”和合金的组成元素，主要检索过程为：首先采用分类号锁定文献范围，然后通过进一步限定部分元素缩小文献数量，当文献数量在一定范围内时浏览筛选对比文件。

此检索思路的缺点是：由于本案中合金的组成元素都是钢的常规组成元素，仅以合金的组成元素为主要检索要素，检索得到的文献量较大，其不能对元素的含量进行限定，不够准确，浏览文献的同时需要对比元素的含量范围，工作量较大。

b. 在 SIPOABS 中采用英文关键词或分类号进行检索。

检索思路评析：

在 SIPOABS 中采用英文关键词检索，其基本检索要素仍然为“钢管”、“钢卷”和合金的组成元素，文献量较大，需要通过 IPC 和 EC 分类号作进一步限定；同时，由于 FT 对合金的分类较细，对于涉及个别元素的数值范围，可以利用 SIPOABS 中能够检索 FT 的优点，获得准确的对比文件。

此检索思路的缺点为：仅用英文关键词进行检索，文献量过大，虽然使用 IPC 和 EC 分类号能够作出进一步限定，但由于 IPC 和 EC 分类号对合金数值范围的分类有限，检索仍然不能够锁定在一个较小的有效范围内；而利用 FT 分类号进行检索，虽然有利于准确的锁定检索目标，但是其只能够针对日本专利进行检索，具有一定局限性。

c. 在 ALLOYS 数据库中利用合金元素的数值范围进行检索，同时在 WPI 数据库中采用关键词作进一步限定。

利用 ALLOYS 数据库中可以检索合金元素数值范围的特点准确检索对比文件，具体检索过程为：

..fi alloys

Fe/base and (C and Si and Mn and Ti and Nb and Cr and Mo and Cr and Al and N)

/nval Cl < =0.06 and Ch > =0.01 and Sil < =0.4 and Sih > =0.1 and Mnl < =1.8 and Mnh > =1 and Til < =0.03 and Tih > =0.005 and Nbl < =0.18 and Nbh > =0.08 and Cul < =0.3 and Mol < =0.2 and Moh > =0.08 and Crl < =0.35 and Crh > =0.1 and All < =0.06 and Alh > =0.01 and Nl < =0.008 and Nh > =0.002

将检索到的结果转库至 WPI，通过关键词进一步缩小文献范围

Steel and pipe and (oil or pipe)

此检索思路的缺点为：ALLOYS 数据库虽然具有检索合金元素数值范围的优势，但是其收录的文献量有限，仅采用该数据库进行检索容易漏检。

d. 在 STN 中采用英文关键词和数值范围进行检索。

利用 STN 中的 REGISTRY 数据库中可以检索元素及其含量的特点准确检索对比文件。

此检索思路的缺点有：STN 检索数值范围存在一定局限性，在 REGISTRY 中检索数值范围时，不能检索对比文件公开的数值范围与权利要求的数值范围存在部分重叠的情况。

(3) 无效的检索思路

如果在 CNABS、SIPOABS、DWPI 中采用“钢”和合金组成元素作为基本检索要素，采用关键词进行检索，得到的文献量较大，不能将文献量锁定在一个较为有效的范围内，在浏览文献的过程中可能会遗漏对比文件。

总结：

根据案例特点和以上分析，总结出该案例推荐的检索思路和经验总结。

(1) 本案是国内大企业申请，对于这一类型申请，首先应该以申请人为入口在 CNABS 数据库中进行追踪检索，看是否能够得到申请人申请的相关专利文献。

(2) 对于企业的申请，应该重点关注专利数据库，在专利数据库中检索到 X/Y 对比文件的可能性较大。

(3) 合金领域中产品权利要求较多，主要以合金元素及其含量的方式进行限定，对关键词的选择应当以元素为主，文献量较大时可以通过 IPC 分类号或合金制备得到的产品类型进行进一步限定。

(4) 合金的改进之处往往是元素含量的改变，如果仅仅以合金元素作为关键词，浏览文献量较大，并且不利于准确快速的检索得到对比文件，可以利用对合金元素含量标引的数据库，如 STN 和 ALLOYS，或者利用对合金元素含量进行标注的分类体系，如 FT，进行有效检索。

【案例 6-2-2】

待检索技术方案：一种高塑性连续油管用钢，其特征在于钢的化学成分（熔炼分析）按重量百分计为：C 0.04% ~0.14%，Si 0.15% ~0.40%，Mn 0.20% ~1.20%，Nb0.015% ~0.06%，Ti 0.008% ~0.025%，Mo 0% ~0.20%，Cu 0.15% ~0.30%，Cr0.20% ~0.50%，P 0.008% ~0.022%，S 0.001% ~0.004%，其他为铁及不可避免的夹杂元素。

检索结果分析：

(1) 检索结果概况

有效 X 类对比文件如下：

CN1780929A；CN1628183A；CN1743491A；CN1861832A；JP2002220634A；JP8209240A；JP2006150452A；JP2006144037A；JP2007260716A；JP2007169776A；JP2007260715A；JP2006283148A；JP2000178689A；JP2001207220A；JP2007254797A；CN1922337A；JP8157956A；JP5125443A；JP2006009078A；JP2006291349A；CN1316540；CN1526844；JP58001015A

(2) 典型检索思路分析

a. CNABS 数据库

采用“钢”和“各组分”作为检索要素，未发现合适的对比文件。该检索思路为最普适的检索思路，优点是全面，但该库无法表达组分对应的含量，导致文献量太大，如果使用“油管”等降噪，则检索结果不准确。

b. 中国专利全文数据库

采用“钢”、“各组分”、“塑性”或“油管”作为检索要素典型的检索过程如下：

C and Mn and Si and Nb and Ti and Mo and Cu and Cr and S and P and Fe and 合金 and

钢管

结果接近两百篇。

再加一个“塑性”或者“弹性”。

变成六十多篇，检索到X类对比文件：CN 1316540A、CN1526844A。

(C and/seg Si and/seg Mn and/seg Nb and/seg Ti and/seg Mo and/seg Cu and/seg Cr and/seg P and/seg S) and (油 pre/10 管) hit: 111。

浏览得到X类文献CN1780929A埋设扩管用油井钢管，CN1861832A油井用马氏体系不锈钢以及油井用马氏体系不锈钢管的制造方法，CN1628183A高强度钢板及其制造方法，CN1743491A获得超细晶粒钢的方法。可见通过在全文库中以合适的策略进行检索可以检索到合适的对比文件，但均采用了表达用途或性能限定的检索要素进一步降噪才检索到合适的对比文件，其检索结果必然不是十分全面。

c. DWPI数据库

采用“钢”、“各组分”、“塑性”或“油管”作为检索要素典型的检索过程如下：

SS1 (C or carbon) and (Si or silicon) and (Mn OR manganese) AND (Nb OR niobium) AND (Ti OR titanium) AND (Mo OR molybdenum and (Cu OR copper) and (Cr or chromium) and (phosphor or phosphorus) and (sulfur or sulphur) and oil and pipe?

SS2 C22C38/IC

1 AND 2

浏览得到可以评价创造性的文件：JP2002220634A、JP58001015A。

d. SIPOABS数据库

考虑到合金的成分在FT中有细分，故由IPC分类号查找对应的FT分类号：

检索到X类文献JP8209240A、JP2006150452A、JP2006144037A、JP2007260716A、JP2007260715A、JP2007254797A、JP2006291349A、JP2007169776 A、JP2006283148 A、JP2006009078。

以上利用了FT分类号检索，由于FT分类号在该铁合金领域对主要成分的含量有细分，因此利用FT分类能够准确地将成分和含量对应起来一起进行检索，对于日本文献准确完整高效。

e. ALLOYS数据库

采用“钢”、“各组分及其对应含量”作为检索要素进行了检索，使用ALLOYS数据库中收录了组分对应含量的字段的特点，检索到合适的X类对比文件：JP2000－178689A、JP特开2001－207220A、JP特开平5－125443A、JP特开平8－157956A。

由于ALLOYS合金库是专门针对合金领域的数据库，尤其对采用组分含量撰写的合金产品具有检索效率上的优势，该库也可以将成分和其对应的数值范围联系起来一起表达，准确高效。

(3) 无效的检索思路

如果对合金领域的检索特点不十分了解，尤其是对于采用组分含量这一检索要素没有找到合适的检索表达，并且在仅仅采用组分表达进行检索，进而导致文献量大的前提下，也没有进一步挖掘该技术方案可以其他合适的限定进行降噪，可能会无法找到合适的对比文件。

总结：

本案推荐的检索策略是：

（1）根据对合金领域的了解利用FT分类号检索，由于FT分类号在该铁合金领域对主要成分的含量有细分，因此利用FT分类能够准确地将成分和含量对应起来一起进行检索，对于日本文献准确高效。

（2）利用ALLOYS合金库检索该案也取得了不错的效果，由于ALLOYS合金库是专门针对合金领域的数据库，尤其对采用组分含量撰写的合金产品具有检索效率上的优势，该库也可以将成分和其对应的数值范围联系起来一起表达，准确高效，缺点是该库一般只收录欧美国家的专利文献和日本专利摘要信息。

（3）采用非专利数据库CA、patentics专利分析等对该案进行了检索，但CA中的检索也仅能表达其成分，没能将成分含量一起结合进行检索，可以作为全面检索的辅助手段，效率不是很高。

总结：本类申请的最佳检索策略是利用ALLOYS或FT分类体系，将组分含量一起表达，高效地检索美日欧的文献，如果没有检索到，再采用常规方法全面表达成分的检索要素，在常规数据库和外网中进行全面检索。

【案例6-2-3】

待检索技术方案：一种微波活化制备石膏粉的方法，其特征在于，先将脱硫石膏、改性剂、漂白剂，按重量百分比脱硫石膏70%～90%：改性剂5%～20%：漂白剂5%～20%于120～180℃的非饱和蒸气介质中进行混合，再送入微波设备中进行微波干燥脱水，同时在微波设备工作腔内配置球磨体，在干燥脱水的同时对混合料进行粉磨制得石膏粉料，最后将石膏粉料送出微波设备进行冷却。

检索结果分析：

（1）检索结果概况

有效X类对比文件如下：

KR20060037166A；CN1104612A；DE3631883A；CN201168628Y；CN1915883A；CN101259992A；CN1475310A；CN201154944Y；CN2144125Y；CN1369457A；EP0436124A；EP344430A；KR20060037166A；US2008148996A1；US4443261；WO2002088045A1

（2）典型检索思路分析

a. 在CNABS中采用关键词，或者关键词和分类号进行检索。

检索思路评析：

考虑到CNABS收录了中国专利以及使用汉语的习惯，首先选择在CNABS中通过关键词进行检索，其基本检索要素是“石膏”、“微波”、“改性剂”和“漂白剂”，其中基本检索要素“石膏”可以通过关键词进行表达，比如硫酸钙、$CaSO_4$等，也可以通过分类号进行表达，比如C04B11/024，C04B11/05等，对于基本检索要素“微波”、“改性剂”和“漂白剂”，则使用关键词进行表达。在初步了解现有技术后确定了本申请的发明点，结合使用分类号，快速准确的检索到了对比文件。

此检索思路的缺陷有：考虑到部分专利文件撰写并不规范，例如有些专利文件的文摘无法反应专利的发明内容，因此在用关键词表达基本检索要素时，必须进行合理扩展，才能避免遗漏对比文件。

b. 在 DWPI 中采用关键词或关键词与分类号的组合进行检索。

检索思路评析：

考虑到本申请的申请内容是活化石膏粉，国外企业同样也有一定的研究，而且 DWPI 数据库的摘要经过了技术人员重新撰写，相对而言，其更能表现发明的整体思想与关键技术，因此首先选取 DWPI 数据库进行检索。在整个检索过程中，在 DWPI 中采用关键词或关键词与分类号的组合对基本检索要素进行表达，然后进行检索。

虽然 DWPI 对其收录的文献进行了再编辑，但如何选择准确的关键词仍然是在该数据库中检索时的难点。比如对于基本检索要素“石膏”，其用关键词进行表达时可以使用“石膏”、“硫酸钙”、“$CaSO_4$”、“硬石膏”和“脱硫石膏”等，其也可以进行上位概括至“硫酸盐”，很难完全将其表达全面，这也就是说在关键词的选取上容易造成检索结果的漏检，此时即使采用分类号，如果扩展不准确，则会对浏览带来一定的困难，造成检索效率低下。因此要综合考虑整个检索效率，合理使用上位分类号，然后使用其他检索要素的关键词进一步限定，比如可以使用“微波”、“改性剂”、“羧基”、“酸”、“漂白剂”、“过氧化氢”、“双氧水”、“次氯酸钠”、“次氯酸盐”等，使用全要素检索，则很容易获得对比文件。

c. 在 SIPOABS 中采用关键词或关键词与分类号的组合进行检索。

检索思路分析：

在该数据库中，其可检索项具有较多的分类号，因此可以通过查找相关准确的分类号，比如在 ECLA 中查找相关 EC 分类号，C04B11/26B2，C04B11/02A，C04B11/028，C04B11/036，在检索过程中考虑到扩展，可以使用 C04B11 进行检索，此时考虑到本申请的发明点，微波活化，使用关键词“Microwave”进行限定，浏览后即可以获得对比文件。

基于与上述相同的检索策略，可以使用 FT 和关键词进行检索，但是此时并没有查找到合适的对比文件，这可能与仅有日文文献具有相关的 FT 分类有关。

其中，在检索中，如何对分类号检索后得到的结果进一步限定，直接决定能否得到相应的对比文件。

(3) 无效的检索思路

不能准确理解发明内容、无法把握发明的整体思路及关键点，是可能漏检的主要原因，主要表现在：

a. 对于没有检索到有效 X/Y 类对比文件的情况，检索要素的表达过于简单，如果仅使用石膏以及微波，缺少扩展，这样就造成要么检索结果过多，浏览费时费力，甚至有可能在浏览过程中错过了合适的对比文件。

b. 对本申请的发明理解出现偏差，将微波和球磨同时进行作为检索的关键点进行检索，直接造成漏检。

总结：

综上，本申请推荐的检索思路是：

首先是确定基本检索要素，通过仔细研读本申请，发现本申请的核心内容是“微波活化石膏，同时使用了漂白剂和改性剂”，此时可以很容易确定出四个基本检索，即“微波”、“石膏”、“漂白剂”和“改性剂”，并且通过简单的预检索，也能够发现在脱硫石膏再利用领域，采用“微波”作为催化剂载体成分的现有技术非常少，因此此时应该调整检索策略，将“微波”作为主要的基本检索要素，在合适的情况下可以使用漂白剂、改性剂进行合理的限定。

其次在确定了基本检索要素后，如何表达成为关键所在，因为在任何一个数据库中，关键词检索是最常使用的手段，所以选择合适的关键词成为重中之重。比如对于“石膏”，其可以通过“硫酸钙”、“$CaSO_4$”、“硫酸盐”等进行表达，但可以想象这种表达必然不能十分全面，因此要考虑到使用分类号，并且结合数据库的特点，可以选择分类号中更为准确的EC、FT分类号。而对于无法直接使用分类号进行表达的内容，比如微波、改性剂、漂白剂，则应注意要进行扩展。

最后，在检索的过程中要不断调整检索策略，准确把握发明的关键点是所有检索策略的关键所在。

【案例6－2－4】

待检索技术方案：熔体成型无机纤维，具有以下组成：Al_2O_3 5－90mol% K_2O 5－90mol% SiO_2 5－90mol% 其中 $SiO_2+Al_2O_3+K_2O>=50mol\%$。

检索结果分析：

（1）检索结果概况

有效X类对比文件如下：

CN1121492A；CN1071900A；CN1055348A；US200600198815A1；WO2006090030A1；US20060211562A1；WO2006/019684A2；EP0155564A2

（2）典型检索思路分析

a. 在CNABS中采用中文关键词，或者关键词与分类号进行检索。

检索思路评析：

本申请是一件外国申请人的国际申请，首要考虑的是追踪检索，但是查看国际检索报告以及各国审查过程后，并无没有发现合适的对比文件。考虑到语言习惯以及本申请的内容，首先选择在CNABS中使用关键词进行检索。首先确定基本检索要素是“纤维”、“氧化铝”、“氧化钾”和“氧化硅”，通过简单的检索可以很容易确定对于各种组分，使用关键词进行表达比较准确，但对于纤维，其可能无法使用关键词全面表达，可以借助分类号进行一定的补充。但是由于本申请是国际申请，要合理预期申请人的修改方向，不能仅将检索思路固定在待检索的技术方案上，而要对整个发明有准确的把握，在检索中合理调整检索思路。

此检索思路的缺陷有：通过简单检索后，可以看到本申请中纤维及其各种组分都是本领域很常规的成分，这个时候要注意到该申请的关键技术点就落在了各组分的含量之上。考虑到CNABS对其收藏的文献的标引方式，此时只能通过对文献进行浏览才能获得上述信息，无法直接通过一定的检索获得进一步限定的结果，由于很多文献与本申请不相关，从大量不相关的文献中找到对比文件本身就存在很大的运气成分，另外采用该方法检索到的对比文件，虽然能够评述待检索技术方案的创造性，但是若申请人进一步依据实施例修改技术方案，则该对比文件将不能作为对比文件继续使用。

b. 在 DWPI 中采用关键词或关键词与分类号的组合进行检索。

检索思路评析：

本申请是国外申请，并且属于无机纤维组合物领域，DWPI 数据库对其收录的文献进行了摘要的重新撰写，其内容能够更准确反映发明的整体思路和关键技术，更能反映发明的核心内容，因此选取 DWPI 数据库进行检索，通过关键词或关键词与分类号的组合对基本检索要素进行表达，然后进行检索。在采用该数据库中进行检索时，准确合理地选择基本检索要素的表达是整个检索的关键所在。例如对于基本检索要素“纤维”，倘若仅使用关键词，很难将该基本检索要素表达全面，很容易造成漏检，就必须使用分类号进行合理的补充和调整，因此综合考虑到漏检以及效率，基本检索要素“纤维”要合理使用分类号和关键词相互补充，对于基本检索要素“氧化铝”、“氧化钾”和“氧化硅”使用关键词表达。

c. 在 SIPOABS 中采用关键词或关键词与分类号的组合进行检索。

本申请属于玻璃领域组合物发明，其使用了组分和含量进行限定，但是组分都是常见的组分，这个时候可以考虑使用比较有特点的分类号进行检索，比如可以通过 EC 分类号、FT 分类号进行检索。

具体到本案，在 FT 分类体系中，对于该组合物领域，FT 分类给出了主题码 4G062。

d. 采用 SADIQ 数据库进行检索。

这是本申请检索过程中比较高效的检索方法。对于该 SADIQ 数据库有一定的了解并尝试使用该库进行检索，容易获得了比较合适的对比文件。

SADIQ 数据库是 EPODUE 检索系统推出了专门针对相应组合物的数据库，主要是美国以及欧专局的专利文献。并且，在该数据库中其组合物的成分均使用标准格式进行表达，比如对于元素 A 的氧化物，只需输入/com A w oxide，无需考虑其他可能的表达方式，这对于全面检索可以说是事半功倍。另外还有一点非常重要，那就是可以对组分的最高含量和最低含量进行限定，如对于某一元素的氧化物 A，如果限定其最高含量是 90%，最低含量是 5%，那么在检索时可以表述成：/nval AoH > =5，/nval AoL < =90 即可，其中的 A 表示某一元素，O 表示氧化物，L 和 H 表示最低和最高含量，这样在检索时可以减少文献的阅读量，提高检索效率。

SADIQ 数据库通过组合物各组分含量进行检索大大提高了检索效率，尽可能在少的文献中找到合适的对比文件。同时该数据库还可以用 CA 进行检索，增加了很多在 EPODOC 中不具备的功能。

（3）无效的检索思路

如果对于方法特征对产品的限定作用把握不准确，以致过分关注熔体方法特征，会使检索得到的结果太少，造成漏检。

如果对本申请技术问题的理解不够透彻，会导致检索方向发生严重偏离，在检索过程中没有对检索方向进行及时的调整，以致最终没有检索到 X/Y 类对比文件。

总结：

由上述案例不难看出对于特定领域的检索，要注意本领域特定数据库的使用，虽然常规的数据库及检索策略同样能够获得合适的对比文件，但特定数据库SADIQ的使用检索效率上无疑更高一筹。SADIQ在检索该类组合物时不仅能够对其成分使用标准的表达方式，更关键的是可以对其含量进行检索，并且在检索时，可以调整含量范围，能够全面表达出组合物的各组分含量特点，另外，该数据库文献量全面，其检索结果一般比较全面且具有较高的检索效率。

三、无机组合物及其制备方法领域专利申请的检索策略和检索技巧

组合物及其制备方法涉及的技术领域包括合金、陶瓷、水泥、玻璃等，相关的分类号主要集中在C22B、C22C、C22F、C23C、C23F、C23G、C04B、C03B、C03C，其在检索的过程中具有的共性为：

（1）以产品的组成为基本检索要素，确定相应的关键词和分类号；

（2）产品的组成含量的数值范围是检索难点；

（3）对于主要成分基本一致的技术领域，检索过程中噪声较大。

对于这一领域专利申请的检索，首先确定检索要素，通过检索要素扩展检索手段，需要充分考虑各个数据库的特点，避免检索手段的遗漏；接着确定检索策略，总体来说，可从以下两条思路进行考虑：

（1）首先根据申请人的类型对专利申请进行初步检索

对于申请人涉及公司和企业的专利申请，考虑到公司和企业的专利战略，首先以申请人为入口进行检索，优选中英文专利数据库再到非专利数据库的顺序。

对于申请人涉及高校和研究单位的专利申请，考虑到科研工作者发表文章和团队研究持续性的特点，首先以发明人为入口进行检索，优选中英文非专利数据库再到专利数据库的顺序。

（2）其次根据各个数据库的特点充分应用检索技巧

确定检索要素后，由于母语优势，一般会先在CNABS数据库中采用关键词进行初步检索，如果检索文献量较大，则选择相关分类号进一步限定，如果文献量在合理范围内，则可进行浏览，如果文献量不能限定在合理范围内，浏览文献工作量过大，则可考虑换用其他数据库。

在组合物检索过程中，仅用关键词检索容易使得噪声较大，在SIPOABS中可以利用IPC、EC、FT分类号进行目标文献的锁定，尤其是对于合金、玻璃等特定领域，在IPC中给出了粗略的主要成分含量细分，在FT中则给出了比IPC分类更细更完整的分类，使得检索更加准确，与其他检索手段相比具有一定的优越性。

同时，利用CA和STN数据库进行组合物的检索也具有快捷、准确的特点，在组合物是由现有技术中确定物质组成的情形下，根据物质的CAS号进行检索也是一条捷径；其次，STN中的REGISTRY数据库还具有检索元素及其含量的特点，尽管其对于数值范围的检索具有一定局限性，但仍然不失为一种快捷、准确的检索手段。

对于一些特定领域，如合金和玻璃，EPOQUE系统中开发了ALLOYS和SADIQ数据库，其检索入口独具特点，有必要成分、可选成分、成分含量、制备方法和用途等，使得所述领域的检索更加准确，是这些特定领域检索的首选数据库，但是其最大的缺点在于文

献量有限，在该数据库中没有检索到相关文献还需到其他数据库中进行补充检索，以免造成漏检。

当然，除了上述数据库外，一些搜索引擎，如 Google 搜索引擎，也是一种较好的检索手段，其主要适用于一些简单的初步检索，虽然其也具有数值搜索功能，但是由于其缺乏同在算符，多个组分的数值范围检索难以实现，并且干扰较多，容易出现漏检和检索噪音过大的问题。

参 考 文 献

[1] 杜军，等．检索与审查自动化系统的研究与开发［R］．国家知识产权局 2006 年课题 Y060103.

[2] 张鹏，等．数据交换网络领域检索策略研究［R］．国家知识产权局 2007 年课题 Y070110.

[3] 周胜生，等．数据交换网络领域检索策略研究［R］．国家知识产权局 2007 年课题 Y070110.

[4] 马秋娟，等．光存储领域文献检索研究局课题［R］．国家知识产权局 2007 年课题 Y070111.

[5] 朱宁，等．高分子领域的检索策略研究局课题［R］．国家知识产权局 2007 年课题 Y070112.

[6] 张鹏，等．涉及 IEEE802.11、15、16 系列标准的专利检索研究局课题［R］．国家知识产权局 2008 年课题 Y080107.

[7] 梁素平，等．半导体领域检索策略研究［R］．协作中心课题 2008 - 2009 年度学术课题．

[8] 朱宁，刘锋，等．药物领域的检索结果比较研究［R］．协作中心课题 2008 - 2009 年度学术课题．

[9] 孟俊娥：专利检索策略及应用［M］．北京：知识产权出版社，2010：9 - 212.

[10] 田力普：发明专利审查基础教程·检索分册［M］．北京：知识产权出版社，2008：75 - 100.

[11] 专利审查协作中心化学处无机化学室检索小组．硅材料领域的 F-term 分类表及其在检索中的应用［J］．分类资讯，2010（2）．

[12] 唐志勇，孙瑞丰，李东博．组合物发明中涉及数值范围含量的检索策略［G］//专利审查协作中心 2009 年检索研讨会会议论文集，2009.

[13] 孙海燕，李东博．专业搜索引擎 Google Scholar 和 Scirus 在专利审查工作中的应用［J］．审查业务通讯，2009（8）．

[14] 蒋世超．CA 物质等级检索与 STN 检索之比较［J］．审查业务通讯，2010，16（2）．

[15] 张辉，孙瑞丰．Google“泛域”的建立与非专利优先检索策略的实现［J］．审查业务通讯，2010，16（4）．

[16] 刘桂英．中国专利全文（混合模式）检索系统的使用心得［J］．审查业务通讯，2009，15（4）．

[17] 张辉，孙瑞丰，刘桂英．Google Patents 与 USPTO 官网在检索 US 专利文献上的区别与应用［J］．专利文献研究，2010（1）．